REICH DER

INKA

GROSSE KULTUREN, GLANZVOLLE EPOCHEN

REICH DER INKA

Reader's Digest

DEUTSCHLAND · SCHWEIZ · ÖSTERREICH

Reich der Inka

Gestaltung: Jean-François Péneau, Dominique Charliat, Colman Cohen,
Monique Trémeau, Véronique Zonca
Autoren der Originalausgabe ***Les Incas – maîtres des Andes***:
César Itier, Jean-François Bouchard
(Sonderthemen und Bildkommentare)

Die Inka
Titel der Originalausgabe: *Les Incas* von Alfred Métraux

Fortschritte der Archäologie
Titel der Originalausgabe: *L'Archéologie progresse* von Jean-François Bouchard

Projektteam
Redaktion: Kirsten Thiel, Dr. Birgit Gläser
Grafik: Peter Waitschies
Bildresearch: Christina Horut
Prepress: Andreas Engländer
Produktion: Günter Kress

Freie Mitarbeit
Übersetzung: Irmela Arnsperger, Xenia Gharbi, Birgit Wünsch

Ressort Buch
Redaktionsdirektorin: Suzanne Koranyi-Esser
Redaktionsleitung: Dr. Renate Mangold, Heinz Volz
Art Director: Rudi K. F. Schmidt

Operations
Leitung Produktion Buch: Joachim Spillner

Satz und Reproduktion: Lihs GmbH, Medienhaus, Ludwigsburg
Druck und Binden: Milanostampa, S.p.A., Mailand

Printed in Italy

ISBN 3 87070 901 4

Inhalt

BESTATTUNGSTUCH
Eine Reihe stilisierter Figuren ziert diesen Totenumhang, der zur Zeit der Chancay-Kultur zum Einwickeln von Mumien verwendet wurde.

Vorwort

In der zweiten Hälfte des 15. Jh. eroberten die Inka ein Gebiet, das sich über mehr als 4000 km an der Andenkordillere entlang erstreckt. Doch ihre Herrschaft sollte nur von kurzer Dauer sein: Bereits 1532 fiel das Inka-Reich in die Hände der Spanier.

Die spanischen Historiker des 16. Jh. vertraten die Auffassung, die Inka hätten den barbarischen Völkern ihres Reiches die Zivilisation gebracht. Da die präinkaischen Stämme keine Schrift besaßen und die Inka ihr politisches Werk nur allzu gern glorifizierten, hielt sich diese Betrachtungsweise hartnäckig bis in die Anfänge des 20. Jh. Erst zu diesem Zeitpunkt konnte sie von den Archäologen widerlegt werden: Die ersten peruanischen Siedlungen, die sich um monumentale Bauwerke aus ungebrannten Ziegelsteinen gruppierten, stammen aus der gleichen Zeit wie die Städte der Sumerer und die Cheops-Pyramide. Lange vor der Ankunft der Inka existierten im alten Peru bereits dicht besiedelte Städte – Moche, Chan-Chán und Pachacámac – und mächtige Reiche wie das von Huari oder Tiahuanaco. Die Vielfalt der Kunststile lässt schwerlich auf eine gemeinsame Zivilisation schließen. Für die unzähligen kleinen Volksstämme, die das alte Peru bevölkerten, kommen diese Kunstgegenstände einem ethnischen Fingerabdruck gleich.

Das 1961 veröffentlichte Werk des Ethnologen Alfred Métraux, *Les Incas*, gilt noch immer als eine der vollständigsten Abhandlungen über die Zivilisation der Inka. Allerdings haben die archäologischen Entdeckungen seither unsere Kenntnis des alten Peru noch verfeinert. Der Text von Jean-François Bouchard – *L'Archéologie progresse ...* – liefert den heute erforderlichen aktualisierten Nachtrag zum Werk von Alfred Métraux. Zusammenfassend ist festzustellen, dass sich die Standpunkte der Ethnologen, der Archäologen und der Historiker gegenseitig ergänzen. Wenn es gelegentlich zu Meinungsverschiedenheiten kommt, dann nur deshalb, weil sich unser Wissen von der Vergangenheit ständig um neue Erkenntnisse erweitert.

Das alte Peru

Die Völker des alten Peru waren durch Wüsten, Steppengebiete und steile Berghänge voneinander getrennt. Dennoch zeichnet sich das Peru früherer Zeiten durch eine bemerkenswerte kulturelle Einheitlichkeit aus. Die ersten peruanischen Städte entstanden zur gleichen Zeit wie die Städte in Mesopotamien und im Tal des Indus. Somit ist das Gebiet eine der ältesten Wiegen der Zivilisation.

Das Reich der Inka
Nachdem die Inka die verschiedenen Völker in Peru vereint hatten, umfasste ihr Reich, der größte Staat des präkolumbischen Amerika, über 10 Mio. Einwohner.

DIE NACHBARN PERUS

Zentralmexiko

Obwohl es Belege für die Existenz von Handelsverbindungen gibt, scheinen direkte Kontakte zwischen den Bewohnern Mexikos und Perus äußerst selten stattgefunden zu haben. Der Übergang zur Sesshaftigkeit vollzog sich in Mexiko zwischen 5000 und 2500 v. Chr. Von 200 bis 900 n. Chr. beherrschte die hoch entwickelte Stadt Teotihuacan die mexikanische Hochebene. Ihre Vorherrschaft wurde durch mehrere Invasionen von Nomadenvölkern aus dem Norden gebrochen. Unter ihnen befanden sich auch die Tolteken, die die Hochebene kurzzeitig unter ihren Einfluss brachten und eine kulturelle Renaissance bewirkten. Um 1200 fiel deren Hauptstadt Tula ebenfalls dem Druck der Nomaden zum Opfer. Daraufhin begann eine Periode der politischen Zersplitterung und endloser Konflikte, die erst im 14. Jh. zu Ende ging, als eines der Völker, das sich kurz zuvor auf dem Plateau angesiedelt hatte – die Azteken – seine Herrschaft über beinahe ganz Zentralmexiko festigte.

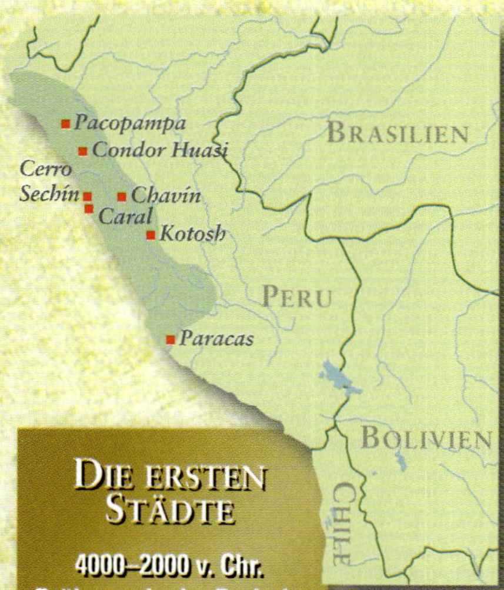

Die ersten Städte

4000–2000 v. Chr.
Präkeramische Periode

2000–900 v. Chr.
Frühe Formative Periode

900–200 v. Chr.
Späte Formative Periode

Seiten 10–11

Kurzlebige Reiche

200 v. Chr.–600 n. Chr.
Frühe Zwischenzeit

Seiten 12–13

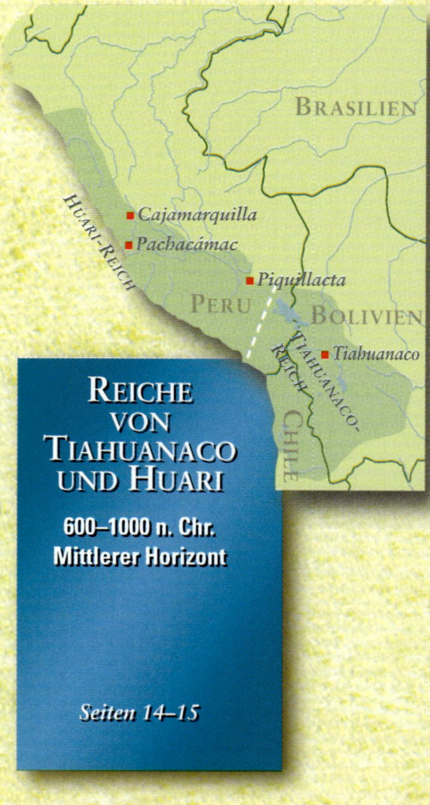

Reiche von Tiahuanaco und Huari

600–1000 n. Chr.
Mittlerer Horizont

Seiten 14–15

4000 v. Chr.

- Anfänge der Landwirtschaft

3000 v. Chr.

- Um 3000 v. Chr. Beginn des Anbaus von Baumwolle
- Die ersten kulturellen Zentren
- Um 2500 v. Chr. Errichtung von Kotosh
- Um 1800 v. Chr. Verbreitung der Keramik
- 500–200 v. Chr. Einflüsse der Chavín-Kultur

Die Maya

Die Kultur der Maya in Südmexiko, Guatemala und Honduras erlebte ihren Höhepunkt 300–900 n. Chr. Sie leitete sich teilweise von der Kultur der Olmeken her, die sich zwischen 1500 und 400 v. Chr. am Golf von Veracruz entwickelt hatte, und trat gleichzeitig das Erbe einer Reihe theokratischer Stadtstaaten wie Palenque, Tikal, Uxmal und Copán an. Die Maya-Kultur verfügte als Einzige in Amerika über eine Schrift. Zu Beginn des 10. Jh. wurden die Städte der Maya verlassen. Um 950 siedelte sich eine Gruppe Tolteken aus Zentralmexiko auf der Halbinsel Yucatán nördlich des Einflussgebiets der Maya an. Die dort gegründete Stadt Chichen Itzá entwickelte sich bald zur Hauptstadt eines mächtigen Staates, der die kulturellen Traditionen der Maya und Tolteken übernahm. Nach dem Fall von Chichen Itzá um 1200 gerieten das Staatswesen und die monumentale Architektur immer stärker in Vergessenheit.

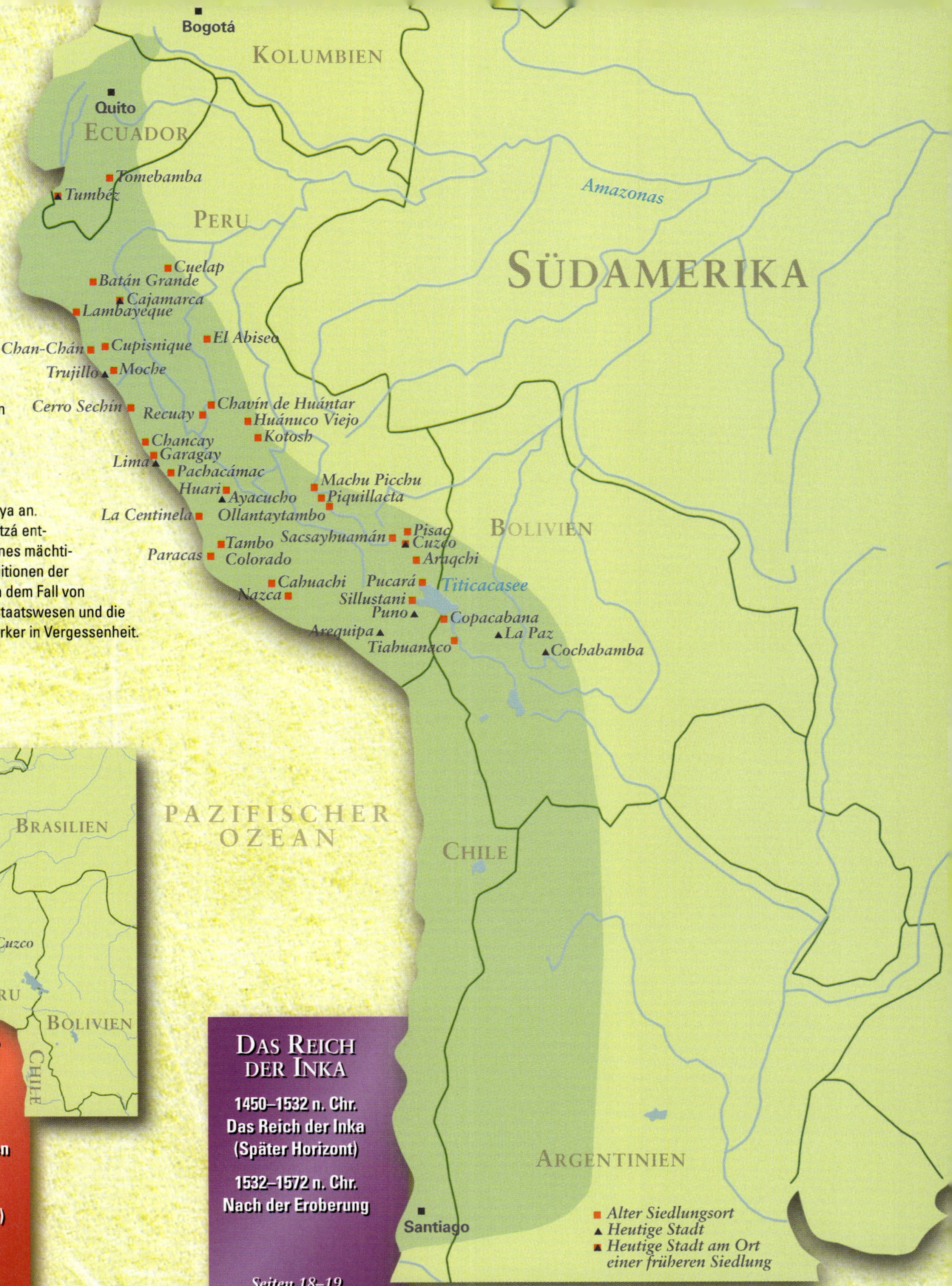

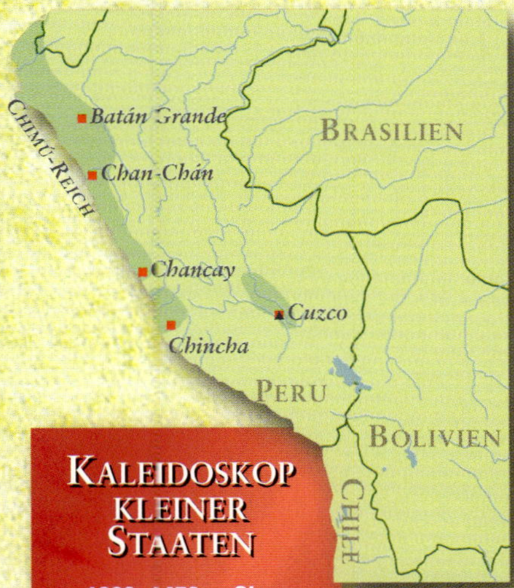

Kaleidoskop kleiner Staaten

1000–1450 n. Chr.
Epoche der regionalen Konföderationen und Königreiche (Späte Zwischenzeit)

Seiten 16–17

Das Reich der Inka

1450–1532 n. Chr.
Das Reich der Inka (Später Horizont)

1532–1572 n. Chr.
Nach der Eroberung

Seiten 18–19

200 v. Chr. – 0
- Kulturen von Moche, Nazca und Recuay
- Sonnenpyramide von Moche
- Um 600 n. Chr. Aufgabe von Moche

600 n. Chr.
- Erfindung des Quipu
- Um 900 n. Chr. Aufgabe von Huari, Gründung von Chan-Chán

1000 n. Chr.
- Um 1000 n. Chr. Aufgabe von Tiahuanaco
- Um 1200 n. Chr. Die Inka gründen einen Staat im Gebiet um Cuzco.
- Um 1350 n. Chr. Die Chimú erobern Tucumán und Batán Grande.

1450
Die Inka

1532 n. Chr.
- 1572 n. Chr. Hinrichtung von Túpac Amaru
- 1781 n. Chr. Revolte von Túpac Amaru II.

1821 n. Chr.
Unabhängigkeit von Peru

ALTEN PERU

Die ersten Städte 4000–200 v. Chr.

Peru zählt wie Ägypten, Mesopotamien, Indien, China und Mexiko zu den ältesten Zivilisationen unserer Erde. Seit etwa 3000 v. Chr. sind dort monumentale Bauwerke entstanden. Alle städtischen Siedlungen aus den letzten drei vorchristlichen Jahrtausenden waren Zentren der religiösen Kultausübung. Die Stadt Chavín de Huántar liefert Zeugnisse einer Architektur, die ebenso hoch entwickelt war wie die der zeitgleich entstandenen griechischen Städte.

Die Ausstrahlung der Chavín-Kultur

Die Stadt Chavín de Huántar, ein Brennpunkt des Handels, etablierte sich ab 500 v. Chr. als wichtigstes kulturelles Zentrum in den mittleren Anden. Der Alte Tempel mit seinen beeindruckenden Ausmaßen ist eines ihrer ältesten Bauwerke. Durch die Gaben der Pilger sammelten die Priester große Reichtümer an. So konnten sie die Entwicklung einer ausgefeilten Handwerkskunst fördern, deren religiöse Motive in weiten Gebieten des Landes Verbreitung fanden.

Erste Kunstkeramiken

In der ersten Hälfte des 1. Jt. v. Chr. entstand an der Nordküste ein Keramikstil, der als Cupisnique-Stil bezeichnet wird. Die Bewohner dieses Gebiets erbauten damals riesige Kultstätten, die jeweils rund um eine Pyramide angeordnet waren. Es handelt sich um die Vorläufer der späteren Moche-Kultur.

4000–2000 v. Chr. Präkeramische Periode

- 3500 v. Chr. • Das Lama ist gezähmt.
- 3000 v. Chr. • Die Nutzpflanzen sind domestiziert.
- 2500 v. Chr. • Errichtung des Tempels von Kotosh

2000–900 v. Chr. Frühe Formative Periode

- 1800 v. Chr. • Verbreitung der Keramik
- • Garagay wird kulturelles Zentrum.
- Um 1500 v. Chr. • Errichtung des Tempels von Cerro Sechin

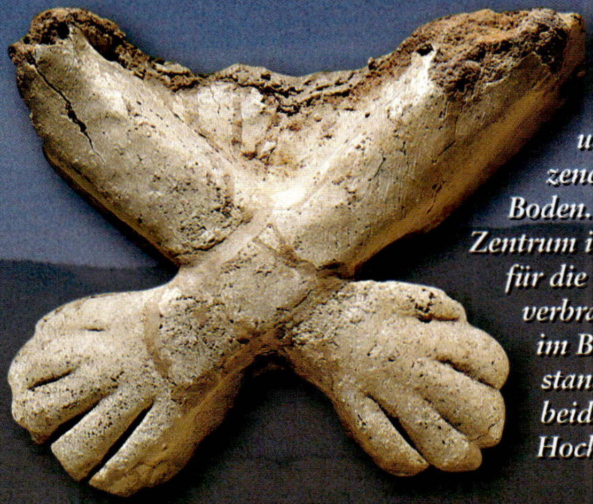

Das religiöse Zentrum Kotosh
Im 3. Jt. v. Chr. schossen an der nördlichen und mittleren Küste Perus und in den angrenzenden Bergen zahlreiche Kultstätten aus dem Boden. Um 2500 v. Chr. war Kotosh das wichtigste Zentrum im Gebirge. In den dortigen Tempeln wurden für die Wesen im Jenseits bestimmte Opfergaben verbrannt. In den Nischen über den Feuerstellen im Boden befanden sich früher sicherlich Götterstandbilder. Unter einer dieser Nischen sind die beiden gekreuzten Unterarme eines Gottes als Hochrelief dargestellt.

Der Tempel von Cerro Sechín
Die Außenwände des um 1500 v. Chr. an der peruanischen Küste erbauten Tempels von Cerro Sechín sind mit Stelen verziert, auf denen siegreiche Krieger inmitten von abgeschlagenen Körperteilen, enthaupteten Körpern und ausgerissenen Augen abgebildet sind. Dies überrascht, da es für diese Periode weder Zeugnisse von kriegerischen Auseinandersetzungen gibt noch die Tempel irgendwelche Verteidigungsanlagen aufweisen.

Die sprechenden Wände von Garagay
Im 2. Jt. v. Chr. erstreckten sich entlang dem zentralen Küstenstreifen etwa 20 religiöse Kultstätten. Die Mauern der Tempel, wie hier in Garagay bei Lima, sind mit bunten Friesen verziert. Auf diesem Rundbild ist eine Gottheit mit ihren charakteristischen Attributen dargestellt: Auge mit exzentrischer Pupille, Mund mit gebleckten Reißzähnen und eine Katzennase, aus der ein gekrümmter Wasserstrahl schießt.

900–200 v. Chr. Späte Formative Periode
- Cupisnique-Kultur an der Nordküste
- Vom kulturellen Zentrum Chavín ausgehende Einflüsse

200 v. Chr.
- Erlöschen des Einflusses von Chavín und wirtschaftliche Krise

Kurzlebige Reiche
200 v. Chr. - 600 n. Chr.

Um 200 v. Chr. wurden viele religiöse Stätten – auch jene von Chavín – aufgegeben. Zeitgleich nahm der Handelsverkehr ab, und es kam zu feindseligen Begegnungen zwischen den Völkern im Gebirge. Auf diese Phase des Niedergangs, dem nur einige Küstenregionen entgingen, folgte an vielen Orten eine kulturelle Renaissance. Die lokalen Gemeinschaften bewahrten das künstlerische Erbe von Chavín und entwickelten es weiter.

Aufstieg der Küstengebiete
Als die Vorherrschaft von Chavín zu Ende ging, erlebte das Küstengebiet (Hintergrundfoto: ein Küstental) mit seinem überlegenen landwirtschaftlichen Potenzial einen ungeahnten Aufschwung. Die wechselnde Machtverteilung zwischen den Berg- und Küstenregionen stellt eine Konstante in der peruanischen Geschichte dar.

Die Mochica-Gesellschaften
Obwohl die an der Nordküste lebenden Gemeinschaften voneinander unabhängig waren, teilten sie eine gemeinsame Kultur. Die Mochica-Siedlungen hatten städtischeren Charakter als die Zentren der vorhergehenden Epoche. Zahlreiche Keramiken mit Darstellungen von Kriegern bezeugen, dass es damals viele Konflikte um die Wasserrechte gab.

Die Nazca-Kultur
Zu Beginn der christlichen Zeitrechnung verbanden gemeinsame, auf dem Erbe der Paracas-Kultur basierende Sitten und Bräuche die Täler an der zentralperuanischen Küste. Ihre Bewohner lebten in Dörfern entlang der Flüsse Ica und Nazca. Das politische Zentrum lag im Nazca-Tal. Hier entdeckte man die Gräber bedeutender Persönlichkeiten, deren Mumien z. T. mit Federkronen geschmückt waren.

200 v. Chr.–600 n. Chr. Frühe Zwischenzeit

Während der gesamten Periode • **Moche-Kultur**

400 v. Chr.–200 n. Chr. • **Paracas-Kultur**

200 v. Chr.–600 n. Chr. • **Nazca-Kultur**

DIE TOTEN VON PARACAS
Auf der Wüstenhalbinsel Paracas im südlichen Teil der zentralperuanischen Küste wurde der weltweit größte Fund alter Textilien gemacht. In verschiedenen Gräbern fand man die Mumien hoch gestellter Persönlichkeiten, die in reich bestickte Baumwollstoffe gehüllt waren. Diese herrlichen, mit religiösen Motiven verzierten Textilien sind das Meisterwerk der Menschen von Paracas, die in äußerst bescheidenen Dörfern wohnten.

DIE KUNST DER MOCHICA
Die Metallbearbeitung in Peru erreichte während der Moche-Kultur ihre höchste Vollendung. Die aus Edelmetallen gefertigten Schmuckstücke waren für die Oberschicht bestimmt, wie etwa dieser runde Ohrring aus Gold, Lapislazuli und anderen Schmucksteinen.

HÖHEPUNKT DER KERAMIKKUNST
Die Darstellungen von Musikanten auf Keramikgegenständen, Textilien und selbst auf den Tempelmauern in der Stadt Cahuachi – dem bedeutendsten kulturellen Zentrum der Nazca – zeugen davon, dass die Musik einen wesentlichen Bestandteil der Rituale bildete (hier ein Gefäß in Form eines Flöten- und Tamburinspielers). Die in leuchtenden Farben bemalten und polierten Nazca-Keramiken zählen zu den schönsten im alten Peru.

600 n. Chr.
- **Aufgabe von Moche**
- **Beginn des Einflusses von Huari auf die Mochica-Städte im Süden**

Reiche von Tiahuanaco und Huari
600–1000 n. Chr.

Im 6. Jh. begann eine neue Phase in der Geschichte Perus. Sie zeichnet sich durch die Expansion zweier Staaten aus. In Peru schwang sich Huari, die Hauptstadt des gleichnamigen Reiches, zu neuer Größe auf, und am Titicacasee begann Tiahuanaco, in einer Höhe von rund 4000 m errichtet, eine beherrschende Rolle zu spielen.

Am Anfang war der Titicacasee
Um den 3950 m hoch gelegenen See (Hintergrundfoto) erstreckt sich eine Hochebene, auf der sich die Kultur von Tiahuanaco entwickelt hat. Ihre Lebensgrundlage bildeten die Felder am See. Kartoffeln und Getreide wurden auf schmalen Erdwällen gezogen, zwischen denen permanent Wasser stand. In den eisig kalten Nächten verhinderte das tagsüber von der Sonne erwärmte Wasser, dass die Pflanzen erfroren.

Der grosse Gott der Huari
Die hervortretenden Augen und der Schrecken erregende Mund mit den starken Zähnen, die dieses Tongefäß für Maisbier zieren, sind charakteristisch für einen Gott der Huari. Der Herrscher über die Welt des Unterirdischen verschlang die Menschen, speiste die Wasserquellen und schützte die bewässerten Anbauflächen. Aus seinen Augen strömten Tränen und verhalfen dem Mais zu kräftigem Wachstum.

Textilkunst, die Schule machte
Die geraden Linien und die sich regelmäßig ändernden Motive auf diesem Poncho aus Baumwolle und Wolle erinnern an die planmäßig erbauten Städte der Huari. Ihre Textilkunst ist der Vorläufer aller späteren Stilrichtungen in den südlichen Anden.

600–1000 n. Chr. Mittlerer Horizont

Während der gesamten Periode • Bau der wichtigsten Tempel von Pachacámac

Um 500/600 n. Chr. • Höhepunkt der Reiche von Tiahuanaco und Huari
• Erfindung des *quipu*

Die Menschenopfer von Tiahuanaco

In die Mauern eines Hofes unterhalb der Akapana, des Haupttempels von Tiahuanaco, wurden mithilfe von Zapfen leicht vorspringende Kopfskulpturen eingefügt. Da man in diesem Tempel Menschenopfer darbrachte, erinnern die Skulpturen möglicherweise an die hier Getöteten. Sie starben für einen Staat, der nach und nach das gesamte Hochplateau, mehrere angrenzende Täler und einige Oasen an der peruanischen Südküste erobert hatte.

Die Blütezeit von Huari

Diese Türkisfigurinen wurden in Piquillacta gefunden, dem Verwaltungszentrum des Huari-Reiches in der Region von Cuzco. Es handelt sich um Porträts ziviler Würdenträger. Die Macht der Priester scheint hier schwächer gewesen zu sein als im Reich von Tiahuanaco, und in den Städten dominierten zivile Bauwerke.

Eine Stadt für die Götter

In Tiahuanaco selbst lebten 30 000–40 000 Menschen, in der näheren Umgebung der Stadt ca. 250 000. Die Pyramiden, die weiten Plätze und die breiten Straßen Tiahuanacos boten ein eindrucksvolles Bild. Typisch für die dortigen Kultbauten waren mächtige Tore, wobei der Torsturz mit Reliefskulpturen verziert war. Auf dem Sonnentor (rechts) ist der Donnergott dargestellt, der wichtigste Gott Tiahuanacos, zu dem von beiden Seiten geflügelte Figuren eilen.

Um 800 n. Chr. • **Errichtung von Piquillacta, der Verwaltungshauptstadt des Huari-Reiches in der Region von Cuzco**

900 n. Chr. • **Aufgabe von Huari**

1000 n. Chr. • **Aufgabe von Tiahuanaco**

Ein Kaleidoskop kleiner Staaten

1000–1450 n. Chr.

Nachdem die Völker Perus vom Joch Huaris und Tiahuanacos befreit waren, nahmen sie ihre eigenständige Entwicklung wieder auf. An der Küste erblühten die Städte stärker als je zuvor. Die Völker im Gebirge versanken dagegen in endlosen Auseinandersetzungen – mit Ausnahme der Region um Cuzco, wo das Volk der Inka lebte.

DIE CHIMÚ-STADT CHAN-CHÁN
Nicht weit vom alten Moche entfernt wurde um das Jahr 900 die Stadt Chan-Chán gegründet (Hintergrundfoto). Hier lebten etwa 30 000 Einwohner, vor allem Aristokraten und Handwerker. In den labyrinthartigen Palästen aus sonnengetrockneten Ziegeln lagerten Unmengen wertvoller Objekte – die Machtsymbole der Chimú-Elite. Chan-Chán war eine Art Museumsstadt, von Künstlern bevölkert und vom Staat finanziert.

VERSCHWENDERISCHER REICHTUM DER HERREN DES NORDENS
Der Norden des Einflussgebiets der Mochica hielt dem Druck des Huari-Reiches erfolgreich stand. Städte wie Tucumán und Batán Grande entwickelten sich bis zur Ankunft der Chimú um 1350 kontinuierlich weiter. In ihrer Kunst wurden häufig bedeutende Personen verewigt, hier ein wahrscheinlich toter Kazike, der in einer Sänfte getragen wird.

DIE BEGRÄBNISKUNST
Dieser aus Holz geschnitzte Kopf mit Augen aus Schildpatt stellt einen Verstorbenen dar. Er krönte das Stoffbündel, in das der Leichnam eingehüllt war. Die Bewohner der Flusstäler des Chancay und des Chillón erbauten ausgedehnte Nekropolen. Es gibt weder Hinweise auf einen zentralisierten Staat noch Anzeichen für eine monumentale Architektur. Um 1400 wurden diese Täler ins Chimú-Reich eingegliedert.

1000–1450 n. Chr. Epoche der regionalen Konföderationen und Königreiche (Späte Zwischenzeit)

Während der gesamten Periode • **Chancay-Kultur**	**800–1350 n. Chr.** • **Die Städte Tucumán und Batán Grande erblühen.**	**850 n. Chr.** • **Gründung von Chan-Chán**

Chincha-Mantel

Dieses Detail eines aus Federn gefertigten Mantels stammt aus dem Gebiet, in dem früher die Kulturen von Paracas und Nazca beheimatet waren. Dort entstand das Chincha-Reich, dessen Bewohner Quechua sprachen. Es war die reichste der kleinen Gemeinschaften, die sich nach dem Fall des Huari-Reiches herausgebildet hatten. Das Chincha-Reich wurde um 1470 von den Inka annektiert, erhielt jedoch einen privilegierten Status.

Die Kunst der Chimú

Die Chimú-Handwerker fertigten hölzerne, mit Edelmetallen und Edelsteinen verzierte Figuren und Vasen, die von einflussreichen Persönlichkeiten in Auftrag gegeben wurden. Die Stücke sollten durch ihre Üppigkeit beeindrucken und so die Machtfülle ihrer Auftraggeber zur Schau stellen. Handwerklich erreichten sie aber nicht die Qualität der Mochica-Kunst.

Vollendete Keramik von Chancay

Eine Vielzahl keramischer Figuren, in der Regel zweifarbig und oft mit bunter Kleidung, wurde in den Gräbern der Chancay-Kultur gefunden. Die Künstler wollten den Toten Gegenstände mitgeben, deren Naturalismus und Frische an die Welt der Lebenden erinnerte. Darstellungen von Liebespaaren nehmen einen vorrangigen Platz unter diesen Meisterwerken ein.

1200 n. Chr. • Beginn der Vorherrschaft der Inka über die Region von Cuzco

1350 n. Chr. • Höhepunkt des Chimú-Reiches

Um 1450 n. Chr. • Eroberung des Chimú-Reiches durch die Inka

Das Reich der Inka 1450–1532 n. Chr.

In der ersten Hälfte des 15. Jh. machte sich ein raues, ungehobeltes Bergvolk daran, die Anden zu erobern. Im Verlauf von nur drei Regierungszeiten unterwarfen die Inka-Herrscher ein Gebiet von 4000 km Länge, das größte Reich im präkolumbischen Amerika. Zum Zeitpunkt der spanischen Eroberung zählte dieser Staat ungefähr 10–12 Mio. Einwohner.

EIN TAL IN DER REGION VON CUZCO
Als sie ins Licht der Geschichte traten, waren die Inka nur ein Volk unter vielen in der Region von Cuzco. Sie lebten in einem Gebiet mit großem landwirtschaftlichem Potenzial. So war das Tal des Vilcanota eines der bedeutendsten Maisanbaugebiete in den Anden. Gemeinsam mit den Hochebenen um den Titicacasee bildeten die Flusstäler der Küstenregion (Hintergrundfoto) die wirtschaftlichen Zentren Perus.

KERAMIK FÜR GROSSE FESTE
Die Keramik der Inka (hier eine Spitzamphore zum Transport von Maisbier) war zweckbestimmt und weniger individuell als die Textilkunst. Viele Gefäße wurden von Handwerkern, die in speziellen „Künstlerdörfern“ wohnten, serienmäßig hergestellt. Zum Einsatz kamen die Gefäße z. B. bei staatlich organisierten Festen, mit denen sich der Staat bei den Arbeitern bedankte. Jedes Volk bewahrte darüber hinaus seinen eigenen Keramikstil.

TEXTILKUNST DER INKA
In dem riesigen Reich der Inka ließen sich Textilien einfach transportieren und waren daher ein beliebter Werkstoff der Künstler. Die Tuniken der Männer waren mit schachbrettartig angeordneten Motiven, so genannten tocapus, *verziert. Dieser Stil ist typisch für die Inka. Der Wert einer Tunika stieg mit der Vielfalt der Motive.*

1450–1532 n. Chr. Das Reich der Inka

- **1450–1471 n. Chr. (?)** • Regierungszeit Pachacutecs • Expansion der Inka
- **1471–1493 n. Chr. (?)** • Regierungszeit Túpac Yupanquis
- **1493–1528 n. Chr. (?)** • Regierungszeit Huayna Cápacs
- **1532 n. Chr.** • Gefangennahme Atahualpas • Fall der Inka

Bedrohlicher Jaguar
Zahlreiche Krüge wie dieser hier waren dazu bestimmt, Maisbier aufzunehmen. Wie alle Völker im alten Peru hatten auch die Inka eine Schwäche für Darstellungen des Jaguars und des Pumas. Diese beiden Furcht erregenden Raubkatzen verkörperten das Jenseits: Menschen, die ihnen nicht genug Nahrung opferten, wurden verschlungen.

Bewahrung der Tradition
Dieser Schöpflöffel aus bemaltem Holz stammt aus der Kolonialzeit. Damals war die Region um Cuzco eines der wenigen Gebiete, in denen noch präkolumbische Traditionen bewahrt wurden. Die Oberschicht der Indianer drückte durch den Besitz derartiger Objekte ihre Bindung an die Kultur der Inka und ihr Bestreben aus, in der kolonialen Gesellschaft eine Rolle zu spielen.

Vom Bauern zum feinsinnigen Kunstkenner
Nachdem die Inka ihr Reich gefestigt hatten, verwandelten sich die ehemaligen Bauern in verschwenderische Aristokraten. Besonders beliebt waren bei ihnen Silberstatuen mit den Merkmalen ihres Volkes: kurz geschorenem Haar, scheibenförmigen Ohrringen aus edlen Metallen sowie einer Mütze in Form eines stumpfen Kegels, hier durch Einlegearbeiten verziert.

1532–1572 n. Chr. Nach der Eroberung

- **1536 n. Chr.** • Aufstand von Manco Cápac
- **1545 n. Chr.** • Entdeckung der Minen von Potosí
- **1569 n. Chr.** • Ankunft des Vizekönigs von Toledo
- **1572 n. Chr.** • Tod von Túpac Amaru

Die Inka

VON ALFRED MÉTRAUX

KAPITEL 1

Das Wunder der Inka

Bei Sonnenuntergang wurde der Inka Atahualpa am 16. November 1532 vor den Augen seiner Wachen aus dem Bett gerissen und von Francisco Pizarro gefangen genommen. Die Armee des Inka wurde von einer Hand voll Ritter versprengt und verschwand in der Nacht. In kaum drei Stunden war die Macht des größten Staates des präkolumbischen Amerika zerschlagen. Der Fall des Inka-Reiches ging dem Verschwinden einer Kultur voraus, deren Größe sogar die grausamsten Abenteurer, ihre Zerstörer, erkannt hatten.

Die Kundschafter, die den Spaniern die Pforte zu den Reichtümern Perus gezeigt hatten, markierten das Ende einer langen Suche. Seit dem Anfang des 16. Jh. landeten die Spanier immer zahlreicher an den Küsten Goldkastiliens; sie kannten die „große Neuigkeit“ und machten sich auf den Weg zu einem „reichen Land“, das irgendwo im Süden jenseits der Berge und Wälder lag. Nach der Überlieferung war Vasco Núñez de Balboa der Erste, der von diesem geheimnisvollen Land erfuhr, bevor er an den Pazifischen Ozean gelangte und ihn im Namen des spanischen Königs in Besitz nahm. Er war gerade bei Comagre, einem Kaziken (Fürsten) aus Darién, am Golfo de Urabá, und wog Gold ab, als ein Streit unter seinen Kameraden ausbrach. Der Sohn des Kaziken soll sie beobachtet, die Waage umgeworfen, das kostbare Gut auf den Boden verstreut und dabei geschrien haben: „Warum streitet ihr Christen euch um das bisschen Gold? Wenn ihr einen so großen Hunger darauf habt, dass ihr den Frieden der Völker stört und eure Länder verlasst, um es zu suchen, werde ich euch Provinzen zeigen, in denen ihr euren Hunger stillen könnt.“ Auf die Fragen der Spanier, wo diese Länder lägen, antwortete der junge Mann, sie müssten sich in großer Zahl auf den Weg zum Pazifischen Ozean machen.

FLOSS MIT BESATZUNG *(Muisca-Kultur, Kolumbien) Dieses goldene Floß zeugt von der künstlerischen Meisterschaft der kolumbianischen Kulturen vor der Eroberung durch die Spanier. Es steht möglicherweise in Zusammenhang mit der alten Legende, die sich um Eldorado, den Vergoldeten, rankt.*

KLEIDER ALS PRESTIGEOBJEKT *(S. 20) Eine Sonne und ein Drachen schmücken diesen mit Federn verzierten Rock. Er gehörte vermutlich einer hochstehenden Persönlichkeit der Huari-Kultur (500–900).*

Wenn sie ihn erreichten, „würden sie Goldschätze finden, die im Besitz dieser Menschen sind, und die Goldschale, aus der man trinkt und isst". Als Balboa 1513 an die Küste des Pazifischen Ozeans vorstieß, wurden die Aussagen des Kaziken aus Darién von einem Häuptling dieser Gegend namens Tumaco bestätigt. Dieser beschrieb die Wunderwerke der „Meister des Goldes" und fügte dann hinzu, sie würden Lasttiere benutzen. Er malte eine recht wahrheitsgetreue Zeichnung in den Sand, in der die Spanier Schafe zu erkennen meinten. Mit ihnen haben die Lamas und Alpakas aus Peru tatsächlich Ähnlichkeit.

1515 sprach man nur über dieses unbekannte Land, das man bereits Peru nannte, nach dem Namen eines Flusses in Südkolumbien und einem Indianerhäuptling, bei dem die Seefahrer die Sprache erlernt hatten. Als Pizarro und seine Kameraden das Inka-Reich entdeckt hatten, gaben sie ihm, wie gewöhnlich, den Namen des Wasserlaufs statt den Namen, den die Bewohner benutzten – *Tahuantinsuyo*, „Reich der vier Viertel".

Die Ausstrahlung des großen Andenreiches war sehr stark. Seine Existenz war nicht nur in Panama bekannt, sondern auf dem ganzen Kontinent, vielleicht mit Ausnahme des weit entfernten Feuerlands. Während die Spanier begierig die Gerüchte im Karibischen Meer oder in Panama einsogen, die sie über das „reiche Land" hörten, schenkten die Portugiesen an der Küste Brasiliens gleich lautenden Gerüchten ihre Aufmerksamkeit. 1508, kaum acht Jahre nach der zufälligen Entdeckung Brasiliens durch Pedro Alvarez Cabral, kehrte der Kapitän eines Schiffes, das von einem portugiesischen Reeder zur Erkundung ausgeschickt wurde, von Brasilien mit einer Neuigkeit zurück: Im Innern lebe „ein Bergvolk, dessen reiche Rüstungen aus dünnen Goldblechen gefertigt sind, die Brust und Kopf bedecken". Nicht weit von dem Ort entfernt, wo er gelandet war, erhielt ein anderer Seefahrer von vollständig nackten Indianern, die Äxte aus Stein und Werkzeuge aus Holz und Knochen benutzten, „eine Silberaxt und messingfarbene Metallstücke, die nicht schwarz anliefen".

ELDORADO – DER VERGOLDETE

Die städtischen Kulturen, die sich in den Anden des heutigen Kolumbien entwickelten, haben weniger Spuren hinterlassen als ihre peruanischen Gegenstücke, da die Wohnbauten und Tempel – mit Ausnahme der steinernen Städte des Volkes der Tairona in der Sierra de Santa Marta – meist aus Holz, Schilfrohr oder Strohlehm bestanden. Überraschenderweise scheint sich in diesem Teil der Anden kein größerer Staat gebildet zu haben. Dennoch konnten sich dort bemerkenswerte Kulturen entwickeln, die mit den Völkern der mittleren Anden besonders im religiösen Bereich viele Gemeinsamkeiten aufweisen.

In Kolumbien konnte man die älteste Tradition der Keramikherstellung nachweisen, und dort entwickelte sich auch die raffinierteste Goldschmiedekunst von ganz Südamerika. Die Gier der Spanier nach diesem Gold wurde durch die Beschreibung eines alten Brauches geweckt, der einmal jährlich auf dem Guatavitasee stattfand: Der über und über mit Goldstaub bedeckte Häuptling des dort ansässigen Stammes begab sich auf einem Floß auf den See und badete dort im Wasser, während fein gearbeitete goldene Gegenstände in den See geworfen wurden. Daraus entstand die Legende des „Eldorado", des „vergoldeten" Menschen.

Die Portugiesen, die diese „gute Nachricht von dem reichen Land" vernahmen, hatten zweifellos die Südküste Brasiliens erreicht. Sie war damals von den Carios bewohnt. Dieser Stamm war mit den Guarani-Indianern aus Paraguay verwandt und unterhielt schon lange Kontakte zum Inka-Reich. Von den Inka hatten sie auch die Metallgeschenke erhalten. Wie alle steinzeitlichen Völker waren sie äußerst begierig darauf. Sie wagten sich sogar in „die grüne Hölle" des Chaco, der sich zwischen ihnen und den Anden erstreckte, wo man Kupfer, Bronze, Gold und Silber bearbeitete. Sie versorgten sich am liebsten bei den an das Reich angrenzenden Stämmen, die über reichlich Metall verfügten und zudem leichte Beute waren. Einige Guarani-Gruppen überquerten, angetrieben von ihrer Gier, die Grenzen und wagten Abstecher in das Innere des Inka-Reiches. Die spanischen Chronisten, die die historischen Überlieferungen des alten Peru sammelten, erwähnen diese Einfälle häufig und berichten, dass die Herrscher Pachacutec Yupanqui und Huayna Cápac ihre Grenzen befestigten, um sich gegen die „Barbaren" zu wehren. Der Verlauf kann heute dank der Ruinen dieser Verteidigungsbauten rekonstruiert werden. Die sich in der Überzahl befindlichen Guarani bedrängten die Inka-Vorposten und ließen sich schließlich in den eroberten Gebieten nieder.

Die plündernden Guarani waren hauptsächlich auf die Äxte und Messer aus Kupfer und Bronze versessen, weil diese Werkzeuge viel wirksamer waren als die von ihnen benutzten aus Stein oder Knochen. Aber auch die Rüstungen aus Metall verachteten sie nicht. Einige dieser Beutestücke gelangten durch Tausch zu den Völkern an der Küste und am Río de la Plata. Deshalb fanden Portugiesen und Spanier die Armreifen und Brustscheiben aus Silber und Gold bei den vergleichsweise primitiven Indianern, die, nach der Herkunft befragt, auf den Sonnenuntergang wiesen und von einem „Silbergebirge", einem weißen König, Steinhütten und gezähmten „Hirschen mit langem Fell" – den Lamas – sprachen.

Was die Carios über dieses weit entfernte, geheimnisvolle Gebiet berichteten, verleitete einige Mitglieder der Expedition von Juan Diaz Solís, die bei Santa Catarina Schiffbruch erlitten hatte, dieses Land zu suchen. Fünf Männer begaben sich unter der Führung des Portugiesen Alejo García auf dem Landweg nach Paraguay, wo sie sich mit einem Kriegertrupp der Guarani zusammenschlossen. Gemeinsam zogen sie in die Anden und plünderten mehrere peruanische Dörfer. Alejo García kehrte mit einer Gruppe Gefangener und reicher Beute nach Paraguay zurück, wurde dort jedoch von Tupí-Indianern getötet. Aber einige seiner Gefangenen konnten mit etwas Gold und Silber an die Küste gelangen. Als die Konquistadoren nach Paraguay kamen, um der Spur Alejo Garcías zu folgen, erzählten die Guarani ihnen von Heldentaten dieses kühnen Abenteurers, der ein Jahrzehnt vor Pizarro als erster Weißer in das Inka-Reich eingedrungen war.

DIE SPANISCHEN KOLONIEN IM JAHR 1563
Auf dieser Karte aus dem Weltatlas von Luis Lazaro sind die von den Portugiesen und Spaniern bis zur Mitte des 16. Jh. eroberten Gebiete im mittleren Teil des amerikanischen Kontinents eingezeichnet.

Das Silbergebirge

„Die große Neuigkeit" über das Silbergebirge und den weißen König gelangte schnell über das Meer nach Europa. Das noch unbekannte Inka-Reich zog durch den Nimbus seiner fabelhaften Reichtümer und die Faszination, die es auf die wilden Stämme ausübte, wie ein Magnet die Karavellen an die Küsten des Pazifischen und Atlantischen Ozeans.

1526 verließ eine vom italienischen Seefahrer Sebastiano Caboto geleitete Expedition Spanien. Ihr Ziel waren die Molukken. Der Gewürzhandel brachte allen, die ihn betrieben, große Gewinne; dennoch schienen sie dem Führer dieser Expedition gering angesichts der Reichtümer, die dieses geheimnisvolle Land versprach. Deshalb nahm er, ohne zu zögern, Kurs nach Westen und steuerte auf den Río de la Plata zu. Wenn er noch Zweifel an der Klugheit seines Plans gehabt hätte, dann wurden sie von den Schiffbrüchigen auf Santa Catarina zerstreut, die ihm von Alejo Garcías Heldentat berichteten. Sie versicherten ihm, „wenn er den Río de la Plata stromaufwärts fahre, könne er mit Leichtigkeit seine Schiffe mit Gold und Silber beladen, und sogar noch mehr Schiffe, denn der Paraná und alle Flüsse, die in ihn mündeten, führten zu einem Gebirge, zu dem die Indianer ständig gingen. Dort gebe es verschiedene Arten von Metall, viel Gold und Silber und ein anderes Metall, dessen Beschaffenheit sie nicht kannten." Sie berichteten ihm auch, dass „nach ihrem Wissen die Bewohner dieses Gebirges Silberkronen auf dem Kopf und Goldscheiben um den Hals trügen". Dabei zeigten sie einige Goldstücke.

So fuhr Caboto den Río de la Plata hinauf und gelangte über den Paraná nach Paraguay. Die Guarani-Indianer, auf die sie trafen, besaßen Silber- und sogar Goldrüstungen, aber die Beute, die er bei ihnen machte, war nichts im Vergleich zu den zahlreichen und genauen Mitteilungen über die „Meister des Goldes". Doch zwischen ihnen und den Seefahrern lagen mit Gestrüpp bedeckte, schier endlose Ebenen. Von einer kargen Landschaft umgeben und von feindlichen Stämmen umzingelt, vergaßen Caboto und seine Männer, die sich nur noch von Hunden und Ratten ernähren konnten, ihre Leiden, als sie erfuhren, dass „die Indianer vom Silbergebirge und der weiße König schnell Bekanntschaft schlossen". Doch Sebastiano Cabotos Expedition scheiterte und hinterließ der Geschichte nur einen Namen: Der Río de la Plata – Silberfluss – wurde so getauft, weil man glaubte, dass seine schlammigen Wasser auf direktem Weg zu dem verheißungsvollen Gebirge führten.

VATER UND SOHN CABOTO
Auf diesem Bild ist hinter dem englischen König Heinrich VII. der venezianische Seefahrer Giovanni Caboto zu sehen, der 1497 Nordamerika erreichte. Sein Sohn Sebastiano erkundete den Río de la Plata im Auftrag Karls V. von Spanien.

Während Caboto versuchte, Peru über die großen Flüsse der argentinischen Pampas zu erreichen, näherten sich Francisco Pizarro und Diego de Almagro gleichzeitig von der Pazifikküste her dem reichen Land. Die Tage des Inka-Reiches waren gezählt.

1535 brachen 1500 Mann – die größte Armee, die Spanien jemals nach Amerika geschickt hatte – mit einer Flotte aus elf Schiffen auf. Der Führer von hohem Adel, Pedro de Mendoza, brüstete sich, ihm werde gelingen, was Caboto nicht erreicht hatte. In dem Augenblick, als er in See stach, befand sich das Inka-Reich allerdings bereits in den Händen der Spanier. Sechs Monate später waren die Schätze aus dem Lösegeld Atahualpas schon in Sevilla. Doch so merkwürdig es auch klingen mag – keiner in der großen

Armada Pedro de Mendozas scheint erkannt zu haben, dass das Silbergebirge, das sie erobern wollten, nichts anderes war als Peru, dessen Herrscher, der legendäre weiße König, zwei Jahre zuvor erdrosselt worden war. Mendoza und seine Kameraden folgten nur noch dem Glitzern eines erloschenen Reiches.

1540 erreichte Ayolas, einer der Leutnants von Pedro de Mendoza, zwar das Silbergebirge, also die Kordilleren der Anden, aber seine Kameraden und er wurden ermordet. 1548 brach Domingo Martinez de Irala, der dem gleichen Trugbild folgte, von Paraguay auf und gelangte an die Grenzen Perus. Angesichts der Feindseligkeit seiner Landsleute, die sich dort niedergelassen hatten und die vom Atlantischen Ozean kommenden Eindringlinge mit Misstrauen betrachteten, kehrte er um. Doch er verlor nicht die Hoffnung, ein noch reicheres Land zu erobern. Die Illusion der Spanier war ein Jahrhundert lang so groß, dass sie sich auf die Suche nach einem Fabelland machten, in dem Gold und Silber so häufig waren wie die Kieselsteine auf den großen Straßen, ohne zu vermuten, dass sie nach einem bereits eroberten Königreich Ausschau hielten. Die Indianer konnten es den Eroberern noch so sehr mit Worten beschreiben, die den Naivsten die Augen hätten öffnen müssen, und gingen sogar so weit, sie auf die tatsächliche Lage im Westen hinzuweisen. Doch die Europäer siedelten das Reich irgendwo östlich in den Anden, im Norden Paraguays oder in Westbolivien an.

Weder das Leid der Mitglieder dieser Expeditionen noch die Erfolglosigkeit ihrer Bemühungen konnte die Hoffnung der Spanier trüben, dieses *Eldorado* zu erreichen. Wenig später verflogen die Träume, als die Jesuiten die geistige Eroberung Amazoniens unternahmen. Jeder dieser vergeblichen „Einsätze“ hatte Blut gekostet. Zu den Spaniern, die sich im Wald verirrten und elend starben, kamen Tausende Indianer hinzu, die der Erschöpfung erlagen oder niedergemetzelt wurden.

Die Amazonenlegende

Die in der Alten und Neuen Welt bekannte Amazonenlegende war in Südamerika einer mehr oder weniger frei erfundenen Vision des Inka-Reichs entlehnt. Das Frauenreich ohne Männer wurde mit Peru verwechselt oder in seiner Nähe angesiedelt. Der Dominikanermönch Gaspar de Carvajal, der in Begleitung von Francisco de Orellana am ersten Abstieg zum Amazonas teilnahm (1541) und sein erster Chronist wurde, behauptete, ihm sei bei einem Kampf von Furcht erregenden Kriegerinnen ein Auge ausgestochen worden. Dieses Scharmützel, dessen Andenken durch den Namen des großen südamerikanischen Flusses unsterblich geworden ist, fand statt, kurz bevor Orellana die Mündung erreichte. Noch vor der Begegnung mit den Amazonen hatte Carvajals erfahren, dass sie sehr reich seien und von den Indianern, die ihnen tributpflichtig waren, Papageienfedern forderten. Er sagte, er habe alle Auskünfte von einem Indianer, den er

DIE ANDEN UND DAS AMAZONAS-TIEFLAND

Zwischen den Anden und Amazonien bestanden seit langer Zeit Handelsverbindungen. So stammten viele der Pflanzen, die an der peruanischen Küste angepflanzt wurden, aus dem im Osten gelegenen Tiefland. Die Landwirtschaft gelangte vermutlich aus den Waldregionen in die Küstengebiete. Die Besiedlung des küstennahen Landstrichs durch die Andenbewohner geht bis zum Beginn unserer Zeitrechnung zurück und intensivierte sich während des Huari- und des Inka-Reiches. Mindestens ebenso interessiert wie an der Küste waren die Hochlandbewohner an Amazonien, da sie von dort Koka, Baumwolle, Gewürze, Obst, Erdnüsse, Edelhölzer und Federn bezogen. Im nördlichen Peru, wo die Kette der Anden am schmalsten ist, ragt eine steile, nebelverhangene Bergkette aus dem Urwald hervor. Dies war die Heimat der Chachapoya, die es verstanden, ihre Position zwischen den reichen Völkergemeinschaften im Norden und denjenigen Amazoniens auszunutzen. Sie legten Städte in Terrassenform an, wie etwa Cuélap und El Abiseo. Dort bildeten Straßen, Treppen und Plätze ein wahres Labyrinth zwischen unzähligen Häusern, die durch spitz zulaufende Dächer gekennzeichnet waren.

DIE TEMPEL AUF DER SONNENINSEL
Für die Inka war der Titicacasee der Ort, an dem die Sonne zum ersten Mal aus der Welt des Unterirdischen emporgestiegen war. Auf den Inseln des Sees errichteten sie eindrucksvolle Tempel.

mithilfe eines von ihm selbst geschriebenen Wörterbuchs befragt habe. Auf diese Weise erfuhr er, dass das Amazonenreich „siebzig aus Stein gefertigte und mit Türen ausgestattete *pueblos*" umfasste. Diese seien miteinander durch Straßen verbunden, die wiederum durch Mauern und Wachposten geschützt seien. Sein Informant erzählte ihm auch, es gäbe „unter diesen Frauen eine, der sich alle unterwarfen. In ihrem Land herrschte großer Reichtum an Gold und Silber, und nur die Plebejerinnen benutzten Holzgefäße, es sei denn, sie waren für das Feuer gedacht und deshalb aus Ton." In der Hauptstadt, der größten Stadt, wo diese Frau residierte, stünden „fünf sehr große Gebäude, die Heiligtümer und der Sonne geweiht waren … In ihnen befanden sich viele Gold- und Silbergötzenbilder in Frauengestalt und Gold- und Silbergefäße für den Sonnenkult. Diese Frauen waren gänzlich in feine Wolle gekleidet, weil es in diesem Land wie in Peru viele Schafe gab."

Einige Jahre später trugen die Spanier, die Alvar Núñez Cabeza de Vaca auf seiner unglücklichen Expedition zur Entdeckung eines Phantom-Peru begleiteten, in Oberparaguay eine neue Fassung der Amazonenlegende zusammen. Die dortigen Indianer bestätigten, dass nicht weit entfernt Kriegerinnen lebten, die große Schätze besäßen und aus Gold- und Silbergefäßen äßen. Sie behaupteten sogar, in der Nähe dieser Frauen befänden sich große Städte, ein See, der Haus der Sonne genannt würde und in dem das Gestirn eingeschlossen sei. Die Eingeborenen dieses Landes seien bekleidet, wohnten in Steinhütten, benutzten Hirsche mit langhaarigem Fell und hätten eine große Stadt, die man nicht an einem Tag durchqueren könne. Diese Anspielungen auf Peru waren sehr deutlich, besonders da die Indianer erklärten, sie wüssten, jenseits der Berge gäbe es eine große Wasserfläche und Spanier würden in dieser Gegend auf Pferden reiten.

Man hat behauptet, dass die Amazonenlegende aus einer ziemlich vagen Kenntnis der Inka-Institution der *aqlla-cuna* oder auserwählten, in einer Art Konvent eingesperrten Frauen entstanden war. Das folkloristische Thema der „Frauen ohne Männer" war sicher seit langem bei den Waldindianern außerhalb des Inka-Reiches sehr verbreitet. Sein Prestige verdankt es nur den hinzugefügten Details: der Reichtum an kostbaren Metallen, die Steinhütten und die Macht dieser Fabelwesen. Wie das Eldorado war das Amazonenland geschmückt mit allen wirklichen oder imaginären Wundern, die die Waldindianer dem im Westen liegenden, geheimnisvollen Land zuschrieben.

Ein utopisches Reich

Die Entdeckung des Inka-Reiches, seine schnelle und grausame Eroberung beeindruckten Europa tief. Schon 1534 zirkulierten Schriften, Vorläufer unserer Zeitungen, die Peru, seine Reichtümer und das sagenhafte Lösegeld beschrieben, das der Herrscher Atahualpa Pizarro gezahlt hatte. Diese kleinen Werke gaben mehr oder weniger genau den Inhalt der Briefe oder Berichte wieder, die Offiziere der Krone aus Panama an den König von Spanien sandten. Ein 1534 in Lyon gedrucktes Blatt mit dem Titel *Zuverlässige Nachrichten von den Inseln Perus* verspricht seinen Lesern „mehrere neue Dinge, darunter in dieser Provinz gefundene und aus diesem Land mitgenommene, unschätzbare Reichtümer aus Gold und Silber und Edelsteinen". Das Blatt enthält einen Bericht über Atahualpas Gefangennahme sowie über die Hängebrücken. Es endet mit einer Aufzählung der wichtigsten Stücke aus dem Schatz, den der Inka als Lösegeld Francisco Pizarro übergeben hatte und von dem ein Gutteil an den König von Spanien geschickt wurde.

Eine italienische Gazette aus dieser Zeit entfernt sich von der Wahrheit. Sie schildert den Herrscher von Peru, wie er in einer mit eingefassten Edelsteinen geschmückten Goldsänfte getragen wird. Dem Verfasser dieser „Reportage" zufolge waren alle Güter der Erde in Peru versammelt, denn Atahualpa hätte seinem sagenhaften Lösegeld tausend Zimtstangen zugefügt; Peru sei der „Weingarten Gottes".

Als der französische Schriftsteller und Philosoph Montaigne die Werke des spanischen Geschichtsschreibers Gómara gelesen hatte, rührte ihn das Schicksal der Inka. Er gab seine philosophische Gleichgültigkeit auf und empörte sich über die grundlose Grausamkeit der Spanier, denen er den Ruhm der zu leichten Siege aberkannte. Er prangerte die Böswilligkeit Pizarros an, weil er Atahualpa hinrichten ließ, der „sich als aufrichtiger, großzügiger und standhafter Charakter erwiesen" und zuverlässig sein Lösegeld bezahlt hatte. Was er von der peruanischen Zivilisation wusste, erregte seine Bewunderung. Bezüglich der großen Inka-Straßen erklärte er, „weder in Griechenland, noch in Rom oder Ägypten findet man Bauten von solch enormer Zweckmäßigkeit, Komplexität und Erhabenheit". Die Vortrefflichkeit der Indianer zeige sich nicht nur in ihrem Fleiß. Auch auf moralischer Ebene seien sie den Europäern überlegen: „Was den Glauben, die Gesetzestreue, Güte, Liberalität, Loyalität, Freimütigkeit betrifft, sind wir nicht wie sie: Aufgrund dieses Vorzugs sind sie verloren, verkauft und betrogen worden."

DER SONNENGOTT
Die Sonne war eine der wichtigsten Gottheiten der alten Peruaner. Auf dieser goldenen Maske aus Ecuador bleckt das Gestirn seine Raubtierzähne, das typische Kennzeichen einer Gottheit.

EINE INKA-PRINZESSIN
Angesichts der europäischen Dominanz erhoben die Einwohner von Peru im 18. Jh. die Kultur der Inka zum Symbol ihrer kulturellen Würde. Die damaligen Maler nahmen sich häufig die Inka-Herrscher und ihre Familien zum Gegenstand.

Hatten die Bodenschätze der Inka den Mythos von Eldorado entstehen lassen, so riefen ihre Institutionen einen anderen Mythos hervor: den eines utopischen Reiches, das das Ideal des sozialistischen Staates in die Wirklichkeit umgesetzt hatte, noch bevor es diesen Begriff gab.

Vor allem im 18. Jh. gefielen sich Philosophen, Romanciers und Dramatiker darin, das Bild eines peruanischen Reiches zu beschwören, dessen tugendhafte Herrscher dem einfachen Volk dank weiser Gesetzgebung Glück garantierten.

Alexander von Humboldt beschrieb nach seinen Reisen durch Südamerika die Institutionen der Inka: „Das Inka-Reich gleicht einem großen Konvent, in dem jedem vorgeschrieben ist, was er für das allgemeine Wohl zu tun hat … Wir finden wohl staatlichen, kaum aber privaten Wohlstand, mehr Ergebenheit gegenüber dem Fürsten als Liebe zum Vaterland, passiven Gehorsam ohne Mut zu individuellen kühnen Handlungen, strenge, alle Einzelheiten des privaten Lebens durchdringende Ordnung, aber keine weit gespannten Ideen, keinen Höhenflug des Charakters. Die komplizierteste Institution, die die Geschichte kennt, hat den Keim der persönlichen Freiheit erstickt, und während sich die Gründer des Reiches von Cuzco schmeichelten, ihre Untertanen zum Glücklichsein gezwungen zu haben, hatten sie dieselben in Wahrheit zu simplen Mechanismen erniedrigt."

Das Inka-Reich stellte für Abbé Raynal ein Problem dar: Wie konnte er seine Überzeugung, dass nur das Privateigentum Glück bringen und die Völker zur Größe erheben könne, mit der Tatsache vereinen, dass die Peruaner in einem kollektivistischen Regime glücklich und im Wohlstand lebten? Er erklärt, keineswegs überzeugt, wenn das System der Peruaner nicht zur Anarchie geführt habe, so lag „es wahrscheinlich daran, dass die Inka keine Steuern kannten und nicht für die Bedürfnisse der Regierung, sondern nur für die Lebensmittel aus der Natur sorgen und sich vermehren mussten". Im 18. Jh. glaubte man an die Vollkommenheit des Inka-Staates, die einen, weil sie die Inka für Kommunisten hielten, die anderen, weil sie einem aufgeklärten Despotismus anhingen.

Der Enthusiasmus, den die Inka-Institutionen bei den Menschen in der Zeit der Aufklärung erweckten, flaute nach dem Sieg der Bourgeoisie ab. Die großen sozialen Bewegungen unserer Epoche belebten das Bild eines teilweise sozialistischen Inka-Reiches wieder. Keiner hat diese Überzeugung besser ausgedrückt als der peruanische Ethnograph und Historiker Luis Valcarel. Ihm zufolge trat das Genie der Inka vor allem in der Wirtschaftsordnung zutage. „Die Gesamtheit unserer Quellen", schrieb er, „erlaubt uns zu behaupten, dass wenige Kulturen – wenn nicht keine – eine so geeignete Organisation hatten, die den Menschen darauf vorbereitete, den Staat zu bewahren, zu mehren und auszudehnen. Der Staat, der große und einzige Unternehmer mit seinen Statistik- und Verwaltungsabteilungen, Gesetzen und Vorschriften, seiner Disziplin und schöpferischen Dynamik, die ihm erlaubten, die gesamte Bevölkerung zu mobilisieren und den unproduktiven Streik und das Schmarotzertum zu beseitigen, hat den Unterschied zwischen wirtschaftlichen, politischen und technischen Tätigkeiten abgeschafft. Die Analyse dieses Phänomens des Zusammenschlusses enthüllt den sozialistischen Charakter Tahuantinsuyos. Es ist die peruanische Art des sozialistischen Typs."

Die erstaunliche Entwicklung der Ethnologie erlaubt uns heute, die seit langem bekannten Fakten in einem anderen Licht zu sehen. Innerhalb von zwanzig Jahren hat die Archäologie alle unsere Vorstellungen über den Ursprung und die Entwicklung der peruanischen Kulturen umgestoßen. Darüber hinaus hat man allzu oft vergessen, dass die Nachfahren der Inka die größte und kompakteste Eingeborenengruppe Nord- und Südamerikas bilden. Obwohl sich in vier Jahrhunderten ihre Sitten, ihr Glaube und ihre Institutionen völlig verändert haben, ist es noch möglich, Lücken in unserer Dokumentation zu schließen und die Zeugnisse der Chronisten mit den Spuren der alten Ordnung zu vergleichen. Das Studium von Verwaltungstexten erweist sich oft als ergiebiger als die Auslegung klassischer Werke über das Inka-Reich. Der Fortschritt der sozialen Anthropologie hat eine sinnvollere Interpretation der Bräuche und Traditionen möglich gemacht, die zuvor aus einer westlichen Sicht dargestellt worden sind. Diese Forschungen haben die Originalität der Institutionen und die Schwierigkeiten, die das Inka-Reich überwinden musste, um ein so großes und wohlhabendes Land zu schaffen, ans Licht geholt.

AUF ALTEN SPUREN
Die Bauern in den Anden haben bis heute manche Traditionen aus der präkolumbischen Zeit bewahrt. Die meisten von ihnen sprechen weiterhin Quechua und Aymara.

Das Wort Inka ist zweideutig und hat sich im allgemeinen Gebrauch von seiner ursprünglichen Bedeutung, nämlich Häuptling, entfernt. Der Herrscher Perus war der Inka schlechthin, ein Titel, der auch den Mitgliedern seiner Familie und den mit ihm verwandten Abstammungsgruppen verliehen wurde. Er wurde sogar auf verbündete Gruppen ausgedehnt, aus denen sie die Beamten rekrutierten. Man könnte „Inka" also mit Herrscher und Adliger übersetzen.

Heute bezeichnet dieser Begriff alles, was sich auf die Geschichte oder die Kultur der Inka-Dynastie bezieht. Er wird insbesondere auf das Volk angewendet, über das sie herrschte. Man könnte ihn auch für die modernen Indianer der Andenregionen Ecuadors, Perus und Boliviens verwenden, die in einem weiteren Sinn direkte Erben der Kultur sind, die unter den ursprünglichen Trägern dieses Titels blühte. In der Kolonialzeit hatten nur die vom Herrscher abstammenden Adligen Anspruch auf den Titel Inka.

Die Missionare gaben der *runa-simi* oder der Sprache der Menschen den Namen *quechua*, und mit diesem Wort bezeichnet man heute noch die Indianer, die diese Sprache sprechen. Wieder einmal haben der Zufall und die Verwirrung das Schicksal eines Begriffes gelenkt, weil man unter Quechua eigentlich die in den Andentälern zwischen 1000 und 3000 Metern gelegenen Kulturländer versteht. In dieser privilegierten Zone war ein Volk entstanden, das unter der Führung der Inka ein Reich bilden sollte. Die Geschichte der Indianer Perus umfasst also zwei Perioden: die der eigentlichen Inka, die im 16. Jh. endet, und die der Quechua, die noch heute andauert.

KAPITEL 2

Die Vorfahren der Inka

Als im 13. oder 14. Jh. n. Chr. ein kleiner Bergstamm im Tal von Cuzco, in 3400 Meter Höhe, das Fundament zum größten Reich des präkolumbischen Amerika legte, hatten in diesem Hochland und in den Wüsten, die sich zwischen Ecuador und Bolivien erstreckten, bereits zehn Kulturen einander abgelöst. Die Eroberer, die spät auf der Andenbühne erschienenen Inka, erbten eine etwa 4000 Jahre alte Tradition.

Von den ersten Einwohnern bis zur Chavín-Kultur

Vor 9000 Jahren zogen kleine Gruppen von nomadisierenden Jägern und Sammlern, die sich äußerlich kaum von den heutigen Indianern unterschieden, durch die Andentäler, über die Hochebenen und entlang der Küste des Pazifischen Ozeans. Einige ihrer Werkzeuge sind in Felsenunterkünften ausgegraben oder auf dem Boden an ihren alten Lagerplätzen aufgesammelt worden. Die riesigen Muschelberge, Spuren zahlreicher Mahlzeiten, die an der ganzen Pazifikküste zu finden sind, bezeugen, wie lange diese trostlose Gegend schon von Menschen besiedelt ist. In den Wüsten, die zu den rausten der Erde zählen, wohnten bereits im 3. Jt. v. Chr. unbekannte Völker, die sich in unterirdischen Wohngruben niederließen. Diese lagen an Flüssen, die die Sandflächen durchschnitten und Leben und Wohlstand in ihre Täler brachten. Diese Völker ergänzten ihre Nahrung aus Fisch mit Produkten aus einer primitiven Landwirtschaft. Der Humboldtstrom entlang der peruanischen Küste ist vergleichbar mit einem großen Fluss von einigen hundert Kilometern Breite. Sein planktonreiches Wasser macht ihn zu einem der fischreichsten Gewässer der Erde. So unwirtlich die Umgebung auch sein mag, den Menschen und Millionen von Vögeln bot das Meer eine sichere Nahrungsquelle.

CARAL – DIE MUTTER DER STÄDTE

Die ältesten monumentalen Bauwerke des Kontinents befinden sich im Nordteil des zentralperuanischen Küstenstreifens. Zwischen 3000 und 1500 v. Chr. erstreckte sich das kulturelle Zentrum Caral über 50 ha. Die Stadt war um sechs Pyramiden herum angeordnet. Abgesehen von einigen Wohnbezirken und Vorratsspeichern handelte es sich bei den 32 Gebäuden hauptsächlich um Tempel, Opferaltäre sowie um Plätze und Plattformen für Kulthandlungen. Darüber hinaus wurden dort etwa 2 m hohe Monolithen und halb unterirdische Feuerstellen gefunden. Laut den Aufzeichnungen aus der Kolonialzeit dienten die Monolithen als Symbole für die Inbesitznahme des Gebietes durch den Stammvater der Gruppe und die Feuerstellen zur Verbrennung der Opfergaben für die Toten.

Die Priester von Caral gründeten ihre Macht auf die Kenntnis des Kalenders und der günstigsten Zeitpunkte für die Aussaat und Pflege der verschiedenen Anbaufrüchte. In der Stadt widmete man sich astronomischen Beobachtungen, opferte den Göttern und brachte von Zeit zu Zeit auch Menschenopfer dar. Etwa um das Jahr 1500 v. Chr. wurde Caral von seinen Einwohnern vollständig unter Sand und Schotter begraben und aus bis heute ungeklärten Gründen aufgegeben.

Diese Küstenbewohner hatten bereits große technische Fortschritte gemacht: Sie lebten in Dörfern zusammen, besaßen viele verschiedene Werkzeuge und fertigten Stoffe ohne Webstuhl mit einer ausgefeilten Technik an.

Der „Neue Tempel“ von Chavín
Dieses zwischen 500 und 400 v. Chr. errichtete Heiligtum in den Bergen des nördlichen Zentralperu war eines der berühmtesten in den Anden. Pilger aus weit entfernten Gebieten brachten ihre Opfergaben dorthin, sodass die Priester von Chavín große Reichtümer ansammeln konnten.

Die Ausgrabungsstätte von Chavín de Huántar in einem Andental nördlich von Lima hat einem „archäologischen Horizont“ den Namen gegeben. Der Ort selbst ist berühmt für die monumentalen Ruinen seines Tempels mit massiven Steinstufen sowie Gängen und Kammern auf verschiedenen Ebenen.

Chavín war etwa von 500 bis 200 v. Chr. entweder die Hauptstadt eines kleinen theokratischen Reiches, das seine Arbeitskräfte aus den bäuerlichen Gemeinschaften rekrutierte, oder ein religiöses Zentrum für Tausende Gläubige, wie in der Inka-Zeit der Tempel von Pachacámac südlich von Lima oder der heutige Wallfahrtsort Copacabana am Titicacasee. Jedes Jahr besuchten ihn durchschnittlich 60 000 Indianer. Der Tempel in Chavín wurde möglicherweise mithilfe der Pilger gebaut. Zweifelsohne verdankt er seinen Ruf der künstlerischen Ausstrahlung. In Chavín entstand die erste große Kultur Perus, deren Einfluss man in einem weiten Umkreis feststellt. Erst in den Kulturen von Tiahuanaco (10. Jh. n. Chr.) und der Inka (14. Jh. n. Chr.) sollte sich dieses Phänomen wiederholen.

Hinter den massiven Bauwerken, künstlerischen oder technischen Errungenschaften der Chavín-Kultur zeichnet sich ein organisierter Staat ab, der gewiss der Autorität einer Priesterkaste unterstand. Damals nahmen die großen kosmischen Mythen und politischen Formen Gestalt an, die die Inka rund 1600 Jahre später erben sollten.

Auf die Chavín-Kultur folgte die Frühe Zwischenperiode, der im Gegensatz zur vorhergehenden die Einheit fehlte. Die lokalen, verstreuten und sich zeitlich großteils überlappenden Kulturen von Gallinazo, Salinar, Paracas Chanapata (bei Cuzco) und Chiripa in Bolivien, die in dieser Zeit an der Küste sowie in der Sierra erblühten, waren nur durch ein chronologisches Band verknüpft.

Ihre volle Entfaltung erreichten die zahlreichen lokalen Kulturen, die sich, wie die Archäologen festgestellt haben, ständig weiterentwickelten, im Norden Perus – in den Tälern von Moche, Chicama und Virú – und im Süden in der Region Nazca. Das Stadtleben wurde im Rahmen richtiggehender Stände organisiert. Kunst und Technik erreichten ihren Höhepunkt.

Die Moche-Kultur

Mochica-Gottheit
Ein Mund mit Raubtierzähnen ist das typische Merkmal der Götter im alten Peru. Diese Gottheit hält geopferte Tiere in ihren Händen, und auf ihrer Haube trägt sie den Kopf eines Jaguars oder Pumas.

Forscher nannten die an der Nordküste Perus lebenden Indianer Mochica, nach dem Dorf und dem Tal von Moche, oder auch Protochimú, um sie von ihren Erben, den Chimú, zu unterscheiden. Die Moche-Kultur ist uns durch den Inhalt der im trockenen Wüstenboden unglaublich gut erhaltenen Grabstätten und vor allem durch ihre wirklichkeitsnahe Kunst bekannt. Durch archäologische Funde sind wir wie so oft mit dem täglichen Leben und bestimmten Elementen der Mythologie vertraut, während sich die Sprache, die Geschichte, der Glaube und die Institutionen der Mochica unserem Wissen entziehen.

Tausende von Gefäßen und Krügen aus den Moche-Gräbern – das Larco-Herrera-Museum in Lima besitzt allein 50 000 Stücke – erwecken durch ihre Formen und Bemalungen eine komplexe und ausgeklügelte Gesellschaft zum Leben. Die Keramiker hatten Vergnügen daran, ihre Zeitgenossen mit einem besonderen Sinn für Genauigkeit und Realismus darzustellen. Dabei dienten ihnen jede Gesellschaftsschicht und jeder Lebensumstand als Modell. Schönheit und Hässlichkeit inspirierten sie ebenso wie die elenden Seiten des Lebens und seine edleren Aspekte, die von der Erotik bis zum Übernatürlichen reichten. Bestimmte auf der Keramik dargestellte Themen lassen die Szenen ahnen, deren Zeugen die Spanier wurden, als sie in das Inka-Reich eindrangen. Die Herrscher der Mochica tragen auf Gefäßen Diademe und Edelsteine. Sie sitzen auf einem Tragsessel, der dem von Atahualpa gleicht, in dem er am 16. November 1532 in seiner ganzen Pracht auf dem Platz von Cajamarca erschien. Einige Tage später staunten die Konquistadoren, die den Inka-Herrscher gefangen genommen hatten, „wie die Herren von Peru einerseits sehr beliebt und andererseits gefürchtet waren von allen Untertanen und wie niemand, auch wenn er ein großer Herr aus altem Geschlecht war, in seiner Gegenwart eintreten konnte, ohne mit einer Last beladen zu sein, zum Zeichen bedingungslosen Gehorsams“. Auch die Menschen, die sich auf den Moche-Gefäßen der Gestalt nähern, die an ihrer Größe als Herrscher erkennbar ist, beugen sich unter dem Gewicht ihrer Last.

Es gibt eine Reihe von weiteren Parallelen zwischen den Mochica und den Inka, obwohl mehr als tausend Jahre die beiden Kulturen voneinander trennen. In den Mochica-Kriegern, die auf den Vasen gezeichnet oder auf Hochreliefs modelliert wurden, erken-

DIE LINIEN VON NAZCA

Im Jahr 1939 wurden auf einem Wüstenplateau am Rand des Nazca-Tales (im südlichen Teil des zentralperuanischen Küstenstreifens) riesige Scharrbilder – schnurgerade Linien, Dreiecke, Trapeze, Spiralen sowie Tierfiguren – entdeckt. Die nur wenige Zentimeter dicke oberste Bodenschicht aus Mangan und Bleidioxid wurde an manchen Stellen entfernt, sodass der Boden dort heller erscheint. Einige der Figuren, die aus den ersten Jahrhunderten unserer Zeitrechnung stammen, sind mehrere Kilometer lang. Die meisten von ihnen kann man von den das Plateau überragenden Hügeln erkennen. Manche Linien weisen zu den Punkten am Horizont, an denen bestimmte Gestirne aufgehen. Sie dienten möglicherweise dazu, deren Bewegungen zu ergründen.

Ein großer Teil der Linien wurde um das Jahr 300 gezogen, nachdem die Stadt Cahuachi, das religiöse Zentrum des Nazca-Tales, von seinen Bewohnern bereits aufgegeben und verschüttet worden war. Die rituellen Zeremonien wurden auf das Plateau verlegt, und die Linien von Nazca bildeten den neuen heiligen Bezirk, in dem nun die Prozessionen abgehalten wurden. Zwischen den in die Erde gezeichneten Figuren und den Figuren auf den Keramikgegenständen der Nazca lassen sich Ähnlichkeiten feststellen.

Schließlich lässt sich noch eine Korrelation zwischen der Anordnung der Riesenfiguren und der Anordnung der Wasserläufe in dem Gebiet um Nazca beobachten. Hieraus kann man den Schluss ziehen, dass die Linien in Verbindung mit den Zeremonien zur Wassergewinnung standen, denn dies war die wichtigste Sorge der Bewohner dieser Region. Ähnliche Linien, die allerdings weder so bedeutend noch so gut erhalten sind, wurden auch in der Nähe der Flusstäler des Pisco und des Ica ausfindig gemacht.

nen wir die Inka-Soldaten wieder, die sich den einfallenden Spaniern auf der Straße nach Cuzco entgegenstellten. Ihre Ausrüstung war etwa die gleiche: Steinschleuder, Speerschleuder, Metall- oder Steinkeule, eckiger Schild und Helm.

Zahlreiche weniger spektakuläre Aspekte der Moche-Kultur, die auf der Keramik festgehalten sind, entsprechen den spanischen Texten des 16. Jh., die die Tätigkeiten der Inka beschreiben: Webereien, in denen die Frauen wunderbare Stoffe mit dürftigen Mitteln fertigen, chirurgische Eingriffe, Eintreffen von Boten, Spiele oder religiöse Zeremonien.

Der Reichtum der Mochica, der aus der Pracht der Grabbeigaben spricht, beruhte auf einer hoch entwickelten Landwirtschaft. Ein riesiges Netz von Kanälen, die aus dem Wasser der Küstenflüsse gespeist wurden, dehnte die Oasen aus, die sich am Küstensaum entlangzogen. Dieses gewaltige Bewässerungssystem zählt zu den überraschendsten Errungenschaften des präkolumbischen Amerika. Der große Aquädukt von Ascope führt teilweise in 15 Meter Höhe mehr als 1500 Meter weit durch ein Tal. Im Chicama-Tal ist der Verlauf eines tiefen Kanals über mehr als hundert Kilometer zu verfolgen.

Arbeiten dieses Ausmaßes waren nur durchzuführen, wenn eine Zentralmacht die Entscheidungen traf. Sie musste stark genug sein, um die zahlreichen Arbeiterkolonnen auszuheben und zu leiten, die solche Unternehmen erforderten. Die Wassernutzung, die Instandhaltung von Kanälen und Aquädukten und die Reparatur von Schleusen waren nur unter der Aufsicht einer funktionierenden Verwaltung möglich. Wie in Ägypten und Mesopotamien beweist der Sieg über die Wüste auch an der peruanischen Küste, dass eine respektierte Autorität und eine gut organisierte Bürokratie am Werk waren.

Einige auf die Gefäße der Moche-Kultur gemalte Szenen lassen keinen Zweifel am halbgöttlichen Charakter des Oberhaupts und am abergläubischen Respekt, den man ihm

Die Kunst von Nazca
Die meisten der berühmten Linien von Nazca stellen entweder Tiere oder geometrische Figuren dar. Dieses Abbild eines Menschen, das in den Hang eines der Hügel rund um das Plateau von Nazca geritzt wurde, ist eine der wenigen anthropomorphen Darstellungen.

zollte. Die Stufenpyramiden für die Sonne und den Mond in Moche bezeugen, welche Macht die Herrscher besaßen. In ihrer Oase traten sie als kleine Pharaonen auf. Das politische System und die Verwaltung, die die Mochica-Despoten geschaffen hatten, überlebten ihre Kultur und wurden von ihren Nachfolgern übernommen. Das Chimú-Reich, das zwischen dem 10. und 15. Jh. n. Chr. an die Stelle der Moche-Kultur trat, war in vielerlei Hinsicht ihr Erbe. Obwohl seine Kunst monotoner und kraftloser wirkt, knüpfte sie direkt an die der Mochica an. Auch behielten die Chimú bis zur Ankunft der Spanier die politische und administrative Ordnung bei, die bei ihren Vorgängern Gestalt angenommen hatte. Die Inka, am Anfang ungehobelte Bergbewohner, unterlagen stark dem kulturellen Einfluss des Chimú-Reiches. Beispielsweise siedelte der Inka Túpac Yupanqui Chimú-Töpfer in seine Hauptstadt um und belebte damit die Keramikkunst im Herzen seiner Staaten wieder. Indessen beschränkte sich der Einfluss der alten Küstenkulturen nicht nur auf technische oder künstlerische Bereiche. Wahrscheinlich war auch das Verwaltungssystem der Inka dem der Chimú entlehnt, die es wiederum von den Mochica übernommen hatten. Hingegen hat die Nazca-Kultur, die etwa zur gleichen Zeit wie die der Mochica bestand, keinen Platz in der Kontinuität, die wir zwischen den alten Kulturen Perus und der Kultur der Inka suchen.

STELE VON PUCARÁ
Die herrliche Stadt Pucará – Erbin der Paracas-Kultur, die ihrerseits direkt aus der Chavín-Kultur hervorgegangen war – beherrschte zu Beginn unserer Zeitrechnung den Norden der Region um den Titicacasee. Die Kultur von Tiahuanaco verdankt ihr einen großen Teil ihrer Traditionen.

Die Kultur von Tiahuanaco

Die Archäologen bezeichnen die auf die „klassische" Zeit der Moche- und der Nazca-Kultur folgende Periode als „expansionistisch". Sie war von der Kultur von Tiahuanaco bestimmt, deren berühmteste Stätte ein kleines Dorf dieses Namens südlich des Titicacasees ist. Dort, auf einer kalten und windgepeitschten Ebene in fast 4000 Meter Höhe, findet man auf der Erde verstreut die Reste eines megalithischen Monumentekomplexes, der zu den großartigsten des präkolumbischen Amerika zählt. Er war bereits zu Ruinen verfallen, als die Inka im 15. Jh. diese Region eroberten, die damals wie heute von den Aymara-Indianern bewohnt war. Die Inka wussten genauso wenig wie wir über den Ursprung dieser verlassenen Stadt. Zweifellos schien sie ihnen sehr alt, denn in Tiahuanaco soll Viracocha, der höchste Gott, den Menschen geschaffen haben. Als Vorbild dienten ihm Muster, die er in Stein gehauen hatte. Sicher wird dabei auf die steif wirkenden und eckigen großen Statuen angespielt, die einst zahlreicher als heute in den Trümmern von Tiahuanaco aufragten und zu diesem alten Andenmythos angeregt haben.

Da jede mündliche Überlieferung fehlt, bleibt offen, mit welchen Mitteln ein Volk in einer so unwirtlichen Umgebung wie der bolivianischen *puna* eine derart große Menge von Sandstein- oder Basaltblöcken, die mehrere Tonnen wogen, bewegen konnte, selbst wenn die Steinbrüche nicht so weit vom Bauplatz entfernt waren, wie man annehmen könnte. Obwohl die Baumeister Tiahuanacos bereits Kupfer kannten – sie fertigten daraus Meißel und Krampen –, gibt die Fertigkeit, mit der sie die riesigen Blöcke behauen, geschliffen und die Nischen und Flachreliefs verziert hatten, Grund zur Bewunderung. Der Mut und die Geduld dieser Menschen, die ihr Material oft mit Zapfen und Vertiefungen aneinander gefügt hatten, als handle es sich um Tischlerarbeiten, ist verblüffend. Die Ruinen von Tiahuanaco haben zu den ausgefallensten Hypothesen verleitet. Man schrieb ihnen ein phantastisches Alter zu, weil sie zu astronomischen Beobachtungen genutzt worden sein sollen. In den 70er-Jahren des 20. Jh. wurde Tiahuanaco oft als Hauptstadt eines „megalithischen Reiches" bezeichnet, das in seiner Ausdehnung dem der Inka gleichkam und es an Macht und künstlerischem Genie übertraf. Da die Baumeister von Tiahuanaco mit den Aymara-Indianern identifiziert wurden, versuchte man über die Namenskunde die Ausbreitung ihrer Sprache von Argentinien bis Ecuador zu beweisen.

TIAHUANACO, STADT AUF DEM ALTIPLANO-PLATEAU

Seit dem 2. Jt. v. Chr. war die Gegend um den Titicacasee mit Dörfern besiedelt, deren Bewohner Kartoffeln und Quinoa (eine Getreideart) anbauten und Lamas und Alpakas züchteten. Zwischen 200 v. Chr. und 200 n. Chr. entstand aus dem Dorf Pucará am Nordwestufer des Sees eine echte Stadt mit eleganten öffentlichen Gebäuden und großen Wohnbezirken, in denen Handwerker und Mitglieder der wohlhabenden Oberschicht lebten. Um 380 wurde Pucará aufgegeben und das Machtzentrum dieser Region nach Tiahuanaco am Südufer des Titicacasees verlegt.

Die Stadt Tiahuanaco war um ein weitläufiges öffentliches und religiöses Zentrum mit großen Steingebäuden herum angeordnet, das durch einen mit Wasser gefüllten Graben von den Wohnvierteln abgetrennt war. Im Herzen des geheiligten Zentrums erhob sich eine sechsstufige Pyramide mit 200 m Seitenlänge und 15 m Höhe. Ihre oberste Plattform war mit grünen Kieseln vom Berg Quimsachata bedeckt. Dieser Berg überragt die Hochebene von Tiahuanaco, und dort entspringen die Flüsse, die die Stadt und ihre Anbauflächen damals mit Wasser versorgten. Auch die Pyramide war mit Kanälen versehen, in denen das Regenwasser abfließen sollte. Während der Regenzeit rauschte und plätscherte das Wasser die Pyramide hinab, sodass sie genauso aussah wie der Berg Quimsachata. Die Basis der Pyramide war mit Statuen verziert, die halb Mensch, halb Puma waren und abgehackte Menschenköpfe trugen. In der Umgebung befanden sich weitere Heiligtümer sowie die Wohnsitze der Elite. Ein starker Rückgang der Niederschläge um 950 könnte den Niedergang der Herrscher von Tiahuanaco erklären, die ihre Macht aus der Beherrschung des Wassers ableiteten. Um das Jahr 1000 wurde die Stadt verlassen.

Systematische Ausgrabungen haben inzwischen unsere Kenntnis von der andinen Vergangenheit verbessert und die Hypothese widerlegt, dass ein riesiges Tiahuanaco-Reich dem der Inka voranging. Vielleicht führten kriegerische Vorstöße einzelner Staaten zur Verbreitung des Tiahuanaco-Stils. Aber schon die Handelsbeziehungen und vor allem der Aufstieg und das Prestige eines religiösen Zentrums wie Tiahuanaco erklären die Beliebtheit, der sich dieser Stil in der Sierra und an der Küste erfreute. Tiahuanaco wurde seines Nimbus als große altamerikanische Metropole beraubt und einfach als Wallfahrtsort angesehen, in dem die Mehrzahl der Gebäude einem religiösen Zweck diente. Auch der Hügel Akapana, mit seiner als Wasserreservoir interpretierten Vertiefung auf der oberen Plattform und seinen von Steinen bedeckten Hängen, gilt heute nicht mehr als Festung, sondern als sakrale Anlage. Es würde eine Menge Probleme lösen, wenn man beweisen könnte, dass Tiahuanaco Stück für Stück in Zusammenarbeit mit Tausenden von Pilgern erbaut wurde. Einige Gebäude wirken unvollendet, und selbst das berühmte Sonnentor scheint nicht an seinem endgültigen Platz zu stehen. Einigen seiner Reliefs fehlt noch der letzte Schliff.

Geschmückter Schädel *(Tiahuanaco) Überall im alten Peru wurde ein Totenkult praktiziert. Die Toten hatten die Aufgabe, das für die Lebenden so wichtige Wasser zu liefern, wie es die auf dieser Mütze dargestellten Voluten andeuten.*

Manche Archäologen betrachteten die Tiahuanaco-Periode als besonders bewegt. Ihnen zufolge stürzten sich die Staaten der klassischen, bevölkerungsreicheren Epoche in unaufhörliche Kriege, die entweder zu gegenseitiger Zerstörung oder ihrem Zusammenschluss führten. Selbst wenn die Tiahuanaco-Kultur das Werk einer eroberungslustigen Nation gewesen ist, scheint sie nicht in der Lage gewesen zu sein, die unterworfenen Landstriche zu organisieren und zu verwalten. Man hat an der Küste weder eine Stadt noch ein Bauwerk gefunden, das mit Sicherheit der Tiahuanaco-Kultur zugeschrieben werden könnte. Wir können nur aus der Grabausstattung auf die Vorherrschaft einer aus dem Hochland kommenden neuen Kunst schließen.

Der Tiahuanaco-Stil, der zu den Küstenvölkern gelangte, wurde dort vereinfacht und blass. Heute bezeichnet man diese Phase als Huari-Tiahuanaco-Kultur. In der Nähe der Ortschaft Huari, im Mantaro-Tal, hat man tatsächlich Bauwerke und Keramik entdeckt, die in vielerlei Hinsicht den Einfluss Tiahuanacos zeigen. Huari ist als Zentrum in Erscheinung getreten, in dem die Tiahuanaco-Kunst in einer provinziellen Form von den Küstenkulturen übernommen wurde.

Die Huari-Kultur und das Reich der Chimú

Das Zentrum der Huari-Kultur lag in einer Region, die an jene angrenzt, in der sich die Nation der Inka bildete. Ihre Ausstrahlung war stark genug, um die lokalen Traditionen zu verändern und bei ihrer Keramik einen Stil einzuführen, aus dem nach einer langen Entwicklung die dekorative Kunst der Inka entstand. Die Archäologen entdeckten bei ihren Ausgrabungen und topographischen Aufnahmen unwiderlegbare Hinweise für eine politische und soziale Veränderung in den Kulturen, die zuvor aus der Expansionsphase hervorgegangen waren. Die Regierungen, die im klassischen Zeitalter stark theokratisch waren – wie die gewaltigen Anstrengungen beim Bau von Heiligtümern beweisen –, wurden nun militärisch. Der Soldat nahm jetzt den Platz des Priesters ein. Das war eine Folge der Kriege, die jeden dieser kleinen Staaten zum Feind seines Nachbarn machten. Diese Lösung der Regierung von der Religion wird durch die Zahl und die Bedeutung der Zivilbauten und vor allem – ein neues Phänomen – durch die Entstehung großer, regelmäßig geplanter Städte bewiesen. Deutlich kann man die geschmückten und großzügigen aristokratischen Wohnungen oder Verwaltungszentren von Vierteln für das einfache Volk unterscheiden, in denen sich fragile Häuser drängen. Ein Beispiel dafür sind die Ruinen der Chimú-Hauptstadt Chan-Chán. Wenige Kilometer von der modernen Stadt Trujillo entfernt, bedecken sie noch eine Fläche von ungefähr 20 Quadratkilometern. Die Stadt war in Viertel eingeteilt, die jeweils von neun Meter hohen und an der Basis vier Meter dicken Mauern umgeben waren. Zisternen, Kanäle, Kulturland und Friedhöfe befanden sich außerhalb an den Straßen. Die eigenartige Anordnung dieser riesigen Stadt, zweifellos der größten in der Neuen Welt vor der Ankunft Kolumbus', spiegelt deutlich die soziale Ordnung der Chimú wider. Jeder ummauerte Bezirk entsprach wohl bestimmten Sippen oder Gesellschaftsschichten. In den Inka-Städten findet man zahlreiche Merkmale des Städtebaus der Chimú und damit einen zusätzlichen Beweis für den Einfluss, den die zivilisierten Küstenbewohner auf die Bergvölker ausübten.

KOPF EINER MUMIE
Dieses rot gefärbte, aus Holz geschnitzte Antlitz krönte das Stoffbündel, in das ein Toter gehüllt war. Es stammt aus Pachacámac, einer Stadt, die in der Zeit des Huari-Reiches großen Reichtum ansammelte.

Die Ausdehnung bestehender und die Gründung neuer Städte sind so typisch für die Zeit zwischen 1000 und 1470 n. Chr., dass sie auch als „Periode der Städtebauer" bezeichnet wird. Mit den Städtebauern treten wir in die eigentliche Geschichte ein. Die bedeutendsten, in dieser Epoche entstandenen Staaten wurden in der zweiten Hälfte des 15. Jh. von den Inka-Herrschern unterworfen. In politischer Hinsicht gehörten sie zwar dem Reich an, doch bis zur Ankunft der Spanier hatten sie ihre Sprache, Sitten und Regierung bewahrt. Der bekannteste unter ihnen ist der Chimú-Staat, der von seiner Keimzelle im Moche-Tal seine Herrschaft auf ganz Nordperu ausdehnte, von Túmbez bis Paramonga.

Die Chimú haben wie die Mochica viele Bewässerungsanlagen gebaut. Ihr Leben hing in hohem Maß vom Wasser ab. Deshalb war die Drohung des Inka Túpac Yupanqui, ihre Kanäle zu blockieren, so wirkungsvoll: Die Chimú kapitulierten und gliederten sich in das Inka-Reich ein. Historische Dokumente bestätigen die deutliche Trennung der Gesellschaftsschichten, die bereits die Grabausstattung zeigt. Die gewaltigen Bastionen der Festung Paramonga und die Ruinen der Garnisonsstädte, die das Bewässungssystem schützten, verraten die Besorgnis einer Gesellschaft, die sich wegen ihres Reichtums und ihrer Eroberungen der Habgier oder dem Hass ihrer Nachbarn ausgesetzt sah.

Die Hierarchie und eine extreme Arbeitsteilung bei den Chimú erklären die schnelle Entwicklung des Kunsthandwerks, das aber längst nicht die Qualität der Architektur erreicht. Die Keramik verlor durch die Massenproduktion viel von ihrer Originalität und Kraft. Die Baumwollstoffe wurden in beträchtlicher Menge in regelrechten Ateliers gewebt. Diese fast industrielle Großproduktion, die zwangsläufig eine Standardisierung des Geschmacks mit sich brachte, sollte später die Kultur der Inka charakterisieren.

Diese Periode entspricht in etwa der Geburtsstunde des Inka-Reiches, dessen Ursprünge jedoch noch ziemlich im Dunkeln liegen. Die ältesten Spuren einer Kultur im Tal von Cuzco entdeckte man in Chanapata am Rand der Inka-Hauptstadt. Der amerikanische Archäologe John H. Rowe fand dort ein grob ausgeführtes Mauerstück und einige runde oder ovale Gräber, die Skelette, aber keine Grabbeigaben enthielten. Die Tonscherben von diesem Ort weisen bemalte oder eingravierte geometrische Motive auf, ihre Oberfläche ist fein poliert. Stilistisch erinnert die Keramik aus Chanapata vage an die von Chavín, ähnelt aber vor allem der aus Chiripa, einem Ort aus der frühen Tiahuanaco-Kultur. Trotzdem ist Chanapata nicht genau in die oben beschriebenen Perioden einzuordnen. Eins bleibt sicher: Zwischen dieser archaischen und der um 1200 n. Chr. beginnenden Inka-Kultur gibt es eine Lücke, die man bis jetzt nicht schließen kann.

Die älteste Inka-Keramik, die von der berühmten Festung Sacsahuamán und aus Killke stammt, wirkt kläglich neben den Exemplaren der Tiahuanaco-Kunst, von der sich die Inka inspirieren ließen. Von dieser nicht sehr sorgfältig gearbeiteten Keramik mit der bunten, rein geometrischen Bemalung leitet sich der klassische Inka-Stil oder „imperiale Cuzco-Stil" direkt ab. Obwohl die in Serie gefertigten Stücke banal sind, zeigen sie einen deutlichen Fortschritt. Die Inka-Keramik mit ihren Spitzamphoren, bauchigen Henkelkrügen, flachen Tellern mit einem seitlichen Griff in Gestalt eines Vogelkopfes und steilwandigen Bechern ist leicht zu identifizieren. Da man weiß, dass sie aus dem 14. bis 16. Jh. stammt, nutzen die Archäologen sie oft für Datierungen. Man hat zahlreiche Exemplare entdeckt, vor allem dort, wo die Inka-Armeen eingedrungen waren, und an den Reichsgrenzen. Viele der Tonwaren stammen aus der Umgebung von Ruinen, die man aufgrund des Stils oder der lokalen Tradition auf die Inka zurückführen kann.

STRASSE IN PIQUILLACTA
Der geradlinig angelegte Plan des Verwaltungszentrums des Huari-Reiches nahm keine Rücksicht auf Unebenheiten des Terrains. Er offenbart das Streben nach Ordnung und nach der Beherrschung der Natur, das für den Huari-Staat typisch war. Von allen Kulturen des alten Peru maßen die Huari den Städten die größte Bedeutung zu.

GETRÄNKETRÄGER
In Spitzamphoren – aryballos *genannt – transportierten die Andenvölker Wasser und das aus vergorenem Mais gebraute Bier, das bei besonderen Anlässen getrunken wurde.*

Von Land und Leuten

Das, was die Archäologen gemeinhin als Peru oder Zentralanden bezeichnen, ist ein Gebiet, in dem eine gewisse kulturelle Einheit herrscht. Die nördliche Grenze des so verstandenen „Peru" entspricht in etwa der Landesgrenze zwischen Peru und Ecuador an den flachen Ausläufern der Andenkordillere. Hier ist die Landschaft hügelig und von Vegetation bedeckt, während sich an der Küste eine unfruchtbare Sandwüste erstreckt. Im Süden stößt die Region an die Atacama, die zu den trockensten Wüsten der Erde zählt. Ein schwer zu überwindender Gebirgszug trennt im Südosten das fruchtbare Tal von Cochabamba vom Osten Boliviens ab.

Dieses ausgedehnte Gebiet umfasst somit auch große Teile des heutigen Peru, das von drei großen Landschaftsräumen geprägt wird: der Küste, dem Hochgebirge und dem Amazonastiefland. Die Küste bildet einen kargen Wüstenstreifen, der auf seiner gesamten Länge von Flusstälern durchzogen wird. Während man im Süden und im mittleren Teil vorwiegend enge, kurze Schluchten antrifft, werden sie im Norden breiter. Die Andenkordilleren präsentieren ein Geflecht tief eingeschnittener Täler, die durch über 4000 m hoch gelegene Steppen voneinander getrennt sind. In dieser Höhe ist es wegen der Nachtfröste und der kargen Böden fast unmöglich, Ackerbau zu betreiben. Die Mehrheit der Bergbevölkerung lebt daher in den Hochtälern. Im Osten stößt man in weniger als 2000 m Höhe auf bewaldete, feuchte, sanft geböschte Flächen mit abwechslungsreicher Oberflächengestalt.

Völker unterschiedlicher Herkunft und Sprache haben sich in dieser Landschaft niedergelassen. Manche von ihnen lebten völlig isoliert, andere wiederum knüpften enge Kontakte zu benachbarten Bevölkerungsgruppen. Diese Vielfalt hat die Geschichte des alten Peru nachhaltig geprägt.

Im zentralen und nördlichen Küstenbereich bestanden schon im 1. Jt. vor unserer Zeitrechnung mächtige Staaten, deren Eliten über ungeheure Reichtümer verfügten. Dagegen gehörte die Bergbevölkerung in der Regel Herrschaftsbereichen an, in denen die sozialen Unterschiede nicht sehr ausgeprägt waren. Eine Ausnahme bildeten nur einige wenige Völker, darunter die Huari zwischen 500 und 900 n. Chr. oder die Inka ab 1450 n. Chr., die durch Kriege andere Stämme unterwarfen und ausgedehnte Reiche schufen.

GETREIDEANBAU AM HANG
Viele Bergbewohner lebten in 2000–3500 m Höhe. Auf die präkolumbische Siedlungsweise, die aus Verteidigungsgründen relativ gedrängt war, folgte die heutige Form der Streusiedlung.

GEFÄSS IN FORM EINER BERGHÜTTE
Die präkolumbischen Bergbehausungen waren gewöhnlich rund. Dieses Gefäß zeigt dagegen eine mehr rechteckige Form mit den typischen Schrägdächern, die durch die Inka verbreitet wurden.

EIN PARADIES FÜR FISCHER
Das Meer an den Küsten Perus ist eines der fischreichsten der Erde. Seit uralten Zeiten fahren die peruanischen Fischer mit Booten aus gebündeltem Schilf zum Fischfang hinaus.

GEFÄHRLICHE REISEN
Die Peruaner stellten sich Schifffahrten als Reise ins Ungewisse vor; ihre Boote – hier ein Gefäß in Schiffsform – sind daher oft mit Figuren in Gestalt von Ungeheuern aus dem Jenseits verziert.

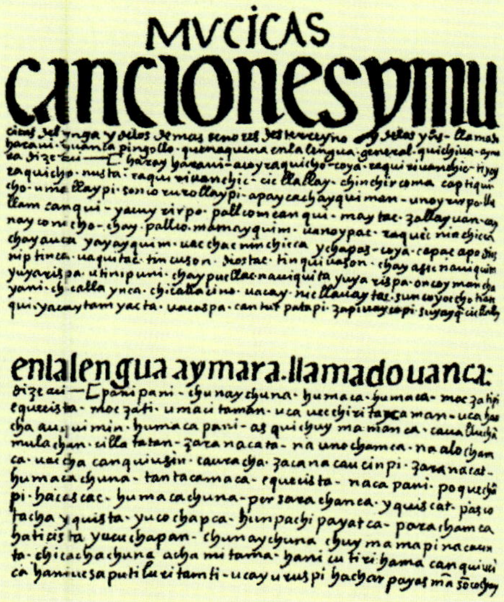
MVCICAS
cancionesymu
enlalengua aymara.llamadouanca:

DIE SPRACHEN QUECHUA UND AYMARA

Im alten Peru wurden unzählige Sprachen gesprochen. Dabei gehörte der Großteil von ihnen den beiden Sprachfamilien Quechua und Aymara an. Sowohl die Erbauer der Stadt Chavín als auch die Bevölkerung des Chincha-Reiches sprachen Quechua. Dagegen scheinen sich die Bewohner von Tiahuanaco in Aymara verständigt zu haben, und auch die Inka bedienten sich dieser Sprache neben ihrer eigenen. Allerdings bewirkte die große Verbreitung des Quechua im Zentrum und im Norden ihres Reiches, dass sie es schließlich als Hauptsprache annahmen. Eine weitere Stärkung des Quechua als offizielle und religiöse Sprache erfolgte im Zuge der Kolonisation durch die Spanier. Dieses Manuskript vom Anfang des 17. Jh. zeigt jeweils einen Text in Quechua (oben) und in Aymara (darunter).

VERGESSENE STÄDTE
Reger Handel zwischen dem Bergland und Amazonien begründete den Wohlstand der erst vor kurzem wieder entdeckten Städte der östlichen Andenausläufer. Das Bild zeigt die Ausgrabungsstätte von El Abiseo, die in den 60er-Jahren des 20. Jh. freigelegt wurde.

KAPITEL 3

Die dreizehn Inka-Herrscher

Wer waren die Inka? Woher kamen sie? Auf diese Fragen der Spanier antworteten die Indianer mit langen, halb historischen und halb legendenhaften Berichten. Der historische Wert der häufig sehr detaillierten Überlieferungen, die die spanischen Chronisten von angeblich vertrauenswürdigen Informanten erhielten, ist oft unsicher. Einige Quellen scheint man bewusst ausgewählt zu haben: Fürsten vornehmer Herkunft, professionelle Annalenschreiber, Gelehrte, die wegen ihres hohen Alters oder ihres Wissens berühmt waren. Mehrere der von Kolonialbeamten niedergeschriebenen Berichte gehen auf die *quipu-camayoc* zurück. Die „Meister der Knotenschnüre" benutzten die berühmten *quipu* für die Buchhaltung der Regierung. Fungierten die Knotenschnüre als Schrift? Verwendeten die Schreiber sie, um die wichtigsten Ereignisse einer Regierungszeit festzuhalten? Einige Chronisten behaupten es, aber es ist höchst unwahrscheinlich, dass die Form der Knoten und ihre Anordnung auf einem Schnürenstrang mehr als arithmetische Bedeutung hatte. Diese angeblichen Herrscherannalen sind vielleicht nur Daten, die sich auf eine Regentschaftszeit, die erhaltenen Tribute, die beim Neubau eines Palastes angestellten Arbeiterkolonnen oder einfach auf die Volkszählungen oder Rekrutierungen von Soldaten beziehen.

WAFFEN DER INKA
Aus Eisen und Stein gefertigte Aufsätze für Keulen wurden an den alten Stätten der Inka in großen Mengen gefunden. Sie zeigen, welch wichtige Rolle das Militär der Inka bei der Beherrschung der Provinzen ihres riesigen Reiches spielte.

In Liedern und Balladen sollen stark beschönigt die Erinnerungen an Herrscher und ihre Taten enthalten sein. Sie wurden bei bestimmten Festen, besonders am Begräbnis eines Inka-Herrschers, gesungen oder rezitiert. Im Angesicht der Mumien aller seiner Vorfahren, die man zu Festen auf den großen Platz von Cuzco brachte, stimmten Priester oder Barden seiner Sippe abwechselnd Lobreden und -lieder auf den vergöttlichten Herrscher an, dem sie sich verbunden fühlten. Diese Vorträge endeten mit der Aufzählung der Tugenden und Heldentaten des gerade verstorbenen Inka. Es waren keine epischen Gedichte im eigentlichen Sinn, sondern relativ kurze Balladen, die man leicht behielt. Ohne Zweifel gab es für jeden Herrscher eine große Anzahl, die einen Zyklus bildeten. In den Geschichtswerken über die Inka, die Juan de Betanzos und später Pedro Sarmiento de Gamboa nach den Berichten der Informanten niedergeschrieben haben – ihr Wissen stammte genau aus diesen Balladen –, erkennt man manchmal den Rhythmus und die Bewegung des *romancero,* des spanischen Romanzensängers, sogar Kunstgriffe, die man als „literarisch" bezeichnen kann. Der Krieg des Inka-Herrschers Pachacutec Yupanqui gegen die Chanca, seine Thronbesteigung trotz des Widerstands seines Vaters, sein letztlicher Sieg – Ereignisse, die einen historischen Charakter haben, werden wie Episoden eines Heldenepos dargestellt. Berichte über andere Regierungen enthalten ebenfalls Anekdoten, in denen man den Nachhall für immer verschollener Gedichte erkennt.

VON DER TÜCKE DER HISTORISCHEN QUELLEN

Die Völker im alten Peru kannten keine Schrift. Die einzigen schriftlichen Aufzeichnungen, über die wir verfügen, stammen von Historikern, Reisenden und Verwaltungsbeamten aus der kolonialen Epoche. Die meisten dieser Schriften sind in spanischer Sprache erschienen, oft mehrere Jahrzehnte nach dem Ende des Inka-Reiches. Nur wenige von ihnen sind auf Quechua geschrieben. Die so genannten „Chroniken" der spanischen und einheimischen Autoren sind stark von dem kulturellen Kontext der Kolonialzeit beeinflusst. Daher stellen sie die Historiker bei der Interpretation vor große Schwierigkeiten. So hat etwa der Historiker Garcilaso de la Vega, Sohn einer Inka-Prinzessin und eines spanischen Konquistadoren, im frühen 17. Jh. eine Geschichte der Inka geschrieben, die berühmten *Wahrhaftigen Kommentare.* Heute weiß man jedoch, dass der Autor – ein gebildeter Neuplatoniker und stolz auf seine Abstammung von den Inka – ein idealisiertes Bild der Kultur seiner Vorfahren gezeichnet hat, etwa nach dem Vorbild der klassischen Antike. Er vertrat beispielsweise die Auffassung, die Religion der Inka sei monotheistisch gewesen.

Die Verwaltungsdokumente aus dem 16. Jh., die im Lauf der letzten Jahre ausgegraben wurden, überliefern uns ein weniger voreingenommenes und wesentlich genaueres Bild der gesellschaftlichen und wirtschaftlichen Organisationen in den Anden kurz vor der spanischen Eroberung. Es gibt leider nur sehr wenige Quellen in indianischer Sprache, wie z. B. die *Relation quechua de Huarochirí*, die zu Beginn des 17. Jh. von einem Indianer herausgegeben wurde. Leider sind diese qualitativ hochwertigen Quellen bis heute nur ungenügend erforscht. Sie werden es uns in Zukunft ermöglichen, die Gedankenwelt der alten Peruaner besser kennen zu lernen.

1610 hörte man zum letzten Mal in Cuzco die *arawi,* Gesänge, die die Größe und Eroberungen der Inka verherrlichten. Die von den Jesuiten prunkvoll gefeierte Heiligsprechung Ignatius von Loyolas diente ungefähr 30 000 Inka-Nachfahren als Vorwand, die Zeremonien und Feste ihres vergangenen Reiches nachzustellen. Um die Spanier nicht zu alarmieren, liefen die Paraden, Tänze, fingierten Schlachten und der Vorbeimarsch der Garde unter der Anrufung des als „Inka gekleideten" Jesuskinds ab.

Den von Sarmiento gesammelten Überlieferungen zufolge soll der Inka Pachacutec Yupanqui in seiner Hauptstadt alle „Historiker" der Provinzen versammelt haben. Nachdem er sie lange befragt hatte, ließ er Tafeln mit den bemerkenswertesten Ereignissen malen, die jene geschildert hatten. Die „Geschichtsgemälde" sollen in einem Saal des Sonnentempels verwahrt worden sein, zu dem nur der Herrscher und die Annalenschreiber Zugang gehabt hätten. Szenen von Schlachten, Jagden oder dem Hofleben sind auch auf den mit Lackfarben bemalten Holzbechern der Kolonialzeit dargestellt. Einige von ihnen stammen aus der Inka-Epoche. Sie beweisen, dass die Peruaner eine künstlerische Tradition hatten und über Techniken verfügten, die das Vorhandensein von Archiven plausibel erscheinen lassen. Aber in der Mehrzahl der alten Quellen sind sie nirgends erwähnt. Allerdings scheinen die Inka keine Bilderannalen nach dem Beispiel der Azteken besessen zu haben.

Die meisten Chronisten stimmen hinsichtlich der Namen und der Reihenfolge der dreizehn Herrscher der Inka-Dynastie überein. Auf den ersten Blick wirken die Genauigkeit, mit der uns ihre Regierungszeiten angegeben wurden, und die Anekdoten, die sie uns überliefert haben, verlässlich. Wir meinen, einer sehr reichen historischen Überlieferung gegenüberzustehen, die über mehrere Jahrhunderte unverändert weitergegeben wurde. Bei genauer Untersuchung erweist sich dieser günstige Eindruck als trügerisch. Hinter der Überfülle von oft unbedeutenden Details verblassen die großen historischen Ereignisse und sind trotz ihrer offenkundigen Klarheit auf wenige Aspekte beschränkt. Selbstverständlich verschwimmt die Trennlinie zwischen Mythos und Geschichte weit zurückliegender Epochen. Wenn auch die von den Chronisten überlieferten Ereignisse gänzlich übereinstimmen, so hat man sie doch nicht immer demselben Herrscher zugeschrieben. Nicht selten tauchen einige Episoden sogar doppelt auf, wenn fast identisch für zwei verschiedene Regierungszeiten erzählt wird. Die Dynastielisten weichen gelegentlich voneinander ab; Vater, Sohn und Enkel werden manchmal verwechselt.

Warum soll man den eingeborenen Informanten solche Ungenauigkeiten vorwerfen? Sie können falsch verstanden worden sein, weil sie nicht immer mit der Sorgfalt befragt wurden wie angeblich bei der Untersuchung, an der Sarmiento und seine Begleiter auf Befehl des Vizekönigs Francisco de Toledo teilnahmen. Wenige Spezialisten schreiben heute den Regenten vor Pachacutec Yupanqui (1438–71), dem ersten Herrscher, der nicht nur von Legenden umrankt ist, einen rein historischen Charakter zu. Weniger als ein Jahrhundert trennt den Tod Pachacutecs von dem seines Urenkels Atahualpa, den Pizarro 1533 hinrichten ließ. Auch wenn die kollektive Erinnerung nicht perfekt ist, so entstammen die Taten und Gesten der vier Nachfolger Pachacutecs womöglich doch einer echten historischen Überlieferung; vor allem, wenn tatsächlich eine Gruppe von Annalenschreibern darüber wachte, dass die Erinnerung nicht verloren ging.

Inka-Mythen von der Entstehung der Welt

Die Veröffentlichung eines Manuskripts in den Jahren 1840 und 1888 brachte einige Verwirrung in die Geschichtsschreibung des alten Peru. Der Autor, der spanische Mönch Montesinos, hatte seine Chronik zwischen 1636 und 1642 geschrieben, also ein Jahrhundert nach der Eroberung. Dabei erstellte er eine Liste von nicht weniger als 93 Herrschern, die es vor den Inka in einer Periode von etwa 4000 Jahren gegeben haben soll. Obwohl die Regenten vor so langer Zeit gelebt haben sollen, tragen sie bei Montesinos Quechua-Namen, die oft mit denen historischer Herrscher aus dem 15. Jh. n. Chr. identisch sind. Das Schweigen der ältesten und vertrauenswürdigsten Chronisten und der märchenhafte Charakter dieser vorgeschichtlichen Annalen haben Montesinos einen schlechten Ruf eingebracht. Viele Gelehrte missachten seine Chronik. Dennoch kann Montesinos nicht alle vorinkaischen Dynastien erfunden haben. Vermutlich benutzte er ein Manuskript von Pater Blas Valera, das im Jesuitenkloster von La Paz aufbewahrt wurde. Blas Valera, Sohn eines Konquistadoren und einer Chachapoya-Indianerin, ist keine unbedeutende Autorität. Der spanische Dichter Garcilaso de la Vega (1503–36) zitierte ihn ausgiebig, andere Chronisten machten großes Aufheben um seine verloren gegangenen Manuskripte. Einige moderne Historiker haben sich gefragt, ob Montesinos nicht wunderbarerweise die Erinnerung an die Namen der Monarchen des megalithischen Reiches gerettet hat, dessen Erbe die Inka später antraten. Heute ist die „megalithische" Hypothese völlig aufgegeben worden, und wenige Anthropologen glauben an die Existenz dieser verschwundenen Reiche, von denen Annalen in der Erinnerung einiger Barden oder Meister der Knotenschnüre überlebt haben sollen. Man meinte, das Problem gelöst zu haben, indem man annahm, dass Montesinos in chronologischer Folge Sippenoberhäupter oder zeitgenössische Kleinfürsten aufgelistet hätte. Vielleicht war der Verfasser des Manuskripts, das Montesinos vorgelegen hatte, wirklich so verfahren.

Wenn Montesinos' Werk aus historischer Sicht auch von geringem Wert ist, so hat es nichtsdestoweniger eine Bedeutung, weil es uns die Vorstellung der Inka von der Entstehung der Welt enthüllt. Die Dynastien der vorgeschichtlichen Herrscher sind in Perioden von tausend Jahren eingeteilt, die alle in Katastrophen enden. Wie bei den Maya und Azteken entspricht jedes dieser vier Jahrtausende einer „Sonne" und jeweils einer anderen Menschheit, deren Namen uns andere Chronisten überliefert haben. Das erste Alter war das der *Wari-Viracocha-runa,* der Menschen des Gottes Viracocha, das zweite der *Wari-runa,* der heiligen Menschen; das dritte der *Purun-runa,* der wilden Menschen, und das vierte das der *Auha-runa,* der Krieger.

Das Ende des ersten Zeitalters, das mit düsteren Vorhersagen angekündigt wurde, war durch Katastrophen wie Pestilenz und Kriege gekennzeichnet, die die Welt entvölkerten. Die Untertanen rebellierten gegen ihre Herrscher. Hier finden wir eine mythische Episode wieder, die auf einem Fresko der Moche-Kultur dargestellt ist.

Am Ende der zweiten Epoche war „die Sonne von ihrem Lauf ermüdet und verweigerte 24 Stunden lang den Sterblichen ihr Licht. Die Indianer weinten und flehten ihren Vater, die Sonne, an. Sie brachten große Opfer dar …" Zweifellos wurde die Menschheit vom „himmlischen Feuer" verzehrt.

Das dritte Zeitalter endete mit einer Sintflut, das vierte aber mit keiner kosmischen Änderung. Die Menschen, die schwach und verweichlicht waren, gaben sich der Sodomie hin. Sie wurden vom Gründer der Inka-Dynastie erneuert, wodurch die fünfte Sonne eingeleitet wurde.

Montesinos oder, genauer gesagt, sein Vorbild Blas Valera hatte unglücklicherweise den rein mythischen Charakter der ihm erzählten Ereignisse nicht verstanden. Im Rahmen seiner Weltschöpfungsgeschichte führte er Namen von Phantasieherrschern ein und Dubletten von Namen der Inka, denen verschiedene Zusätze angefügt wurden. Um das Maß voll zu machen, ergänzte er die Liste mit Tier- und Ortsnamen.

In den Texten, die uns die anderen Chronisten über die Zeit vor den Inka hinterlassen haben, findet man nur einen schwachen Widerhall dieser Mythologie. Um die Inka über sich hinauswachsen zu lassen, gefiel es den eingeborenen Informanten, dieses Zeitalter in den düstersten Zügen zu beschreiben. Die in Höhlen lebenden Menschen waren deshalb Wilde, Kannibalen, die allen Lastern frönten. Der Krieg war ein natürlicher Bestandteil dieser Gesellschaft, die zu zivilisieren den Inka oblag. In diesem frei erfundenen Bild der vorinkaischen Menschen bemerkt man mehr als ein Detail, das auf das Leben der Stämme des großen Amazonasgebiets verweist, das hinter Cuzco begann und das die Inka und Spanier so sehr verachteten.

INKA-KRIEGER
Während der Kolonialzeit entwickelte sich in Cuzco die Tradition der Herstellung von Holzbechern, die mit Inka-Motiven bemalt wurden. Auf diesem Becher steht ein mit Schild und Keule bewaffneter Krieger unter einem Regenbogen.

Manco Cápac

Um den Ursprung der Inka ranken sich viele Mythen. Aber ist ihre wahre Herkunft überhaupt zu klären? Die *ayllu,* Abstammungsgruppen, die zahlreiche Agrargemeinden im alten Peru gründeten, behaupten, von einem See, einem Felsen oder einer Höhle, ihrem *pacarisca* abzustammen, dem sie einen Kult weihten. Vier Jahrhunderte des Christentums haben die Indianer die Erinnerung an diese Orte nicht vergessen lassen. Die Inka siedeln ihren Ursprungsort in Pacaritambo, 25 Kilometer südöstlich von Cuzco, an. Ihre Vorfahren seien aus den „drei Fenstern" aufgetaucht, zweifellos drei Höhlen. Aus der mittleren erschienen vier Brüder, Ayar Manco, Ayar Cachi, Ayar Uchu und Ayar Auca, und ihre Schwestern, die gleichzeitig ihre Frauen waren. Gefolgt von zehn Nachfahren, die aus den seitlichen Höhlen hervorgingen, machten sich die Ayarbrüder auf den Weg ins Tal von Cuzco. Bei jedem Halt auf ihrer Wanderung gründeten sie ein Dorf. Ayar Manco, besser bekannt als Manco Cápac, konnte sich durch verschiedene Listen seiner Brüder entledigen. Sie wurden in Stein verwandelt. Einer von ihnen entwickelte sich zur Kultfigur Huanacauri, die im Inka-Reich über die Initiationsriten der jungen Adligen wachte. Als letzter verbleibender Anführer der Wanderung kam Manco Cápac nach ein oder zwei Jahren im Tal von Cuzco an. Dort stieß er so lange einen Goldstab in die Erde, um die Beschaffenheit des Bodens zu prüfen, bis der Stab tief in der Erde versank. Am

MANCO CÁPAC
Der Stammvater der Inka wird mit den Insignien eines Herrschers dargestellt: Ponyfrisur, Stirnband und Zepter. Die Zeichnung von 1614 stammt aus der Nueva coronica *von Huaman Poma.*

Ort des späteren Sonnentempels Coricancha baute Manco Cápac eine strohgedeckte Hütte. Die in der Umgegend siedelnden Gemeinden nahmen die Eindringlinge nicht wohlwollend auf. Angesichts des erbitterten Widerstands Manco Cápacs ließen sie aber davon ab, die Fremden zu vertreiben.

Die Erinnerung an die lange zurückliegenden Wanderungen hat sich mit dem Bericht über die Mythen verbunden, die den Ursprung der Nationalheiligtümer erklären. Die Ayarbrüder sind Götter oder Dämonen. Einer von ihnen, Ayar Cachi, „war so geschickt in der Handhabung der Schleuder, dass er mit einem Stein, den er schleuderte, einen Berg umstürzte und ein Tal schuf. Deshalb versichert man, dass die Engpässe, die diese Gegend durchschneiden, nach einem Steinwurf Ayar Cachis entstanden waren." Ayar Auca war dagegen ein geflügelter Geist, der sich schließlich wie seine Brüder in einen Steingötzen verwandelte.

Manco Cápac gehört der umfangreichen Gruppe mythischer Gestalten an, die alle Indianerstämme in ganz Amerika am Beginn ihrer Geschichte ansiedeln. Übrigens schildert Garcilaso de la Vega den halbmythischen Dynastiegründer in einer anderen Fassung des gleichen Mythos. Manco Cápac tritt hier in Gestalt eines zivilisatorischen Helden auf, als Sohn der Sonne, der vom Titicacasee kam und das Cuzco-Tal in Besitz nahm, um den noch wilden Menschen die Vorzüge eines zivilisierten Lebens nahe zu bringen. Manco Cápac wurde, nach dem Vorbild seiner Brüder, in eine Statue verwandelt und zu einem Idol.

Der Name von Manco Cápacs Nachfolger, Sinchi Roca, enthält das Wort *sinchi,* mit dem die alten Kriegsherren bezeichnet wurden. Dieses Detail ist bedeutsam, denn die ersten sechs oder sieben Inka waren höchstens *sinchi,* die Raubzüge gegen Nachbarn organisierten oder sich gegen sie verteidigten. Diese geheimnisvollen Scharmützel, diese aufeinander folgenden Rachezüge endeten nie in einer Eroberung. Erst unter der Herrschaft Yáhuar Huácacs, in der Mitte des 14. Jh., behaupteten sich die Inka, dank zweier fähiger Generäle, gegen die Völker im Tal von Cuzco. Unter dem folgenden Inka-Herrscher, Viracocha, war der Staat stark genug, um in Streitigkeiten zwischen zwei bedeutenden Reichen einzugreifen.

MANCO CÁPAC UND DER URSPRUNG DER INKA

Nach den Erzählungen der Inka, die von spanischen Historikern gesammelt wurden, formte der Sonnengott Viracocha in Tiahuanaco die Steinmodelle der Stammväter der verschiedenen Völker, die den Maisanbau beherrschten. Danach entsandte er sie auf unterirdischen Kanälen in die jeweiligen Gebiete, die er ihren Nachkommen zuweisen wollte. Der Stammvater der Inka, Manco Cápac, stieg zusammen mit seinen Brüdern und Schwestern – den Stammvätern der lokalen Gruppen, die zu den Inka gehörten – in einer etwa 40 km südöstlich von Cuzco gelegenen Höhle aus der Unterwelt empor. Diese Höhle heißt Pacaritambo, „Ort des Erscheinens". Die Brüder erlebten verschiedene Abenteuer, in deren Verlauf sich Manco Cápac zu ihrem Anführer aufschwang. Ein Zeichen auf dem Berg Huanacauri wies ihnen den Weg ins Tal von Cuzco. Dies war das Gebiet, das die Sonne ihnen zuteilte, und dort ließen sie sich nieder.

Nach den Forschungsergebnissen der Archäologen scheinen die Vorfahren der Inka seit urdenklichen Zeiten im Tal von Cuzco gelebt zu haben. Bereits seit der Epoche von Pucará (200 v. Chr.–200 n. Chr.) gab es enge wirtschaftliche Verbindungen zwischen den Bewohnern der Hochebenen und der Bevölkerung im Gebiet von Cuzco, wo Mais angebaut wurde. Die Menschen von Cuzco haben wohl aufgrund der überlegenen städtischen, politischen und kulturellen Entwicklung von Pucará und später Tiahuanaco den Titicacasee – in ihren Augen eine gewaltige Öffnung, die in die Unterwelt führte – als Zentrum des Universums und daher auch als ihren Ursprungsort betrachtet. Als die Inka später selbst über ein großes Reich herrschten, versuchten sie anscheinend, sich auf irgendeine Weise mit dem legendären Tiahuanaco in Verbindung zu bringen, und imitierten einige der dortigen architektonischen Stile.

Pachacutec Yupanqui

Eine Katastrophe, die fast zur endgültigen Zerstörung der entstehenden Macht der Inka führte, ereignete sich zu Beginn der ruhmreichen Karriere Pachacutec Yupanquis und der Reihe von Eroberungen, die einen kleinen Agrarstaat in ein großes Reich verwandeln sollten. Unmittelbar nördlich der Inka lebten die Quechua. Beide Völker verbanden die gleiche Sprache und zweifellos auch die Lebensweise. Während sich der Inka-Staat festigte, bildeten die Chanca-Stämme weiter im Norden einen ähnlichen Staatenbund. Ihr Gebiet entsprach im Großen und Ganzen den Bezirken Huancavelica, Ayacucho und Apurímac, also der Fläche zwischen dem Río Pampas und dem Mantaro. Die heutigen Nachfahren der Chanca unterscheiden sich nicht von den anderen Andenindianern. Die sprachliche Zugehörigkeit der Chanca ist unbekannt. Einer ihrer Stämme, die Sora, sprach allerdings einen Aymaradialekt.

Der Inka Yupanqui
Bilder des Herrschers, der als Gründer des Inka-Reiches gilt, schmückten in der Kolonialzeit die Wohnhäuser der indianischen Aristokratie, die sich gerne auf diese berühmte Ahnenreihe berief.

Über den einst so gefürchteten Chanca-Staat sind wir schlecht informiert. Er war in zwei Hälften aufgeteilt, die jeweils einen eigenen Häuptling hatten und unter dem Schutz des Bildes ihres heiligen Ahnherrn kämpften.

Anfang des 15. Jh. begann die auf ihre militärische Organisation stolze Chanca-Konföderation eine Reihe von Eroberungskriegen. Dieser Expansionswille hätte aus den Indianern die Gründer eines Reiches gemacht, wäre er nicht von Pachacutec Yupanqui gebrochen worden.

Plötzlich bedrängten die Chanca die Inka, indem sie deren Verbündete, die Quechua, vernichteten und ihre Festungen an der Westgrenze zerstörten. Die Chanca stießen während der letzten Jahre von Viracochas Regierung in das Gebiet ihrer Nachbarn vor. Der vom Alter geschwächte Herrscher hielt Widerstand für zwecklos und flüchtete in Begleitung seines jüngeren Sohnes Urco, dem er dem Brauch zuwider die Macht übergeben wollte, in eine über dem Dorf Calca gelegene Festung.

Daraufhin übernahm ein anderer von Virachocas Söhnen, der Inka Yupanqui, der später den Beinamen Pachacutec erhielt, mit Unterstützung seiner Generäle Vicaquirao und Apomayta sowie einer Hand voll Adliger die Verteidigung Cuzcos. Yupanqui konnte nicht auf die Unterstützung seines Vaters rechnen, stand fast ohne Armee da und bekam auch wenig Verstärkung von den Talgemeinden, um die er gebeten hatte. Dennoch wurden die Chanca, die bis nach Cuzco vordrangen, ohne auf Gegenwehr zu treffen, besiegt und ihr Häuptling getötet. Dieser unerwartete Sieg wird in der Legende einer wunderbaren Armee zugeschrieben, die der Weltschöpfer aus der Erde geschaffen hatte, indem er Steine in Krieger verwandelte. Diese übernatürlichen Hilfskräfte, die nach dem Kampf wieder zu Felsen wurden, bildeten eine besondere Göttergruppe, die *pururauka.* Viracocha freute sich keineswegs über den Sieg seines Sohnes. Vielmehr war er erbost und wollte Yupanqui töten, aus Furcht, dessen Ruhm könnte die Thronbesteigung seines Lieblingssohns Urco verhindern. Yupanqui ließ sich trotzdem zu Lebzeiten seines Vaters unter dem Namen Pachacutec, der „Verwandler", zum Herrscher proklamieren. Seine einzigen Furcht einflößenden Rivalen waren die Colla aus dem Titicacabecken. Diese, vermutlich Nachfahren der Baumeister Tiahuanacos, waren in mehrere kleine Herrschaftsbereiche unter Häuptlingen aufgeteilt, die die ganze Region beherrschen wollten. Sie befanden sich in ständigem Kriegszustand, aber dem neuen Inka-Herrscher gelang es, sie vernichtend zu schlagen. Nach dem Sieg über die mächtigsten Kriegsherren der Aymara war die Eroberung der Titicacaregion nur noch ein Spaziergang. Von Collao aus wandte sich der Inka nach Arequipa und machte alle Eingeborenen bis zum Meer zu seinen Tributpflichtigen.

Eine von Cápac Yupanqui, dem Bruder des Herrschers, angeführte Armee wurde nach Norden geschickt. Sie bestand aus einem starken Kontingent von Chanca-Truppen, die unter dem Befehl eines ihrer Häuptlinge mutig und treu für die Inka kämpften. Ihr militärischer Erfolg beunruhigte sogar den Herrscher, der befahl, sie zu vernichten. Aber die gewarnten Chanca flüchteten in den Osten der Region Jauja bis nach Cajamarca. Angeblich wurde der General nach der Rückkehr von diesem siegreichen Vormarsch auf Befehl Pachacutecs hingerichtet, weil er die ihm vorgegebenen Grenzen der Expedition überschritten hätte. Die Anekdote – wahr oder nicht – beweist, wie viel Gewicht die Inka auf die Disziplin legten.

Doch machten weniger die Eroberungen Pachacutec zum größten Inka als die unter seiner Regierung durchgeführten Arbeiten sowie die vielfältigen Maßnahmen auf den Gebieten der Rechtsprechung und der Verwaltung. Die Überlieferung schreibt ihm den Bau so vieler Paläste, Festungen und Tempel und den Erlass kluger Dekrete zu, dass die historische Person Pachacutec schließlich hinter dem Bild des mythischen Helden ver-

DER KRIEG GEGEN DIE CHANCA

Die spanischen Chronisten führten die Entstehung des Inka-Reiches aufgrund der Erzählungen ihrer einheimischen Informanten auf ein kleines Wunder zurück. Als die Inka noch ein Bauernvolk im Tal von Cuzco waren und sich in ständigem Kampf mit ihren Nachbarn befanden, wurden sie von einem fremden Volk angegriffen, den Chanca, die auf der anderen Seite des Flusses Apurímac zu Hause waren. Der alte Inka-Herrscher Viracocha ergriff die Flucht, und nur einer seiner Söhne, Inka Yupanqui, nahm mithilfe einiger Freunde mutig die Verteidigung der Stadt in die Hand. Dreimal schlug er die feindliche Offensive zurück, und beim letzten Mal verfolgte er die Chanca bis in ihr eigenes Gebiet. Daraufhin wurde Inka Yupanqui zum König ausgerufen und nahm den Beinamen Pachacutec an. Damit begann eine ganze Reihe von Eroberungen, an deren Ende die Schaffung des Inka-Reiches stand. Die Geschichte des Sieges von Pachacutec Yupanqui über die Chanca hat möglicherweise ein reales Ereignis als Grundlage, aber die anderen Aspekte dieser Legende lassen sich nicht durch historische Tatsachen untermauern.

Ausgrabungen haben erwiesen, dass die Keramik aus dem Tal von Cuzco mit den für sie charakteristischen Reliefdarstellungen der Herrscher um 1200 weit verbreitet war. Damals etablierte sich Cuzco also als regionales Wirtschaftszentrum. Im Gegensatz zu anderen Regionen war das Gebiet um Cuzco damals kein Schauplatz gewalttätiger Zusammenstöße zwischen den verschiedenen Volksgruppen, die hier zusammenlebten. Man nimmt an, dass es den Herrschern von Cuzco bis dahin gelungen war, ihre politische Vorherrschaft zu festigen. Als Pachacutec Yupanqui den Thron bestieg, waren die Inka schon lange kein kleiner Stamm mehr, der den Aggressionen seiner Nachbarn hätte zum Opfer fallen können.

Der Palast von Inka Roca in Cuzco
Obwohl diese glatt polierten Steine verschieden groß und unterschiedlich geformt sind, fügen sie sich lückenlos aneinander. Diese Bauweise, die ein wenig an aufeinander getürmte Kissen erinnert, ist typisch für die bedeutendsten Bauwerke der Inka.

schwand. Nach seinem Sieg über die Chanca soll er Cuzco nach einem großartigen Plan wieder aufgebaut haben. Auch der Sonnentempel, der die Macht und den Reichtum der Inka symbolisierte, soll wieder errichtet worden sein.

Nach mehr als dreißig Regierungsjahren, in denen er gleichzeitig zahlreiche Kriege geführt, den Bau einer Hauptstadt und die Organisation eines Staates geleitet hatte, übergab Pachacutec um das Jahr 1471 die Macht seinem Sohn Túpac Yupanqui.

Túpac Yupanqui und Huayna Cápac

Túpac Yupanqui war als Nachfolger seines Vaters würdig. Er dehnte das Reich nach Norden aus und fügte ihm den größten Teil des Territoriums der heutigen Republik Ecuador hinzu. Während dieses Feldzugs unterwarf er die gefährlichen Cañaris, aus denen die Inka in der Folge eine Elitetruppe rekrutierten, die man mit der Schweizergarde vergleichen kann. Nach der Eroberung schlugen sich die Cañaris auf die Seite der Spanier und kämpften gegen ihre alten Herren.

Túpac Yupanqui gelang es ohne große Mühe, die Chimú zu unterwerfen. Er nahm die ganze Küste bis Lima in Besitz. Seine am weitesten reichende und kühnste Kampagne führte den Inka-Herrscher nach Chile. Dort drang er trotz des Widerstands der wilden Araukanerkrieger bis zum Río Maule vor. Diesen Fluss machte er zur südlichsten Grenze des Reiches. Es sollte der letzte Feldzug des Herrschers sein. Túpac Yupanqui starb 1493, ein Jahr nach der Entdeckung Amerikas. Neben seinen Eroberungen war eine der größten Ruhmestaten Túpac Yupanquis der Bau der Festung Sacsahuamán bei Cuzco.

Der Nachfolger Túpac Yupanquis war Huayna Cápac, „der junge tugendreiche Häuptling". Seine Regierung war nicht so glanzvoll wie die seines Vaters. Wenn sich seine Eroberungen nicht mit denen seiner Vorgänger messen konnten, so lag das weniger an Huayna Cápacs fehlendem Ehrgeiz oder mangelnder militärischer Genialität als am zu erobernden Gebiet. Die Wälder Araukaniens, tausende von Kilometern von Cuzco entfernt, und Amazoniens an den östlichen Hängen der Anden bildeten zwei Grenzen, die die Bergbewohner nicht überschreiten wollten.

Huayna Cápac musste auch einige Aufstände niederschlagen. Eine Revolte in der Region Quito verwickelte ihn in einen Krieg gegen mehrere kriegerische Stämme an den Grenzen Ecuadors und Kolumbiens. Nach blutigen Schlachten verlegte er die Nordgrenze des Reiches an den Río Ancasmayo, der nach Kolumbien fließt. Er unternahm noch einen Feldzug gegen die Völker an der Küste Ecuadors und kehrte mit einer großen Beute an Türkisen zurück.

Huayna Cápac starb 1527 oder 1528, etwa zu dem Zeitpunkt, als Pizarro erstmals in Túmbez landete. Ein Abgesandter des Inka-Herrschers soll sogar an Bord von Pizarros Schiff an einem Essen teilgenommen haben. Die Neuigkeiten, die er dabei über die geheimnisvollen Fremden erhalten hatte, sollen Huayana Cápacs letzte Tage verdüstert haben. Wenn man der Überlieferung glaubt, ahnte er das bevorstehende Ende seiner Dynastie und seines Reiches.

Atahualpa und Huáscar

Während Pizarros dritter Reise 1531 tobte in Peru ein Bürgerkrieg. Huayna Cápacs Lieblingssohn, Atahualpa, hatte sich mit Unterstützung der Generäle seines Vaters des Nordens des Landes bemächtigt. Es gelang ihm, die Armeen seines Halbbruders Huáscar zu schlagen, den man in Cuzco offiziell zum Herrscher gekrönt hatte. Während Pizarro gegen die Bewohner der Insel Puna, im Golf von Guayaquil, und dann gegen das Volk von Túmbez Krieg führte, trug Atahualpa den Sieg über seinen Rivalen Huáscar davon. An der Spitze einer Armee marschierte er auf Cuzco zu. Nach einer entscheidenden Schlacht vor Cuzco, in der Huáscar gefangen genommen wurde, bemächtigte sich Quizquiz, einer von Atahualpas Generälen, der Hauptstadt. Atahualpa, dem der Sieg die Herrschaft einbrachte, schlug mit einem Teil seiner Armee in der Ebene von Cajamarca ein Lager auf. Pizarro war über diese Ereignisse auf dem Laufenden. Falls er die Absicht gehabt hatte, Huáscar gegen Atahualpa zu helfen, so nahm er von diesem Plan Abstand, als er erfuhr, dass Atahualpa die Macht ergriffen hatte. Plötzlich war Atahualpa für ihn der *señor natural*, der legitime Herrscher des Reiches, mit dem er die große Auseinandersetzung zu führen beabsichtigte. Pizarro beschloss kühn, sich zu Atahualpa zu begeben, der ihm, von Ungewissheit geplagt, bald Drohungen, bald Freundschaftsbeweise schickte. Die Spanier folgten der großen Küstenstraße nach Süden, von der sie tief beeindruckt waren. Dann drangen sie auf steilen und engen Pfaden in die Berge vor, wo es leicht gewesen wäre, sie aufzuhalten. Zu ihrer großen Überraschung trafen sie jedoch auf kein einziges Hindernis. Am 15. November 1532 kamen sie in Cajamarca an. Am gleichen Abend wurde Pizarros Bruder Hernando als Abgesandter zu Atahualpa geschickt. Der Inka versprach, den Besuch der Spanier zu erwidern, die sich in den öffentlichen Gebäuden rund um den Hauptplatz von Cajamarca niedergelassen hatten.

HISTORISCHE BEGEGNUNG IN CAJAMARCA
Diese Zeichnung aus dem frühen 17. Jh. stellt die Begegnung zwischen dem von seinen Soldaten umringten Atahualpa, Francisco Pizarro und Pater Valverde dar. Rechts im Bild steht Felipe, der indianische Dolmetscher der Spanier.

Keine Episode der Eroberung der Neuen Welt kommt in ihrer Dramatik dem plötzlichen und grausamen Sturz des Inka-Reiches gleich. Leider ist der Brief, den Francisco Pizarro über die Vorgänge in Amerika schrieb, heute verloren. Doch der 1534 in Lyon gedruckte Bericht *Zuverlässige Nachrichten von den Inseln Perus* ist so nüchtern und

HUÁSCAR GEGEN ATAHUALPA

Huayna Cápac, der um 1493 den Thron bestieg, verlegte seinen Regierungssitz um 1505 in den Norden des Reiches. Dort blieb er bis zu seinem Tod 1527 oder 1528, um diese Region, die in harten Kämpfen erobert worden war, besser kontrollieren zu können. Er gründete neue Städte wie Quito und Tumibamba (das heutige Cuenca) und knüpfte enge Beziehungen zu der dortigen Oberschicht. Aus den Huayna Cápac begleitenden Inka und dieser Oberschicht entstand eine neue, sehr mächtige Aristokratie.

Mit dem Tod von Huayna Cápac fiel die Königswürde an seinen Sohn Huáscar, der in Cuzco geblieben war. Hierdurch gelangte die Aristokratie in Cuzco wieder an die Macht. Die Herren im Norden waren damit nicht einverstanden und erhoben sich 1530 gegen den neuen König. Sie riefen Atahualpa, einen anderen Sohn Huayna Cápacs, zum Herrscher aus. Das ganze Reich versank in einem blutigen Bürgerkrieg. Huáscar wurde bei der Einnahme und Plünderung Cuzcos schließlich von den Truppen Atahualpas gefangen genommen. Die Einwohner wurden massakriert.

Als Atahualpa, der sich bis dahin im Norden aufgehalten hatte, die Hauptstadt erreichte, erhielt er die Nachricht von der Ankunft der Spanier. Pizarro und 180 Spanier hatten sich in Cajamarca in der nordperuanischen Sierra einquartiert und baten um eine Unterredung mit dem Herrscher. Atahualpa begab sich daher nach Cajamarca, wo er von den Spaniern gefangen genommen wurde. Da er fürchtete, dass sich die Spanier mit Huáscar verbünden könnten, gab er Befehl, ihn zu töten. So lieferte Atahualpa den Spaniern einen Grund, ihn als Brudermörder anzuklagen, hinzurichten und sich auf diese Weise der Aristokratie von Cuzco als Retter zu präsentieren. Die Spanier trafen im November 1532 in Cuzco ein.

genau gehalten, dass er es verdient, zitiert zu werden. Eindringlich beschreibt er die Ereignisse vom 16. November 1532:

„Am selben Tag begab sich Atahualpa nach der Stadt Cajamarca und kam dort gegen Abend an. Er befand sich in einer mit feinem Gold beschlagenen Sänfte, getragen von mehreren Kaziken. Voraus gingen viele Indianer, die den Weg säuberten, obgleich er ordentlich genug schien und es eigentlich nichts zu säubern gab. Darauf kam eine Menge anderer Indianer; die einen sangen, die anderen tanzten um den Inka herum. Außerdem gehörte dem Zug eine große Zahl von Indianern an, die *Gandules* genannt wurden und Atahualpas persönliche Leibwache bildeten; die einen trugen Streitäxte, die anderen Hellebarden aus Silber oder hatten Keulen am Gürtel hängen. Als Francisco Pizarro sah, dass Atahualpa in die Stadt kam, machte er alle seine Männer – zu Fuß und beritten – für den Angriff fertig und versteckte sie in zwei Gruppen hinter den Hütten. Ein Pater namens Valverde, der dem Dominikanerorden angehörte, trat allein vor und trug die Bibel in der Hand. Er sprach Atahualpa an und berichtete ihm die Dinge, die in dem Buch aufgeschrieben waren und die zu tun Gott befohlen hatte. Atahualpa verlangte das Buch zu sehen, und sobald er es in der Hand hatte, warf er es zu Boden. Der Pater hob es auf und rannte schreiend zu Pizarro, wobei er laut ausrief, dass der Glaube an Jesus Christus gehört werden müsse. Nun trat Pizarro in voller Rüstung hervor und mit ihm alle Männer, über die er verfügte, zu Fuß und zu Pferd. Als er Atahualpa erreicht hatte, legte er Hand an ihn und riss ihn von der Sänfte herab, während die anderen die Träger rasch erschlugen und sich dann mitten in Atahualpas Heer stürzten und viele erstachen. Die Schlacht dauerte von den frühen Abendstunden bis in die Nacht. Viele indianische Anführer wurden gefangen genommen. Als sich Atahualpa als Gefangener sah und fürchtete, getötet zu werden, gelobte er, den Christen einen sechs Meter hohen und fünfeinhalb Meter breiten Raum mit Gold zu füllen, und außerdem versprach er mehr Silber, als man zählen könne. Von dieser Summe gehörten Ihrer Majestät dreihunderttausend Pesos in gutem Gold oder vierhunderttausend und fünfzig *maravedí*, Fernando Pizarro bekam von dieser Summe einhundertfünfzigtausend Goldpesos und fünftausend *marcas* Silber: Es wurde noch mehr herbeigebracht, aber es gab keine Schiffe mehr, die es tragen konnten. Es sind uns Wunderdinge zu Ohren gekommen, dass vom Schatz jeder berittene Mann zehntausend *castellano* Gold und dreihundertfünfzig *marcas* Silber erhielt und jeder Mann zu Fuß fünftausend *castellano* Gold und zweihundert *marcas* Silber.“

Das Verhalten Atahualpas bleibt bis heute ein Rätsel. Warum hat er einer Hand voll Spaniern erlaubt, sein Land zu durchqueren, und dabei jede Art von Plünderungen zugelassen? Mit welcher Verblendung war er in die plumpe Falle geraten, die man ihm gestellt hatte? Vielleicht ist sein Verhalten aus der Sicht der Einheimischen zu verstehen.

Die Hypothese, nach der Atahualpa seine fremden Besucher wie Götter oder sogar Übermenschen betrachtet hätte, lässt sich auf Dauer nicht halten. Die Pferde, die Arkebusen und die Schrift haben den Inka-Herrscher sicher sehr beeindruckt, aber er hatte sehr bald erfahren, dass die Spanier verwundbar waren. Seine Spione hatten ihm versichert, dass die abgesattelten Pferde nicht gefährlich waren und die Arkebusen sich nur langsam laden ließen. Die Bärtigen, deren Aussehen mehr als alles andere die Neugier der Inka erweckte, waren sterbliche Wesen, mit denen man sich messen konnte. Atahualpa soll über die Rolle, die die Fremden im Bürgerkrieg gegen seinen Bruder eingenommen hatten, besorgt und verwirrt gewesen sein. Die Spanier, die seine Statthalter absetzten, bevorzugten seinen Rivalen. Gleichzeitig aber zollten sie ihm den Respekt, der einem Herrscher gebührte, und äußerten den Wunsch, ihn kennen zu lernen. Zweifellos ließ Atahualpa diese kleine Gruppe in seine Nähe kommen in der Hoffnung, sie für seine Sache zu gewinnen, denn er glaubte, sie notfalls vernichten zu können. Sein Hauptfehler war, sich auf den Platz von Cajamarca zu begeben. Wenn er erst am Abend kam, während Pizarro ihn schon am Mittag erwartete, so geschah es, weil der Inka annahm, die Pferde könnten nach Sonnenuntergang nicht eingesetzt werden. Wie viele Indianer scheint Atahualpa nicht in Erwägung gezogen zu haben, dass die Spanier, mit denen sie in Kontakt getreten waren, nur eine Vorhut darstellten. Er konnte sich nicht vorstellen, dass sie über das Meer Verstärkung bekämen, denn bisher waren die Küstenvölker auf ihre Ressourcen vor Ort beschränkt gewesen und hatten den Reichen in der Sierra machtlos gegenübergestanden.

Der zweite Fehler war, die Spanier mit Gold beschwichtigen zu wollen. Vielleicht erkannten die Einheimischen erst zu spät, dass sie auf diese Weise nur die Gier der Fremden anstachelten. Nachdem Pizarro das Größtmögliche aus Atahualpa herausgeschlagen hatte, ließ er ihn töten, wobei der Inka im Austausch für seine Bekehrung zum Katholizismus das Privileg erhielt, nicht lebendig verbrannt, sondern erdrosselt zu werden. Der Feuertod war in den Augen der Inka das Schlimmste, denn in ihrer Vorstellung war die völlige Vernichtung des Körpers gleichbedeutend mit der des individuellen Wesens. Der Grund für den Mord ist nicht klar. Fürchtete Pizarro tatsächlich einen Aufstand, bei dem sein Gefangener befreit werden sollte? Hielt er ihn für so stolz, dass er kein Marionettenherrscher sein wollte? Gab er nur den Forderungen Almagros nach, der sich einer Geisel entledigen wollte, die ausschließlich seinem Verbündeten und Rivalen gehörte? Pizarro, der nach der Hinrichtung Atahualpas wegen „Usurpation, Brudermords, Götzendienstes, Polygamie und Rebellion“ angeklagt wurde, trug Trauer und zeigte Gram.

Der Zerfall des Inka-Reiches nach dem Tod Atahualpas machte die Schwäche und die Starrheit dieses Staates deutlich. Allein das Verschwinden des Oberhaupts führte dazu, dass der Verwaltungsapparat nicht mehr funktionierte.

Die Atahualpas Armee beigebrachte Niederlage und das folgende Massaker flößten den Indianern Furcht ein. Für lange Zeit waren Heerführer und Krieger gelähmt. Viele hielten es für klüger, sich den Spaniern anzuschließen, als gegen sie zu kämpfen. Als die Spanier Cajamarca verließen und nach Cuzco zogen, wurden sie von einer Armee aus Dienern und Hilfstruppen begleitet. Sie führten auch einen jüngeren Bruder Atahualpas mit, Túpac Hualpa, den sie in der Hoffnung, die Indianer zu versöhnen, zum Herrscher erhoben hatten. Doch Túpac Hualpa starb unterwegs. Angeblich hatte ihn General Challicuchima vergiftet, der hoffte, so das spanische Joch abstreifen zu können. Der alte Krieger wurde verraten und bei lebendigem Leib verbrannt. Das Drama von Cajamarca besiegelte das Ende des Inka-Reiches, auch wenn in der führerlosen Truppe gelegentlich Gewalt aufflackerte.

Unersättlicher Imperialismus

In weniger als einem Jahrhundert hatte sich das Inka-Reich aufgrund ununterbrochener Kriege über eine Fläche von 611 420 Quadratmetern ausgedehnt, ein Gebiet, das in etwa den Niederlanden, Frankreich, der Schweiz und Italien entspricht. Sicher, es gab Eroberer, die in kürzerer Zeit größere Reiche zerschlagen haben. Aber hier galt es, mit der Geschwindigkeit eines Maultiers endlose Küstenwüsten oder das Andenhochland in ausgetrockneten Flussbetten zu durchqueren. Umso erstaunter ist man über die Energie der drei großen Herrscher, die mit ihren Armeen alle Hindernisse meisterten, fast übergangslos schneebedeckte Pässe und tropische Täler überwanden und Durst und Hunger ertrugen, um Völker zu unterwerfen, die sie nur dank ihrer Disziplin besiegten. Wie lässt sich dieser Eroberungsdrang erklären? Welche Gründe rechtfertigten einen solchen Imperialismus?

SACSAHUAMÁN
Hoch über Cuzco liegt die Festung Sacsahuamán, das größte Bauwerk, das die Inka geschaffen haben. In der damaligen Zeit bestand sie aus mehreren Etagen und wurde von drei hohen Türmen überragt.

Für Garcilaso de la Vega und andere Chronisten hatten die Inka, wie die Europäer, einzig das Ziel, die Wohltaten ihrer Kultur und den überlegenen Kult ihres Gottes zu verbreiten. Ihr Kultur- und Glaubenseifer erinnert zu sehr an die Motive, mit denen die Spanier ihre eigene Tat rechtfertigten, um nicht verdächtig zu sein. Einige Chronisten, allen voran Garcilaso, haben den Inka hochherzig edle und erhabene Beweggründe unterstellt, einfach um ihre Gegner zu erhöhen. Doch man kann andere Gründe für diese Expansion finden als die Verfolgung eines Ideals und die Sorge um das Glück der Menschen.

Zuerst zog eine Eroberung die andere nach sich. Mehr als einmal wurden die Inka-Herrscher gezwungen, gegen die vom Erfolg der peruanischen Armeen beunruhigten Nachbarstämme in die Offensive zu gehen, um sich den Besitz einer kurz zuvor annektierten Region zu sichern. Überdies durften die durch die aufeinander folgenden Feldzüge kampferprobten Armeen nicht müßig sein, sollten sie nicht ihre Begeisterung verlieren. Wenn man den Chronisten glaubt, wurden mehrere Expeditionen allein mit dem Ziel unternommen, die Truppen in Atem zu halten.

ATAHUALPAS HINRICHTUNG *Atahualpa wurde am 28. Juli 1533 von den Spaniern mit der Garrotte hingerichtet. Laut späteren Überlieferungen der Indianer soll ihm jedoch der Kopf abgeschlagen worden sein, in Anlehnung an das Schicksal des letzten Inka-Herrschers, Túpac Amaru, der im Jahr 1572 geköpft wurde. Die Zeichnung stammt aus dem frühen 17. Jh.*

Die Generäle, zumeist Inka und nahe Verwandte des Herrschers, befürworteten eine Expansionspolitik, die ihnen Ruhm und Reichtum versprach. Krieg und Religion waren die beiden Wege, die den Ehrgeizigen in dieser streng reglementierten Gesellschaft offen standen.

Da es an genauen Zeugnissen über den Charakter der Inka-Kultur mangelt, entstanden Hypothesen dazu, worin die Natur des unersättlichen Imperialismus begründet lag. Die Inka, Häuptlinge kriegerischer Stämme, waren gewohnt, sich gegen Einfälle ihrer Nachbarn zu verteidigen und zu plündern, wenn sich die Gelegenheit bot. Ehrgeiz, Eitelkeit und persönliche Rivalitäten spielten wohl von Anfang an eine Rolle in der aggressiven Politik. Vielleicht war der Krieg eine Art Ideal, dem die Menschen aus Sorge um ihr Ansehen und ihre Würde nacheiferten. Als sich Pachacutec Yupanqui nach dem Sieg über die Chanca an der Spitze einer großen Menschenmenge sah, konnte die Versuchung groß gewesen sein, ohne Risiko eine Rechnung mit den Rivalen zu begleichen. Jede Eroberung mehrte den staatlichen Besitz an Boden und Tributen. Für die Herrscher, die auch eifrige Baumeister waren, bedeutete die Annexion einer Provinz auch neue Ressourcen an Arbeitern und Kriegern. In dem Maß, in dem die für die Regierung benötigte Anzahl von Reichsbeamten zunahm, musste der Kaiser über neue Ländereien verfügen. Er verteilte sie als Dank an seine Würdenträger und seine Offiziere oder gewann daraus die für den Unterhalt seiner Bürokratie nötigen Produkte. Außerdem brauchte er Rohstoffe: Gold, Silber und Federn tropischer Vögel für die Handwerker, die am Hof oder für Provinzstatthalter arbeiteten. Obwohl sich der Tribut hauptsächlich aus Dienstleistungen zusammensetzte, bestand er doch auch aus als kostbar geltenden oder für die Inka-Wirtschaft unentbehrlichen Produkten.

Seltsame Felsstufen
Vielleicht standen auf diesen Plattformen, die in einen Felsen in der Nähe der Festung Sacsahuamán gehauen wurden, einst prächtige Götterstatuen. Möglicherweise dienten sie aber auch als Sitzplätze für bedeutende Personen, beispielsweise für den Inka persönlich.

Um den Frieden ihres Reiches zu sichern, waren die Inka manchmal gezwungen, jenseits der Grenzen Krieg zu führen, die ihre Vorgänger oder sie selbst erreicht hatten. Denn dort häufig aufflackernde Aufstände wurden oft unter Mithilfe noch unabhängiger Stämme angezettelt. Ein weiterer Vorteil, den die Inka aus den Kriegen zogen, bestand womöglich darin, dass sie Indianer aus ihren Gemeinden aushoben und sie zu *yana* machten, den Dienern oder Knechten des Herrschers und der Würdenträger. Die Inka-Kultur kannte jedoch nie die Sklaverei im eigentlichen Sinn, auch wenn die Bedingungen der *yanacona* ähnlich waren.

Die Armeen wurden genauso rekrutiert wie die Arbeiterkolonnen. Die aus den Provinzen eingezogene Personenzahl berechnete sich aus dem Anteil der Erwachsenen an der Bevölkerung. Das Dezimalsystem, nach dem sich die Verwaltung richtete, wurde bei der Einteilung der Truppen und im hierarchischen System eingesetzt. Die Disziplin war streng. Atahualpa befahl, alle Indianer zu töten, die am Abend von Hernando Pizarros Besuch die Furcht vor den Pferden, die sie zum ersten Mal sahen, nicht überwinden konnten. Marodeure wurden erbarmungslos bestraft, und die Spanier, die wahllos plünderten, waren erstaunt, dass in der Armee ihrer Gegner der Diebstahl, sogar nur eines Maiskolbens, schwer bestraft wurde. Die Versorgung dieser großen Armee ging ohne

Schwierigkeiten vonstatten – dank der staatlichen Lagerhäuser, die entlang den Straßen verteilt waren. Man fand dort nicht nur Lebensmittel in Hülle und Fülle, sondern auch Ausrüstungsgegenstände wie Sandalen, Kleidung und Waffen.

Die Krieger wurden nach Waffengattungen aufgeteilt. Als Wurfwaffen dienten den Inka Steinschleuder, Speerschleuder und *bola*, drei mit Sehnen verbundene Steinkugeln. Diese besonders für die Jäger nützliche Waffe erwies sich als wirksam gegen die spanische Kavallerie. Pfeil und Bogen benutzten Bergbewohner nicht; hingegen waren die Truppen aus Amazonien mit ihnen ausgerüstet. Zum Nahkampf verwendeten die Krieger scharfkantige Holzschwerter, Keulen, deren Köpfe aus Stein oder Metall wie ein Morgenstern mit Spitzen gespickt waren, Bronzehellebarden und Lanzen. Die Inka-Soldaten schützten sich mit eckigen oder runden Schilden, Helmen und gesteppten Baumwollpanzern. Diese Panzer hielten die Spanier für nützlicher als ihre eigenen und übernahmen sie im Kampf gegen die Indianer. Bei ihren Eroberungen bewiesen die Inka eine beispielhafte Mäßigung und Klugheit. Bevor sie in den Krieg zogen, sollen sie nie versäumt haben, dem Oberhaupt des zu erobernden Landes oder Stammes eine Botschaft zu schicken. Darin forderten sie ihn auf „im Namen der Sonne ihre Autorität anzuerkennen, versprachen ihm aber, sie ehrenhaft zu behandeln und mit Geschenken zu überschütten". Diese Versprechungen, denen schreckliche Drohungen gegen die Starrsinnigen hinzugefügt wurden, führten häufig zur Unterwerfung ganzer Provinzen, ohne dass ein Tropfen Blut vergossen wurde. Man sollte die einhelligen Zeugnisse der spanischen Chronisten in diesem Punkt nicht anzweifeln, denn ein nicht literarisch gefärbtes Verwaltungsdokument bestätigt sie. Als die Spanier im Chincha-Tal Erkundigungen über die Vorherrschaft der Inka einzogen, sagten ihnen die Eingeborenen, dass „vor hundertfünfzig Jahren ein Inka kam, der sie auf folgende Weise erobert hat: Er sagte, er sei der Sohn der Sonne und zu ihrem Segen und dem der ganzen Welt gekommen. Er wollte weder Silber noch Gold, noch Mädchen, noch ihr Eigentum, weil er das alles in Überfülle habe und er ihnen all das bringen wolle. Er sagte ihnen, sie sollten ihn als Herrn anerkennen und verteilte an sie Kleider und Goldschmuck und viele andere Dinge, die ihnen fehlten. Die *curaca* der Region – eine Gruppe von Anführern – versammelten sich und empfingen ihn als Herrn und Beschützer in Anbetracht der guten Behandlung, die er ihnen angedeihen ließ."

Wenn die Inka auch Diplomatie und Milde bevorzugten, erwiesen sie sich angesichts von Widerstand als nicht weniger grausam. Die Geschichte der Eroberungen wimmelt von blutigen Szenen. Ganze Stämme wurden niedergemetzelt, die Überlebenden verschleppt.

Nach einem siegreichen Feldzug veranstaltete der Inka Triumphzüge. Seine Krieger zogen mit auf Lanzenspitzen aufgepflanzten Köpfen der Besiegten in Cuzco ein. Jenen, die den Zorn des Herrschers erregt hatten, wurde die Haut abgezogen, die zu Trommeln verarbeitet wurde. „Ihre menschliche Beschaffenheit blieb so gut erhalten, dass der Tote seinen eigenen Bauch mit Stöcken in den Händen zu schlagen oder auf der Flöte zu spielen schien." Aus Schädeln machte man Schalen und trank aus ihnen *chicha* (Maisbier). Ein Konquistador hatte in Cajamarca einen mit Gold ausgekleideten Schädel gefunden, an dem ein kleines Rohr, ebenfalls aus Gold, angesetzt war. Pizarro fragte Atahualpa, wozu dieser Gegenstand diene, worauf der Inka antwortete: „Das ist der Kopf eines meiner Brüder, der gegen mich gekämpft und sich gebrüstet hat, *chicha* aus meinem Schädel zu trinken. Ich ließ ihn töten, und nun trinke ich aus seinem Schädel." Er befahl, ihn mit *chicha* zu füllen, und trank vor den Anwesenden daraus. Aus den Zähnen der Feinde machte man Halsketten. 1616 zeigten die Nachfahren der Inka, die zum Ruhm Ignatius von Loyolas Episoden aus alten Kriegen nachstellten, eine Halskette, „welche aus Zähnen gefertigt war, die ihre Vorfahren den Heerführern der besiegten Länder ausgerissen hatten".

KAPITEL 4

Die Bewohner der Anden

Die Macht der Inka beruhte auf der Arbeit und dem Zusammenhalt der Völker, die trotz ihrer verschiedenen Sprachen und Lebensführung eine Art einheitlicher Kultur teilten. Das Inka-Reich war ein Mosaik aus Nationen und Stämmen, unter denen man alte Reiche fand, beispielsweise das der Chimú, Stammesbünde sowie einzelne und primitive Gruppen.

Die Ayllu

Als die Inka den Spaniern, die sich für die Vergangenheit der Einheimischen interessierten, den chaotischen Zustand der Gesellschaften beschrieben, aus denen ihre Vorfahren einen einzigen Staat schmiedeten, dachten sie zweifellos an die kleinen ländlichen Gemeinden in den Andentälern. Die *ayllu*, die anfangs noch eine gewisse Autonomie genossen, bildeten tatsächlich die eigentlichen Zellen des Reiches. Die zu einem *ayllu* zusammengeschlossenen Familien beriefen sich auf einen gemeinsamen Ahnen und behaupteten deshalb, blutsverwandt zu sein. Eines der ältesten Wörterbücher der Inkasprache übersetzt das Wort *ayllu* mit „Stamm, Geschlecht, Haus, Familie". Trotz ihrer tatsächlichen oder fiktiven Verwandtschaftsbeziehungen heirateten die Mitglieder einer Agrargemeinschaft vornehmlich untereinander, auch wenn es nicht offiziell verboten war, sich außerhalb einen Partner zu suchen. Der *ayllu* war zudem weniger ein Clan im engen Wortsinn als eine große patrilineare Abstammungsgruppe, der der Besitz von Land einen hohen Grad an Zusammenhalt verlieh. Die gegenseitigen Pflichten, der Glaube und die gemeinsamen Traditionen sowie der Kult derselben Schutzgötter stärkten ihn überdies. Der manchmal als Tier dargestellte Ahnherr wurde häufig mit einem Gegenstand aus der Natur identifiziert, im Allgemeinen mit einem Felsen von mehr oder weniger ungewöhnlichem Aussehen, der in der Nähe eines Berges, einer Höhle oder eines Sees aufragte.

STRIKTE GESELLSCHAFTLICHE HIERARCHIEN

Jeder Mensch im alten Peru gehörte einem *ayllu* an – einer Sippe, die sich von einem gemeinsamen Vorfahren herleitete und oft Hunderte oder sogar Tausende von Personen umfasste. Dieses *ayllu* wiederum war Teil einer noch größeren politischen und territorialen Einheit, die als *llaqta* oder *marka* bezeichnet wurde. Das *llaqta* unterstand einem Schutzgott, der sich meist in dem höchsten Berg der Region manifestierte.

Die Gruppe der eigentlichen Inka scheint aus 20 *ayllu* bestanden zu haben, die wiederum in zwei Hälften geteilt waren (jeweils eine untere und eine obere). In jeder dieser Hälften waren wiederum fünf *ayllu*, die als *panaca* bezeichnet wurden, von höherem Rang, die fünf übrigen dagegen von niedrigerem Rang. Zusätzlich zu dieser Einteilung gab es noch weitere Klassifikationssysteme, in denen die Hierarchie der *ayllu* festgelegt und legitimiert wurde. Je nachdem, ob ein *ayllu* beispielsweise der Kategorie *collana* (hoch), *payan* (mittel) oder *cayao* (niedrig) angehörte, hatten seine Mitglieder unterschiedliche Befugnisse.

Die 20 *ayllu* der Inka beherrschten eine Konföderation von beeindruckender Größe, die sich über das Gesamtgebiet erstreckte, das die Inka ihrem Reich seit 1200 einverleibt hatten.

Das Tal des Vilcanota
Dieses auf einer Höhe von etwa 3000 m in der Nähe von Cuzco gelegene Tal war ein reines Maisanbaugebiet. Die Inka haben den Fluss teilweise kanalisiert und an den Flanken des Tals zahlreiche Terrassen angelegt.

Wenn man den Indianern Glauben schenkt, die den Kundschaftern Francisco de Toledos den Staat Peru vor der Eroberung der Inka beschrieben, war jede dieser alten Gemeinden unabhängig und mit einer so perfekten demokratischen Organisation versehen, dass sie in Friedenszeiten keinem Häuptling unterstanden. „Sie hatten keine andere Regierung als die tapferen Heerführer, die man *sinchi* nannte. Sie kommandierten und regierten, wenn sie in den Krieg zogen. Dann drangen sie in das Land der einen oder anderen Stämme ein, um Kräuter, Holz oder andere Dinge zu holen. Wenn der Krieg vorbei war, waren die Heerführer nicht mehr als die anderen Indianer. Sie wurden nicht gewürdigt und hatten weder Kommando noch Macht über sie …" Vielleicht verwalteten sich viele Regionen Perus selbst und hatten allenfalls vorübergehend Häuptlinge. Die Bestimmung von Dorfobrigkeiten lag zweifellos wie noch heute in den Händen eines Rats aus Familienoberhäuptern, die sich nicht regelmäßig trafen, sondern eher zufällig Einzelgespräche führten oder sporadisch zusammenkamen.

Wenn es sich so abspielte und diese Gemeinden eine idyllische Gleichheit praktizierten, wie kann man dann das Vorkommen der *curaca,* der „Ältesten", erklären? Diese Häuptlinge hatten ihr Amt geerbt, waren von den Inka in deren Verwaltungsapparat eingegliedert worden und machten nach der spanischen Eroberung schleunigst ihre alten

Rechte wieder geltend. In den Verwaltungsdokumenten und den Chroniken ist ständig die Rede von mehr oder weniger mächtigen Herren, die von den Inka abgesetzt oder aber in ihrem Amt bestätigt wurden. War also die Gesellschaft doch nicht so demokratisch, wie man aus anderen Zeugnissen schließen könnte? In Wirklichkeit waren die sozialen und politischen Verhältnisse von Tal zu Tal verschieden. An einem Ort erkannten die *ayllu* nur den Ältestenrat oder den Dorfhäuptling an; in anderen Orten waren die Menschen von einem Häuptling abhängig, dem es gelungen war, seine Autorität mehreren *ayllu* aufzuzwingen und als Kleinfürst aufzutreten. Die *curaca* besaßen Land, das die Dorfgemeinde bewirtschaften musste, und sie konnten nach Belieben Männer für den Krieg und die Kollektivarbeiten ausheben.

Der wahre Eigentümer des Landes war die Abstammungsgruppe. Ihre Mitglieder verteidigten die Grenzen ihres Gebietes eifersüchtig. Innerhalb dieses sozialen und geographischen Rahmens besaß jede Familie Rechte, die wir aber nicht kennen. Manchmal ist die Rede von Boden, der in derselben Familie vererbt wurde, manchmal von in regelmäßigen Abständen neu verteilten Parzellen, die den Bedürfnissen jeder Familiengruppe entsprachen. Die Parzellen sollen je nach der Zahl und dem Geschlecht der Menschen, die in einer Hausgemeinschaft lebten, mehr oder weniger groß gewesen sein. Die jährliche Verteilung des Bodens ist von zu vielen Autoritäten bestätigt worden, als dass man sie leugnen könnte, aber der Landbesitz ist gleichermaßen entschieden belegt. Moderne Bräuche könnten uns vielleicht helfen, die Widersprüche zu mildern. In bestimmten *comunidades* Perus, besonders in Kauri, findet noch heute jedes Jahr eine rein symbolische Zeremonie der Bodenverteilung statt, die an den bestehenden Verhältnissen nichts ändert. Die Familienoberhäupter bekräftigen bei dieser Gelegenheit ihre Ansprüche auf das Land, indem sie ihre Felder abschreiten und vor den Autoritäten auf den Boden stampfen. Außerdem verfügen die Agrargemeinden über brachliegendes und nicht kultiviertes Land, das an junge Haushalte und an die verteilt wird, die die Kosten für ein religiöses Fest übernehmen. Mitglieder der Gemeinschaft, die gezwungenermaßen abwesend waren, verloren ihre Rechte nicht. Ihr Land wurde ebenso gemeinsam bearbeitet wie auch das Land der Witwen und Invaliden. Jeder konnte sein Vieh auf die Gemeindeweiden führen und andere Ressourcen des Gebiets nutzen. Im Wesentlichen waren diese Gruppen Selbstversorger, die nur eine kleine Anzahl von Naturprodukten oder gefertigten Gegenständen miteinander tauschten. Die wenig geförderte handwerkliche Spezialisierung verdankt man entweder besonderen kulturellen Überlieferungen oder dem Vorhandensein bestimmter Rohstoffe, die leicht zu beschaffen waren.

Die *ayllu* waren grundsätzlich in zwei Teile getrennt, die *Hanan-saya*, „Oberhälfte", bzw. *Hurin-saya*, „Unterhälfte", genannt wurden. Diese Zweiteilung der Bevölkerung ist uns besonders aus Cuzco bekannt, das die zwei Gruppen *Hanan-Cuzco* und *Hurin-Cuzco* (Ober- und Untercuzco) umfasste. Die ersten Inka-Herrscher gehörten den Abstammungsgruppen *Hurin-Cuzcos* an, „bis zum Inka Roca, der nach einer Palastrevolution das Privileg an *Hanan-Cuzco* übertrug, zu seinen Mitgliedern den Herrscher und seine Familie zu zählen". Obwohl die sozialen und religiösen Funktionen dieser Hälften nicht ganz klar sind, wurde diese dualistische Ordnung, die in zahlreichen primitiven Völkern Amerikas wiederzufinden ist, bis heute beibehalten. In Cuzco versammelten sich die Menschen der beiden Hälften getrennt und entwickelten eine Art Wettstreit oder Rivalität, die man noch in heutiger Zeit feststellt, wenn die *Hanan-saya* und *Hurin-saya* das Fest ihres Schutzheiligen feiern. Rituelle Kämpfe arteten manchmal in brutale Streitigkeiten aus.

DIE KUNST DES MAISANBAUS IM ALTEN PERU
Der Mais, von dem es zahlreiche Sorten gab (hier violetter Mais), war die beliebteste Nahrungspflanze der alten Peruaner. Besonders die Inka erzielten große Fortschritte im Maisanbau.

Die andine Landwirtschaft

Diese kleinen Agrargemeinden blühten und vermehrten sich dank einer intensiven Landwirtschaft und Viehzucht. In keiner Region der Erde hat der Mensch dem Boden derart viele Pflanzenarten abgerungen wie in Peru. Man schätzt, dass die Eingeborenen auf ihren Feldern mindestens vierzig Arten zu Nahrungszwecken und zu medizinischem oder industriellem Nutzen anbauten. Eine derartige Fülle erklärt sich nur aus einer Vielfalt klimatischer Bedingungen in einem begrenzten Raum, aus der Zahl der Kulturen, die sich von anderen abgeschirmt gebildet hatten, um sich zu großen Gruppen zu vereinigen, und schließlich aus der Sorgfalt, die man der Landwirtschaft über Jahrtausende hinweg angedeihen ließ.

Mühsame Aussaat
Auf diesem kolonialzeitlichen Holzbecher ist dargestellt, wie ein Mann mit einem Spaten ein Loch in die Erde gräbt und die Frau die Saatkörner hineinstreut. Hinter ihr steht eine andere Frau, die einen Becher Maisbier in der Hand hält.

Die Kartoffel ist das kostbarste Geschenk, das Peru der Alten Welt gemacht hat. Mit viel Geduld und ständigen Experimenten züchteten die Indianer aus der Knolle einer Wildpflanze, die kaum so groß wie eine Haselnuss und überdies bitter und hart war, eines unserer bevorzugten Nahrungsmittel. Ohne die Kartoffel kann man sich die Bevölkerung der Hochebene und die Entstehung großer Kulturen wie die von Tiahuanaco schlecht vorstellen. Den Indianern war es gelungen, eine große Zahl von Sorten (etwa 700) auszuwählen, die sich für einen unterschiedlichen Gebrauch und den Anbau in verschiedenen klimatischen Zonen eigneten, besonders in großen Höhen. Der Anteil der Kartoffel an der Nahrung der Eingeborenen war zwar sehr groß, doch Mais stand in höherem Ansehen. Er wurde spät entdeckt, galt als das edelste Nahrungsmittel und war als einzige Kost würdig, den Göttern dargeboten zu werden.

Das Getreide auf den Hochebenen ist die *Quinoa* (peruanische Reismelde). Der „Reis der Berge" ist reich an Eiweißen und Mineralien und hält dem Frost und Hagel stand. Je tiefer man in die wärmeren Gegenden hinabsteigt, desto größer wird die Pflanzenvielfalt: Kürbisse, Paprikaschoten, Bohnen, Süßkartoffeln, Maniok, Erdnüsse, Tomaten, Avocados und Baumwolle, um die Wichtigsten zu nennen. Die außerordentliche Entwicklung der andinen Landwirtschaft ist umso bemerkenswerter, weil hier ebene, für den Anbau günstige Flächen verhältnismäßig selten sind. Unter gewaltigen Anstrengungen vergrößern die Indianer das Ackerland, indem sie sogar steile Berghänge terrassieren, die sich wie riesige Treppen von den Tälern bis zur Schneegrenze erstrecken.

Die Landwirtschaft des Hochlands ist aufgrund der langen Trockenzeit und der intensiven Verdunstung in hohem Maß auf Bewässerung angewiesen. Die Inka mussten wasserbauliche Arbeiten duchführen, von denen Garcilaso de la Vega begeistert schreibt,

„dass sie die herrlichsten Werke, die es auf der Welt gibt, übertreffen“. Wie er können wir kaum glauben, „dass die Indianer ohne ein Eisen- oder Stahlinstrument, allein mit der Kraft ihrer Arme und mit großen Steinen derartige Werke schaffen, riesige Felsen umstürzen, zu den Quellen der Flüsse hinaufsteigen, um die Tiefen zu umgehen, und die höchsten Berge überwinden konnten“.

Man folgt heute noch den Spuren ihrer Kanäle auf Dutzenden von Kilometern. Einige sind viel länger, auch wenn die „hunderte von Meilen“, von denen Garcilaso de la Vega spricht, eine Übertreibung sind. Die Kanäle überquerten die Schluchten auf gemauerten Aquädukten und flossen durch in Gebirgsvorsprünge gegrabene Tunnel. In Cajamarca war ein Kanal auf mehr als einem Kilometer in den Felsen gehauen worden – in Zickzackform, damit das Wasser langsamer floss. In Huandoval treffen sich zwei Kanäle: Der eine, eineinhalb Meter breit, verläuft auf einer Mauer, während ihn der andere im rechten Winkel kreuzt. Anscheinend gab es noch einen dritten, heute ausgetrockneten Kanal unter diesen beiden.

Die Inka zögerten nicht, die Flüsse einzudämmen, sie zu begradigen und wenn nötig den Lauf zu verlegen. Das in Reservoiren oder Zisternen gesammelte Wasser wurde mithilfe von Schleusen verteilt. Die rein empirische Wissenschaft der Ingenieure muss bemerkenswert gewesen sein, wenn man sich vorstellt, wie kunstvoll sie die Neigung des Geländes errechneten und die Flüsse und Seen nutzten, die sie häufig am Fuß eines Gletschers fassten.

Die Küstenbewohner verwendeten für die Landwirtschaft bereits die riesigen Guanovorkommen, die im 19. Jh. Perus Reichtum waren. Vielleicht wurde dieser ausgezeichnete Dünger ins Landesinnere gebracht, denn Garcilaso de la Vega berichtet: „Eine jede [Guano-]Insel war auf Geheiß des Inka einer bestimmten Provinz zugeteilt, und wenn die Insel groß war, wurde sie zwei oder drei Provinzen zugewiesen … Jeder Ort und jeder Bewohner erhielt seinen Anteil, zu welchem Behufe man die Dungmenge abschätzte, deren er bedurfte.“ Und: „In der Brutzeit war es bei Todesstrafe verboten, die Insel zu betreten … und zu jeder Zeit verboten, die Vögel zu töten.“

Die Zähmung von Lama und Alpaka gab der Wirtschaft der alten Peruaner einen einzigartigen Charakter in der Neuen Welt. Auf den Hochebenen, wo der Ertrag wegen der Höhe und den Unbilden der Witterung gering und unsicher ist, führten die Indianer ein Hirtenleben. Diese Völker zählten übrigens nicht zu den ärmsten. Sie versorgten sich mit allem, was sie brauchten, im Tausch gegen Wolle und Fleisch ihrer Herden. Das Lama diente als Lasttier. Obwohl es keine Last über 25 Kilo trägt und nur 15 Kilometer am Tag läuft, wiegt seine äußerste Genügsamkeit diese Nachteile auf. Der wirtschaftliche Nutzen des Alpakas liegt vor allem in seinem dicken Fell.

LANDWIRTSCHAFT UND KERAMIK

Die Domestizierung der Pflanzen setzte in den Anden früh ein. Schon vor 4000 v. Chr. begannen die Menschen in den Tälern, Bohnen und Flaschenkürbisse zu kultivieren. Bereits um 3000 v. Chr. wurden alle Pflanzen angebaut, die man später im Inka-Reich kannte. Durch die im Überfluss vorhandenen Tiere und Pflanzen, die man jagen, fischen bzw. sammeln konnte, spielte die Landwirtschaft jedoch lange eine untergeordnete Rolle. Erst um 1800 v. Chr. wurde die Landwirtschaft an der Küste zur Lebensgrundlage. Zur gleichen Zeit legte man neue Bewässerungskanäle an und verfeinerte die Kunst der Keramikherstellung.

Die ersten Erfahrungen mit dem Brennen von Ton gehen in den Anden ins 3. Jt. v. Chr. zurück, doch geriet diese Kunst bald wieder in Vergessenheit. Sie wurde um 1800 v. Chr. erneut eingeführt und gelangte aus den Bergregionen Ecuadors und Kolumbiens, wo sie bereits seit 1000 Jahren praktiziert wurde, nach Peru. Der Erfolg der Keramikgefäße lässt sich darauf zurückführen, dass sie eine längere Lagerung der Lebensmittel ermöglichten, was in einer bäuerlichen Gesellschaft von großer Bedeutung ist. Außerdem konnte man in den Gefäßen die Nahrungsmittel auch kochen, wodurch sie leichter verdaulich wurden.

INKA-BAUER
Der auf dieser Keramik dargestellte Bauer hält in der linken Hand einen Spaten und in der rechten eine Schleuder, um Raubtiere fern zu halten.

Fruchtbares Land

Allseits beliebt: Maisbier
Die Inka, Profis im Maisanbau, beeindruckten die von ihnen abhängigen Völker durch das Maisbier, das bei offiziellen Feiern gereicht wurde. Unten: Die Zubereitung von chicha, *einem Bier, das durch die Gärung von jungem Mais gewonnen wurde.*

In Ermangelung von Zugtieren behelfen sich die Andenbauern mit einfachsten Werkzeugen. Das wichtigste ist die *Chakitaklla*, ein Grabstock, der mit dem Fuß in die Erde gerammt wurde. Der Mann bereitete auf diese Weise die Ackerkrume vor, während die Bauersfrau die Schollen mit der Harke zerkleinerte und Samen in die Furche streute. Das Bestellen eines Feldes erforderte stets die Mithilfe mehrerer Familien. Die Arbeit in der Gemeinschaft war daher ein ganz wesentlicher Bestandteil der andinen Gesellschaftsstruktur.

Dank der außerordentlichen Vielfalt ihrer Naturräume zählen die Anden weltweit zu den Hochburgen der Pflanzenzucht. Die Entwicklung von Nutzpflanzen blickt hier auf eine ebenso lange Tradition zurück wie im Nahen Osten oder in China. In den hohen Andenregionen kultiviert man in 3700–4500 m Höhe verschiedene Knollenfrüchte (Kartoffeln, Oca, Mashwa, Olluco) sowie die persische Reismelde (Quinoa). Als Haustiere werden hier Lamas und Alpakas gezüchtet. In den interandinen Tälern wird vorwiegend Mais angebaut, während in Lagen unter 2500 m noch Baumwolle, Bohnen, Kürbisse, Avocados und Maniok hinzukommen.

Die Andenbewohner haben ihren Lebensraum tiefgreifend umgestaltet: An der Küste sind durch Be- und Entwässerung zahlreiche Wüsten- bzw. Sumpfgebiete in Ackerland verwandelt worden. Die Berge wurden durch die Anlage von Terrassenfeldern urbar gemacht. Die größte Ausdehnung der landwirtschaftlichen Nutzflächen erfolgte naturgemäß stets in Zeiten, in denen der Staat besonders mächtig war.

Fünf Tierarten wurden in den Anden gezähmt: das Lama, das Alpaka, der Hund, das Meerschweinchen und die Moschusente. Die Zähmung des Lamas reicht bis ins 5. Jt. v. Chr. zurück. In den weitläufigen Steppen um den Titicacasee wurde die Zucht am intensivsten betrieben. Das Lama diente als Last- und Nutztier, während das viel zierlichere Alpaka ausschließlich wegen seines Fleisches und seiner Wolle gehalten wurde.

Die Domestizierung des Meerschweinchens hat ihren Ursprung wahrscheinlich um 10 000 v. Chr. in Kolumbien. Dieses Tier wurde in allen Häusern gehalten und war neben dem Lama der erste Fleischlieferant. Hunde setzte man als Helfer des Menschen bei Tätigkeiten wie der Viehzucht oder der Jagd ein.

Wertvoller Mais
Mais erfreute sich nicht nur bei den Inka, sondern auch bei den in den Andentälern weit verbreiteten Papageien großer Beliebtheit.

Wassersammelbecken
Die Bewohner des Nazca-Tales bauten Becken, die das Wasser auffingen, das anschließend über unterirdische Kanäle weitergeleitet und verteilt wurde.

Getrocknete Kartoffeln
Die gewaltigen Temperaturschwankungen zwischen Tag und Nacht machten sich die Bergbewohner zunutze, um der Kartoffel, ihrem Hauptnahrungsmittel, Wasser zu entziehen und sie so länger lagern zu können.

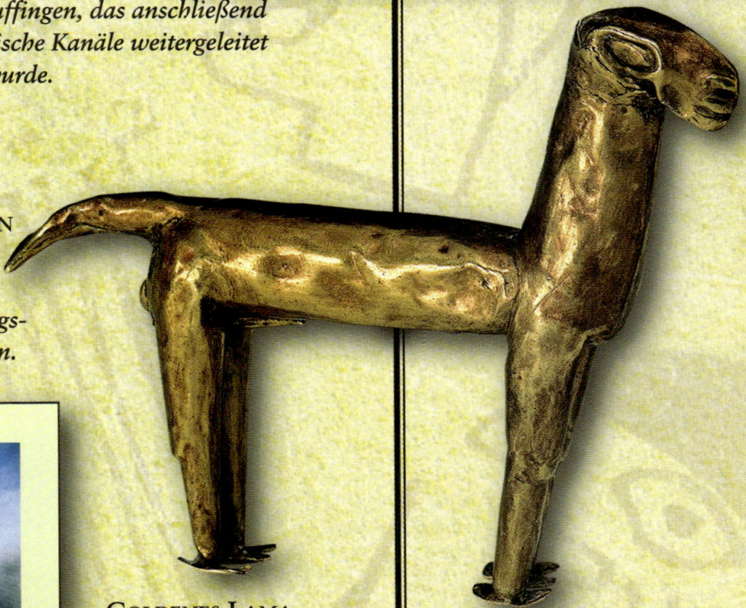

Goldenes Lama
Das Lama war das einzige Lasttier Südamerikas. Die Inka förderten seine Aufzucht speziell in den Regionen, in denen es selten vorkam.

TERRASSENANBAU

In den Staaten der Huari und der Inka wurde die Terrassierung von Hängen für den Ackerbau am stärksten gefördert. Der politische Erfolg dieser Völker hing vermutlich teilweise mit ihrer Geschicklichkeit als Agraringenieure zusammen. Dank der von den Inka errichteten Infrastruktur erbrachte die Landwirtschaft nie dagewesene Erträge. In zahlreichen Andenregionen, die sich durch schmale Täler auszeichneten, ließen sie für den Maisanbau ausgedehnte Terrassenfelder mit künstlicher Bewässerung anlegen. Der Verzehr dieses nahrhaften Getreides nahm in der Folge beachtlich zu. Die Terrassen boten außerdem den Vorteil, dass sie die Erosion an den meist sehr steilen Hängen begrenzten und die in der Regenzeit häufigen Erdrutsche minimierten.

Kokabeutel
Eine ebenfalls im alten Peru hoch geschätzte Pflanze war der im Tiefland heimische Kokastrauch, dessen Blätter als Genussmittel gekaut wurden.

Die einzeln oder beieinander stehenden Häuser eines Weilers oder Dorfes waren im Allgemeinen auf felsigem oder unfruchtbarem Untergrund gebaut, um den landwirtschaftlich nutzbaren Boden nicht zu verschwenden. Sie lagen vornehmlich an Berghängen auf halber Strecke zwischen dem Talboden mit seinem warmen oder milden Klima und den Weideflächen der Gipfelregion. Dank dieser Mittellage konnten die Indianer Sorten anbauen, die sich für verschiedene Klimata eigneten. So waren sie in der Lage, ihre Nahrung abzuwechseln, und liefen auch nicht Gefahr, ihre gesamte Ernte zu verlieren, wenn sich in einem Gebiet eine Katastrophe ereignete.

Mehrere eng miteinander verwandte und der Autorität eines Ältesten unterstellte Haushalte wohnten in benachbarten Hütten, die um eine Art Hof verteilt waren. Form und Bauweise der Wohnungen unterschieden sich von Region zu Region. In den Tälern der Zentralanden, wo die Hütten eine rechteckige Form hatten, wurden sie aus Lehmziegeln, Grassoden oder Trockenmauern gebaut und mit Stroh gedeckt. Im Innern dienten einige Nischen als Schränke, denn es gab fast keine Möbel. Die Indianer schliefen in eine dicke Wolldecke gewickelt auf dem Boden. Die Meerschweinchen, die sie als Haustiere hielten, liefen in den Räumen frei herum oder waren in nicht sehr tiefen Gruben eingesperrt. In der Nähe des Hauses hielt man in einer Einfriedung einige Lamas, die man den Familien zugestand.

EIN BUNTES ÖKOSYSTEM AUF ENGEM RAUM

Die verschiedenen Ökosysteme liegen in den Anden häufig nahe beieinander. Es dauert nur eine bis maximal zehn Tagesreisen zu Fuß, um von einem beliebigen Tal in den Anden entweder in die Schwemmlandebene des Amazonas oder an die Westküste zu gelangen, und man braucht nur ein paar Stunden, um aus den 4000 m hoch gelegenen Steppen, wo Viehzucht betrieben und Knollenpflanzen angebaut werden, in die bewässerten Täler zu wandern, in denen der Mais gedeiht. Aufgrund der guten Erreichbarkeit verschiedener Wirtschaftsregionen bestand bei den Bergvölkern die Neigung zur Selbstversorgung. Es war billiger und sicherer, einen eigenen direkten Zugang zu den verschiedenen Höhenstufen zu unterhalten, als sich zum Erwerb von lebensnotwendigen Gütern auf Händler zu verlassen.

Aus diesem Grund waren die Territorien der einzelnen Völker nicht zusammenhängend. Sie bestanden aus einem Kerngebiet, an das mehrere, in verschiedener Höhe gelegene Gebiete assoziiert waren. Wollte man etwa vom Kerngebiet im Tal zu den Viehweiden im Hochland gelangen, musste das Gebiet der Nachbarn durchquert werden, um in die eigenen Enklaven zu gelangen.

Glaube und religiöse Praktiken

Bei einem so tief an die Scholle gebundenen Volk wie den Andenindianern nahm die Religion einen außerordentlich agrarischen Charakter an. Obwohl der Zyklus der Dorffeste wenig bekannt ist, dürfte er sich kaum vom Inka-Kalender unterschieden haben, der ganz genau dem Rhythmus der Jahreszeiten und der landwirtschaftlichen Arbeiten entsprach. Die Staatsreligion war trotz ihres Prunks von den gleichen Beschäftigungen und Wünschen beherrscht wie die der Bauern in den weit entfernt liegenden Dörfern. Es ist sicher kein Zufall, dass die noch heute von den Nachfahren der Inka hauptsächlich angebetete heidnische Gottheit Pachamama ist, die Mutter Erde, die ihren Söhnen die Wohltaten gewährt oder verweigert und über die Herden wacht. Die Glaubensvorstellungen und bäuerlichen religiösen oder magischen Praktiken, die die spanischen Missionare vergeblich auszurotten versuchten, schreiben wir nur der Inka-Kultur zu, weil unser Wissen über diese Epoche nicht hinausgeht. Bestimmt waren sie der Mehrzahl der Andenstaaten und Stämme lange vor der Vereinigung unter einer einzigen Dynastie gemeinsam.

Da die spanischen Priester besonders die Idole, Symbole des Heidentums, verfolgten, sind wir besser über ihren Kult informiert als über andere Aspekte des religiösen Lebens.

Um bei den „Kirchenbesuchern" den Götzendienst auszurotten, verfassten erfahrene Priester kurze, für ihre Novizenkollegien gedachte Abhandlungen. Diese Gelegenheitswerke sowie die Gebete, die den „Volksaberglauben" anprangerten, stecken voller kostbarer Details über die Glaubensvorstellungen und Kulthandlungen, an denen die Dorfbewohner hingen. Die Indianer fassten die Götzen und die Heiligtümer, die sie schützten, unter dem Oberbegriff *huaca* zusammen. Er bezeichnete auch jeden Gegenstand, jedes Phänomen, in dem sie eine übernatürliche Erscheinung sahen. Eine *huaca* konnte ein Berg, eine seltene Pflanze oder auch ein seltenes Tier sein. Ein Kind mit Anomalien, das zum Beispiel mit sechs Fingern an einer Hand geboren wurde, gehörte genauso in die Kategorie der *huaca* wie ein Amulett. Die Bergkristalle, die berühmten Bezoarsteine (Steine, die im Magen von Wiederkäuern gefunden wurden), also letztlich alles, in dem man mehr oder weniger das Vorhandensein geheimnisvoller Kräfte vermutete, war *huaca*. Die ländliche Religion und in vielerlei Hinsicht auch die Inka-Religion waren keineswegs frei von einem plumpen Glauben an die Beseeltheit aller Dinge. Darüber hinaus gaben die Menschen manchmal den übersinnlichen Mächten und Geistern eine menschliche Gestalt. Offensichtlich schrieb man aber weniger der okkulten Form eine Persönlichkeit zu als vielmehr bestimmten Gegenständen.

DIE TERRASSENFELDER VON MORAY
Diese Terrassenfelder in der Nähe von Cuzco liegen in 3600 m Höhe und wurden möglicherweise dazu genutzt, die verschiedenen Pflanzenarten an das Höhenklima zu gewöhnen.

Das Wort *huaca,* das ursprünglich ein Heiligtum bezeichnete, in dem die Fetische verehrt wurden, dehnte man auf Grabmäler und in ihnen enthaltene Gefäße aus. Die Grabräuber, die mit Antiquitäten handeln, nennen sich heute *huaqueros.*

Der Ahnenkult hatte in der Gemeinde eine beträchtliche Bedeutung, da er der Garant des Gruppenzusammenhalts war. Er versinnbildlichte die Bande, die die Familien vereinten; ohne sie wäre die Erinnerung an ihren gemeinsamen Ursprung verloren gegangen. Dieser war ihr *kamak,* ihr Schöpfer, der die in der Gruppe herrschenden Gesetze eingeführt hatte. Man schrieb ihm Besonderheiten in der Kleidung oder den Gebräuchen zu, die eine Gruppe von den anderen unterschieden.

LAMAKOPF MIT GESCHIRR
In vorkolumbischer Zeit war das Lama das einzige Lasttier in den Anden. Diese Inka-Keramik stammt aus Ecuador, wo sich die Inka intensiv um die Zucht dieses Tieres bemühten.

Um den Schöpfermythos von einer einzigen Gottheit, die die gesamte Menschheit schuf, mit dem Glauben an ursprünglich getrennte Staaten oder Sippen in Einklang zu bringen, stellten sich die Indianer vor, der Schöpfer Viracocha habe die Ahnherren aller Völker auf die Erde geschickt, als sein Werk vollendet war. Diese tauchten – je nach Überlieferung – aus einer Grotte, einem Berg, einem See oder einem Baum auf. „Weil sie aus diesen Orten hervorgegangen waren und sich dort vermehrt hatten, machten die Indianer die Orte zu ihren *huaca* oder Heiligtümern als Erinnerung an den ersten Menschen ihrer Sippe, der dort erschienen war.“ Die *pakarina* – das Ahnenbild des Stammes, Gottheit – umfasste nicht nur den mythischen Ahnherrn, sondern auch den Ort seiner Erscheinung und den Platz, an dem er in einen Stein verwandelt wurde. Seine Nachfahren kamen dorthin, um Opfer darzubringen und ihre Kräfte durch den Kontakt mit den wohltuenden Ausstrahlungen zu erneuern, die diesen Stätten oder privilegierten Objekten entströmten.

Man gab dem Felsen, der den menschlichen oder tierischen Ahnen der Gemeinde symbolisierte, den Namen *markayok,* den die Spanier mit „Patron oder Verteidiger“ des Dorfes übersetzten. Wenn der Fetisch ein transportabler Stein war, gehörte er dem Oberhaupt der Sippe, das ihn bewahrte und an seine Erben weiterreichte.

„Nach dem Stein-Huaca“, schreibt der Priester José de Arriaga, der berühmteste Kämpfer gegen die Götzenanbetung, „waren die wichtigsten Gegenstände der Verehrung

MULLU, DIE NAHRUNG DER GÖTTER

Für die alten Peruaner war nicht Gold das wertvollste Gut, sondern die rosa gefärbte Schale der *Spondylus*-Muschel *(Mullu)* aus den äquatorialen Meeresgewässern. Sie glaubten, dass sich die unterirdischen Götter hauptsächlich von dieser Muschelschale ernährten und dass sie als Dank dafür großzügig Wasser fließen ließen, das wiederum die Inka zur Bewässerung ihrer Felder benötigten. Die *Spondylus*-Muschel lebt in den warmen Gewässern des Golfes von Guayaquil im heutigen Ecuador. Die warme Meeresströmung El Niño, die sich alle 10–15 Jahre südwärts verlagert, strömt an diesem Küstenabschnitt vorbei und bringt den so wichtigen Regen an die wüstenhaft-trockene Küste von Peru. Die alten Peruaner beobachteten, dass die *Spondylus*-Muscheln mit der Strömung nach Süden wanderten, und brachten sie mit den warmen unterirdischen Gewässern in Verbindung, deren Ströme von den Göttern gelenkt wurden.

Seit den Anfängen der Landwirtschaft waren die *Spondylus*-Muscheln Gegenstand eines regen Handelsverkehrs im gesamten Andengebiet. Lange Zeit war man der Meinung gewesen, dass die Handelswege entlang der peruanischen Küste über das Meer verliefen. Heute weiß man jedoch, dass der aus der Antarktis kommende Humboldtstrom jegliche Schifffahrt vom Golf von Guayaquil in Richtung Süden unmöglich gemacht hatte. Aus diesem Grund müssen die Muscheln auf dem Landweg transportiert worden sein.

Lange Zeit kontrollierte das Volk der Cañari im Süden Ecuadors die Ausfuhr der *Spondylus*-Muscheln nach Peru. Die Kontrolle über diese Muschelart war vermutlich von so großer Bedeutung, dass der Inka-Herrscher Huayna Cápac nach dem Sieg über die Cañari seinen Regierungssitz in deren Hauptstadt Tumibamba verlegte und die letzten 20 Jahre seiner Herrschaft dort verbrachte.

und Anbetung die *malquis,* mumifizierte Überreste ihrer heidnischen Ahnen, von denen gesagt wurde, sie seien Söhne der *huaca.* Sie bewahrten sie an abgelegenen Orten auf, in *machay,* die ihre ältesten Grabmäler sind. Manchmal bedecken sie sie mit kostbaren Gewändern oder verschiedenfarbigen Federn oder edlen, *cumbi* genannten Stoffen." Da der durch einen Felsen oder Stein symbolisierte Ahnenmythos häufig mit dem Kult um diese menschlichen Überreste verwechselt wurde, „hatten die Besucher Anweisung, sich zu informieren, ob der verehrte Ahnherr ein Stein oder ein Leichnam war".

Die Toten wurden in Höhlen, unterirdischen Grabkammern oder turmartigen Häuschen aus Stein und Lehm in Hockstellung beigesetzt. Verwandte, die um Rat und Hilfe baten, brachten ihnen Geschenke und Opfergaben. Die Indianer gehorchten mit größtem Widerwillen, um nicht zu sagen, mit größtem Entsetzen den katholischen Priestern, die verlangten, ihre Toten auf geheiligten Friedhöfen zu begraben. In ihrer Verzweiflung gruben sie die Leichname in der Nacht wieder aus und brachten sie in ihre alten Grabmäler. Den Jesuitenpatern, die sie fragten, warum sie das taten, antworteten sie: „Aus Mitleid und Erbarmen mit unseren Toten, damit ihnen das Gewicht der Erdklumpen keinen Schmerz zufügt."

Jede Familie besaß Amulette, die je nach den Regionen *conopa* oder *chanca* genannt wurden. Sie waren ebenfalls *huaca.* Es gab sie in vielen Arten. Die verbreitetsten bestanden aus farbigen Steinen oder sahen ungewöhnlich aus. Sie sollten den Wohlstand der Familie sichern und Unglück und Krankheit von den Mitgliedern fernhalten. Bestimmte Steine, denen der Zufall die Form eines gezähmten Tieres oder einer angebauten Pflanze gegeben hatte, wurden gesammelt und zu Hütern der Herden oder der Ernten ernannt. Diese zufällige Ähnlichkeit wurde manchmal durch geschickte Bearbeitung perfektioniert.

Der Talisman wurde so zu einem Kunstobjekt. Vielleicht sollte man zu den *conopa* auch die Figürchen hinzufügen, die ein Lama mit einer tiefen Höhlung im Rücken darstellen und im ganzen Gebiet des alten Reiches gefunden wurden. In Analogie zu einem heute noch beobachteten Brauch nimmt man an, dass diese Objekte, die Opfergaben enthielten, auf den Weiden vergraben wurden, um von der Erdmutter Pachamama die Vermehrung der Herden zu erwirken.

Zweifellos bestand eine Verbindung zwischen den Maiskolben aus Stein, die in sehr großer Zahl in den archäologischen Sammlungen zu finden sind, und dem Kult der Saramama, der Maismutter. In Europa galt die zuletzt geerntete Garbe als Zuflucht des in den Feldern lebenden Korngeistes vor den Sicheln. Wer diese Garbe nach Hause brachte, sicherte sich Fruchtbarkeit und Wohlstand für das kommende Jahr. In Peru symbolisierte den Maisgeist ein sehr großer oder ein Zwillings-Maiskolben, den man in einer Miniaturkornkammer bis zur nächsten Ernte sorgfältig aufbewahrte.

Die *conopa,* die eine Gemeinde schützten, waren an einem geheimen Ort, etwa in einem Felsspalt, versteckt. An bestimmten Tagen holten die Indianer sie aus ihrem Versteck heraus, um ihnen Muschelpulver, Ocker, Gold- oder Silberstückchen, Koka und andere magisch wirkungsvolle Substanzen zu opfern. Sie verbrannten ihnen zu Ehren aromatische Pflanzen, badeten sie im Blut der Opfer und richteten inbrünstige Gebete an sie.

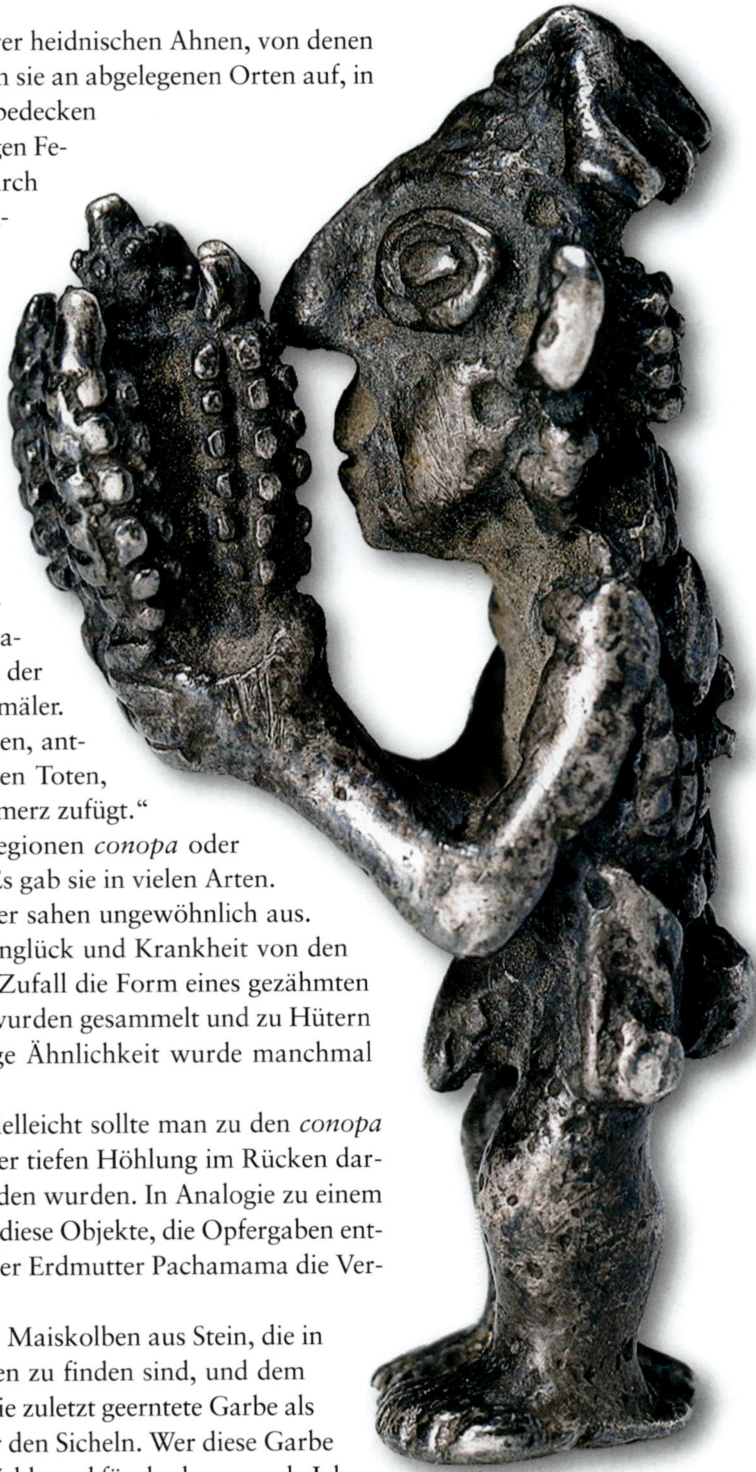

INKA MIT MAISKOLBEN
Dank der Bewässerungstechnik besaß der Inka größere Maisanbauflächen, die von seinen Untertanen bewirtschaftet wurden.

Die Indianer hielten auch die Steinhügel *(apacheta)* für *huaca*. Noch heute sieht man sie auf den Passhöhen oder entlang den Straßen an Stellen, an denen Reisende gewöhnlich rasteten. Die Indianer legten jedesmal einen Stein hinzu, den sie manchmal beim Erklimmen des Kamms auf ihrem Rücken trugen. Als Zeichen der Dankbarkeit rissen sie sich die Augenbrauen aus, die sie in die Luft bliesen, oder legten als Geschenk ihren Kokapfriem nieder. Sie schenkten ihnen auch „kleine Holzpflöcke, Stroh, eine alte Sandale oder ein Tuch. Diese Steine und Objekte bildeten schließlich hohe Hügel, auf die die Spanier eiligst ihre Kreuze pflanzten". Die Indianer, nach dieser Praxis befragt, antworteten, sie würden so „Luft holen und die Müdigkeit abschütteln". Andere gaben vor, wenn sie die *apacheta* nicht beachteten, würden sie bei der Rückkehr nicht mehr durchgelassen.

In den Dörfern waren die Priester häufig Gemeindemitglieder, die wegen ihres hohen Alters nicht mehr auf dem Feld arbeiteten, sich aber durch ihre Kenntnisse der Riten und Traditionen noch nützlich machten. Sie lebten von den Feldfrüchten, die man den Göttern weihte. Die Wahrsager, deren Aufgaben sich mit denen der Priester und der Heilkundigen vermischten, waren immer Menschen, die vom Blitz getroffen worden waren und aus diesem Grund von Illapa, dem Donner oder Wettergott, erwählt worden waren. Sie sagten die Zukunft voraus, pflegten die Kranken und leiteten Privatzeremonien. Sie wurden auch befragt, wenn ein Dieb überführt und mit einem Zauberspruch bestraft werden sollte.

OLLANTAYTAMBO
Diese eng an die Felsen geschmiegte Inka-Stadt versperrte den Durchgang durch das Tal des Vilcanota genau an der Stelle, wo der Fluss in das östliche Schwemmland eintritt. Möglicherweise diente sie der Verteidigung des Tales gegen aus dem Tiefland eindringende Völker.

Neben den durch Fetische dargestellten Schutzgöttern existierte eine Menge böser Geister und übernatürlicher Ungeheuer, deren Andenken noch in der modernen Folklore zu finden ist. Bereits im 6. Jh. spielte man auf die *hapiñuñu* an, Frauen, die mit ihren hängenden Brüsten einsame Reisende fingen, um sie zu verschlingen. Auch munkelte man über fliegende Köpfe, die ihre Zähne in den Nacken ihres Opfers schlugen, oder den *anchanchu*, der sich am Fett der Menschen vollfraß, die er in der Nacht überraschte.

Die Seelen der Toten, so glaubte man, entfernten sich ungern von den Orten, die ihnen vertraut waren. Aus Eifersucht oder Furcht vor der Einsamkeit versuchten sie die Seele eines Verwandten mitzunehmen; man streute auch eine Aschenschicht um das Haus, wo sich die Fußspuren derjenigen abzeichneten, die die Toten mitnehmen wollten.

Kapitel 5

Die Inka-Kaste

An der Spitze des Reiches stand der Sapa Inka, das Staatsoberhaupt, das direkt von Inti, dem Sonnengott, abstammte und an seiner Göttlichkeit teilhatte. Die spanischen Chronisten priesen um die Wette den Prunk seines Hofes, den Respekt, mit dem er umgeben war, und den Stolz, der ihn beseelte. Ergreifender sind jedoch die Beobachtungen, die einige Spanier in Begleitung von Hernando de Soto und Hernando Pizarro machten, als sie sich als Gesandte zu Atahualpa begaben, der auf der Ebene von Cajamarca sein Lager aufgeschlagen hatte. Sie waren zugleich die ersten und die letzten Europäer, die den Inka in seiner ganzen Machtfülle als unbestrittenen Herrscher eines gewaltigen Reiches sahen. Am nächsten Tag war der Monarch nur noch ein gedemütigter Gefangener und froh, in Gefangenschaft geraten zu sein.

Die Größe des Inka

Atahualpa hatte sein Quartier in der Nähe von Schwefelquellen aufgeschlagen. Daneben stand ein Gebäude, das ihm als Residenz diente. Dort befand sich auch ein Becken, das durch zwei Rohre mit warmem und kaltem Wasser gespeist wurde. Er badete gern in Begleitung der Frauen seines Harems. Als die Spanier vor Atahualpa traten, saß er auf einem niedrigen Holzschemel unter einer Empore. Auf seiner Stirn prangte die *mascapaicha,* eine purpurrote Quaste, die mit Goldröhrchen an einem bunten Band befestigt war und ihren Träger als Herrscher auswies. Atahualpa war von Frauen und einer großen Zahl Würdenträger umringt, die alle den ihrem Rang gebührenden Platz einnahmen. Zwei Frauen hatten vor dem Herrscher ein Stück Stoff gespannt, durch den er sehen konnte, aber nicht gesehen wurde, „entsprechend dem Brauch dieser Herren, ihren Vasallen nur selten einen Blick auf ihr Antlitz zu gestatten". Als Hernando de Soto verlangte, den Schleier wegzunehmen, sah Atahualpa ihn nicht an, und es antwortete nur ein Stellvertreter in dessen Namen. Er redete Hernando Pizarro erst direkt an, als er erfahren hatte, dass dieser der Bruder des *apo*, des Häuptlings der Fremden, war.

Der Inka war derartig auf seine Würde bedacht, dass er mit keiner Wimper zuckte, als Hernando de Soto sein Reitpferd so dicht vor ihm tänzeln ließ, dass Atahualpas Kleidung mit Geifer beschmutzt wurde. Alle Soldaten der Leibwache, die im Angesicht des unbekannten Ungeheuers, das auf sie zukam, eine ängstliche Regung nicht bezwingen konnten, wurden zusammen mit ihren Familien am Abend hingerichtet. Am Ende des Treffens ließ sich Atahualpa in zwei Goldgefäßen *chicha* servieren, reichte eins Hernando Pizarro und leerte das andere selbst. Er wiederholte die Prozedur mit Soto, benutzte dabei aber Silberbecher.

Am frühen Nachmittag des nächsten Tages zog er mit großem Prunk auf die Stadt Cajamarca zu. „Als erstes erschien ein Bataillon Indianer in Livree mit verschiedenfarbig kariertem Stoff. Ihnen folgten Indianer, die alle Strohhalme auflasen und die Straße fegten. Dann kamen drei unterschiedlich gekleidete Bataillone, die tanzten und sangen.

Inka-Frau
Diese Goldfigurine stellt eine Inka-Frau dar. Sie trägt die typische Kopfbedeckung (ñañaca), *ein dreifach gefaltetes Tuch, das den Kopf und den Nacken bedeckte.*

Schließlich erschien eine Anzahl von Männern in Rüstungen, großen Metallschilden, Gold- und Silberkronen. In ihrer Mitte sah man hoch über den Köpfen der Leibwache Atahualpas prachtvolle mit Papageienfedern und Gold und Silber geschmückte Sänfte auf dem großen Stadtplatz erscheinen. Dicht hinter ihm schritten zwei Kaziken und schließlich hohe Persönlichkeiten mit Gold- und Silberkronen, gleichfalls in Sänften getragen", heißt es in der Schilderung von Pedro Pizzaro. „Sie waren", schrieb Estete, ein anderer Augenzeuge dieser Szene, „mit so viel Gold- und Silberscheiben bedeckt, dass es wunderbar anzusehen war, wie sie in der Sonne leuchteten ..."

KÖNIGLICHE SÄNFTE DES INKA-HERRSCHERS
Im alten Peru war es das Privileg der Herrscher, in der Sänfte getragen zu werden. Auf diesem bemalten Holzbecher aus der Kolonialzeit hält der Inka sein Zepter in der Hand.

Dieses großartige Schauspiel war nicht aufgeführt worden, um den Spaniern einen vorteilhaften Eindruck von der Macht und Größe des Inka zu zeigen. Wir wissen aus anderen Quellen, dass sich die Inka-Herrscher nur mit großem Prunk in einer Sänfte vorwärts bewegten, deren Holme mit Gold und Silber verziert waren. Sie wurde „überragt von zwei mit Edelsteinen besetzten Goldbogen, die einen schweren Behang trugen, der den Herrscher dem Blick der Menge entzog". Bogenschützen, Hellebardiere scharten sich um die Sänfte; vor und hinter ihnen hielt sich eine ganze Armee. Kuriere kündigten das Nahen des Herrschers an, und die Menge, die sich am Weg drängte, rief: „Höchster und mächtigster Herr, Sohn der Sonne, einziger Herrscher, die ganze Welt möge Dir gehorchen!" Der Chronist Pedro de Cieza de Léon, dem wir diese Einzelheiten verdanken, bemerkt, „es fehlte wenig, und man hätte ihn wie einen Gott angebetet".

Der heilige Charakter der Person des Inka drückte sich in den Huldigungen aus, die ihm zuteil wurden. Die Indianer hoben zuerst ihr Gesicht und ihre Hände zur Sonne und dann zum Inka, dabei sagten sie, wie Juan de Betanzos überliefert: „Sohn der Sonne, Wohltäter und Freund der Armen." Sie legten ihm Geschenke zu Füßen und opferten ihm sogar Lamas.

Im Lauf der zehnmonatigen Gefangenschaft Atahualpas in Cajamarca hatten die Konquistadoren häufig die Gelegenheit, die Regeln der Etikette zu beobachten, die dem Inka treu gebliebene Frauen und Kurtisanen einhielten. Obwohl Atahualpa entthront und gedemütigt war, flößte er einen Respekt ein, der fast an Furcht grenzte. Der Kazike der Huayla erhielt „vom Inka einst die Erlaubnis, innerhalb einer gewissen Zeit seine Güter zu besuchen und wieder zurückzukehren. Er blieb länger fort als ausbedungen. Als er zurückkam – ich war zugegen – und dem Inka eine Früchtegabe überreichen wollte, begann er so heftig zu zittern, dass er sich nicht mehr auf den Füßen halten konnte ...", berichtet Pedro Pizarro. Als Atahualpa das sah, „hob er den Kopf, lächelte ihm zu und gab das Zeichen, dass er sich entfernen könne".

Die Frauen seines Harems dienten ihm abwechselnd jeweils acht oder zehn Tage lang. Jede nahm ihre Aufgaben mit den Dienerinnen, „den Töchtern des Herrn“, auf. Nur sie hatten ständigen Zugang zum Herrscher. Die Adligen und Kaziken hielten sich bei Hof auf, warteten aber, bis sie gerufen wurden. Sie näherten sich dem Herrscher barfuß und mit einer Last auf dem Rücken. Sogar Challicuchima, der erfolgreichste General Atahualpas, hielt sich daran, „als er sich weinend seinem Herrn zu Füßen warf“.

Beim Essen saß Atahualpa auf einem niedrigen Schemel. Die Speisen standen vor ihm in irdenen, silbernen und goldenen Gefäßen. „Wenn er auf einen Teller zeigte, reichte ihm eine seiner Frauen das gewünschte Gericht und hielt es in Händen, während er aß.“ Sobald sein Gewand auch nur den kleinsten Flecken hatte, ging er in seine Gemächer und zog sich sofort um.

Alles, was der Inka berührte, war tabu. Pedro Pizarro behauptet, Kisten gesehen zu haben, die „alles enthielten, was Atahualpa berührt hatte, und die Kleider, die er weggeworfen hatte. Man sah dort kleine Binsenmatten, die man vor ihm ausbreitete, wenn er aß; die Knochen der Tiere und Vögel, die er abgeknabbert und in der Hand gehalten hatte; Maiskolben, die er weggelegt, kurz, alles, was er berührt hatte.“ Als Pizarro fragte, warum man alle diese Dinge aufbewahrte, antwortete man ihm, „um sie zu verbrennen, denn einmal im Jahr müsse alles, was diese Herren, die Söhne der Sonne, berührt hatten, zu Asche verbrannt und im Wind verstreut werden, damit kein Sterblicher es durch seinen Kontakt entehren könne. Ein Adliger führte die Oberaufsicht über alle Dinge, die die Frauen zusammentrugen.“

Die Kleidung des Inka unterschied sich von der seiner Untertanen nur durch die Feinheit der Stoffe aus Vikunjawolle. Pedro Pizarro erzählt auch, wie Atahualpa in einem frischen Untergewand und einem dunkelbraunen Überwurf zurückkam. Ein Spanier ging zu ihm und befühlte den Mantel, der weicher als Seide war. Schließlich brachte man heraus, dass er aus Fledermausfellen gefertigt war. Als der Spanier fragte, wie man so viele Fledermäuse zusammenbrächte, antwortete Atahualpa: „Diese ‚Hunde‘ aus Túmbez und Puerto Viejo, was hatten sie sonst zu tun, als Tiere für die Kleidung meines Vaters Huayna Cápac zu fangen?“

DAS POLITISCHE SYSTEM: HERRSCHAFT ZWEIER KÖNIGE

Die meisten spanischen Chroniken stellen die Geschichte des Inka-Reiches als die Geschichte zweier aufeinander folgender Dynastien dar. Die erste Dynastie stammte aus Unter-Cuzco, die zweite dagegen aus Ober-Cuzco. Ganz wenige Chroniken, die gleichzeitig die ältesten sind, liefern jedoch eine andere Version, die – wie heute bekannt ist – eher den Tatsachen entspricht. Danach wurden die Inka von zwei Herrschern gleichzeitig regiert, wobei der eine aus Unter- und der andere aus Ober-Cuzco stammte. Die beiden Dynastien, von denen die jüngeren Chroniken erzählen, regierten demnach gleichzeitig, wobei die Herrscher aus Ober-Cuzco eine gewisse Vorrangstellung vor denen aus Unter-Cuzco genossen.

Aus politischen Gründen stützten die Inka in der Kolonialzeit selbst die Version, wonach ihre Herrscher zwei verschiedenen Dynastien angehörten. Die katastrophale wirtschaftliche Situation, in der sie sich Mitte des 16. Jh. befanden, brachte die Inka aus Unter-Cuzco dazu, die aus ihren Reihen hervorgegangenen Herrscher als Monarchen darzustellen, die vor der Dynastie aus Ober-Cuzco an der Macht gewesen waren. Nur so wurden sie von der spanischen Krone mit den Ehrungen ausgestattet, die den Nachfahren echter „Könige“ zustanden.

Das Symbol der Herrscherwürde war die *llautu,* eine Art Krone aus fünf- oder sechsfach um den Kopf geschlungenen, kunstvoll geflochtenen bunten Bändern, von dem eine purpurrote, mit Goldröhrchen befestigte Quaste, die *mascapaicha,* über die linke Braue hing. Außerdem schmückten drei aufrecht stehende Federn des heiligen Coriquenquevogels die *llautu.* In den Ohrläppchen des Inka steckten riesige Goldscheiben. Darüber hinaus trug der Inka eine Goldscheibe auf der Brust und dicke Armbänder. In der Hand hielt er eine mit Zacken besetzte Keule oder eine kurze goldene Hellebarde.

Mumien in der Wüste
Wie alle Völker im alten Peru konservierten auch die Inka ihre Toten sorgfältig und brachten ihnen regelmäßig Opfer dar. An der Küste wurden die Leichen durch die extreme Trockenheit auf natürliche Weise mumifiziert und blieben perfekt erhalten.

Zu den Symbolen des Herrschers gehörte auch ein weißes Lama, *napa* genannt; es soll als erstes Tier nach der Sintflut auf der Erde aufgetaucht sein. Seine Ohren waren goldgeschmückt, und auf seinem Rücken lag eine purpurne Satteldecke. Im April opferte man ihm, gleichzeitig mit dem *sunturpaucar* – der mit Federn geschmückten Holzlanze, eine der herrschaftlichen Insignien – fünfzehn Lamas. Die *chicha* wurde bei einem Zechgelage in Krügen gereicht, die das *napa* im Vorbeigehen umstieß. Zweifellos drückt sich in diesem Fest der den Symbolen der Herrschergewalt verliehene heilige Charakter aus.

Außer den Ehefrauen und Konkubinen (mehr als 700, sagt man) hatte der Inka seine zahlreichen Onkel, Brüder, Cousins und Söhne um sich, ebenso wie die Söhne der Kleinfürsten und Provinzkaziken. Ein Heer von Dienern bediente ihn. Unter den Eingeborenen, die der Vizekönig Francisco de Toledo 1572 befragen ließ, um Informationen über die Herrschaft der Inka zu bekommen, befanden sich die Söhne und Enkel zahlreicher Hofbeamter. Zu ihnen gehörten Kämmerer; Inspekteure der Kleiderkammer, die darüber wachten, dass die Kleidung des Inka instand gehalten wurde; die Bewahrer der Stoffe aus Vikunjawolle; die Salzlieferanten *(cachi-camayoc)*; die Bewahrer der herrschaftlichen Insignien (Keulen und Stirnbänder); Gärtner *(chacra-camayoc)*; Hirten; Bewahrer der staatlichen Speicher; Architekten usw. Dieser Liste muss man die Straßenfeger, Wasserträger, Köche und Kellermeister hinzufügen, die Garcilaso de la Vega erwähnt. Viele dieser Ämter waren erblich. Ein Informant erklärt bei der Befragung für den Vizekönig Francisco de Toledo, „dass sein Vater Kämmerer und Bewahrer der Kleidung Huayna Cápacs gewesen war und seine Vorfahren die des Túpac Yupanqui".

Die herrschaftlichen Sänftenträger, die schnell und gleichmäßigen Schritts liefen, holte man vom Stamm der Lucana. Die Diener am Hof galten als „geschickte und treue Menschen, die für ihre Aufgaben geeignet waren". Die Gemeinden, aus denen sie stammten, waren für ihr Benehmen verantwortlich und mussten jeden von einem Diener begangenen schweren Fehler sühnen. Man beneidete sie um diese Arbeiten, auch wenn sie noch so bescheiden waren, „weil jene, die sie ausführten, die Ehre hatten, sich dem Herrscher zu nähern, und man ihnen nicht nur das Haus des Inka anvertraute, sondern auch seine Person, was sie als den größten Vorzug sahen, den sie erhalten konnten".

Das Erbfolgerecht der Inka

Am Ende der Dynastie wurde das Prinzip der Reinheit des Blutes, das die Inka von ihrem Ahnherrn, der Sonne, übernommen hatten, zu seiner logischen Konsequenz geführt: Der Herrscher konnte nur eine Schwester zur Hauptfrau (*coya*) nehmen, die dieselben Eltern hatte wie er. Diese extremste Endogamie wurde stufenweise eingeführt, denn unter den ersten Herrschern wählten einige ihre Frauen aus anderen Abstammungsgruppen. Nach der offiziellen Mythologie war die erste bekannte Hauptfrau, Mama Ocllo, Tochter der Sonne und deshalb Schwester Manco Cápacs.

Die Begriffe Erstgeborener und Legitimität waren Interpretationen aus spanischer Sicht. Sie verzerren oder verfälschen die Angaben, die wir über das Erbfolgerecht der Inka besitzen. Scheinbar wählten die Herrscher in der ersten Zeit unter den zahlreichen Söhnen ihrer zahlreichen Frauen denjenigen aus, den sie der *mascapaicha* für würdig erachteten. Da alle Söhne des Herrschers prinzipiell die gleichen Rechte hatten, löste die Frage der Thronfolge Intrigen, Rivalitäten und Revolten aus. In der Hoffnung, diese Krisen zu vermeiden, beschränkten sich die späteren Inka-Herrscher bei der Wahl ihres Nachfolgers auf die Söhne der Hauptfrau, die damit die Schwester des alten und die Mutter des neuen Herrschers war. Überdies ließ der Inka den auserwählten Erben, den er für fähig und geeignet hielt, seine Völker zu regieren, an der Macht teilhaben und gestand ihm zu Lebzeiten das Recht zu, ebenfalls die purpurrote Quaste zu tragen.

Aber auch dann war eine Änderung noch möglich. Als etwa Pachacutec Yupanqui erkannte, dass sein ältester Sohn Túpac Amaru, den er eigentlich zu seinem Nachfolger machen wollte, nicht die nötigen Führungsqualitäten hatte, zwang er ihn, zugunsten des jüngsten Sohnes, Túpac Yupanqui, auf den Thron zu verzichten. Dieser hatte sich nämlich als der bessere General erwiesen. Einige Herrscher, die sich weniger um das öffentliche Wohl sorgten, richteten ihre Wahl nach den Wünschen einer Favoritin. Der Inka Viracocha, der seinen Kleinmut bewiesen hatte, als die Chanca in seine Länder eindrangen, verwandte seine ganze Energie darauf, seinen Sohn Urco zum Herrscher zu machen, „weil er dessen Mutter sehr liebte". Die Adligen standen auf der Seite Pachacutec Yupanquis, der die Haupstadt gerettet hatte, indem er die Chanca vernichtete. Als er den gefangenen Häuptlingen befahl, sich vor seinem Vater auf den Boden zu legen, damit der alte Herrscher zum Zeichen des Sieges seinen Fuß auf ihren Nacken stellen konnte, forderte Viracocha in seiner Verbohrtheit, diese Ehre solle Urco zufallen, obwohl der nicht am Feldzug teilgenommen hatte. Auch der Inka Huayna Cápac musste gegen seinen Halbbruder kämpfen, an den sein Vater die Krone weitergeben wollte, obwohl er kein

STATUE EINES INKA
Diese männliche Figur aus Gold stellt ein Mitglied des Volkes der Inka dar. Seine Ohren sind entsprechend dem herrschenden Brauch durch schwere Ohrgehänge geweitet, und er trägt eine Mütze in Form eines stumpfen Kegels.

Sohn der *coya* war. Ein Onkel ließ Huayna Cápac schließlich mit Unterstützung des Inka-Adels zum Herrscher proklamieren. Der Erbfolgekrieg zwischen Huáscar und Atahualpa zum Zeitpunkt der Ankunft der Spanier war verheerend. Die durch die Rivalität zwischen den beiden Brüdern entstandene Rachsucht war so groß, dass sich einige Adlige, die Huáscar unterstützt hatten, lieber mit den Spaniern verbündeten, als gemeinsam mit den Mitgliedern der verfeindeten Fraktion gegen die Fremden zu kämpfen.

Die Erziehung der jungen Adligen und Söhne der *curaca* wurde den *amautas*, „Männer von Geist oder solche, die man dafür hielt", übertragen. „Die Aufgabe dieser *amautas* war, sie in den Zeremonien und Geboten ihrer Religion zu unterweisen; ihnen den Grund und den Sinn ihrer Gesetze mitzuteilen; sie in der Politik und der Miliz zu unterrichten; ihre Sitten zu verfeinern; ihnen die Geschichte und Chronologie mithilfe von Knoten beizubringen; sie eine elegante Sprache zu lehren und schließlich nichts zu unterlassen, was notwendig war, um ihre Kinder zu erziehen und ihre Familien zu leiten." Es ist bedeutsam, dass nur Blas Valera und Morua, zwei spätere Autoren, die Palastschulen erwähnen. Haben sie vielleicht in europäischen Begriffen über eine Erziehung gesprochen, deren Grundlagen das Vorbild der Ahnen und die Weitergabe mündlicher Überlieferungen und Riten an die waren, die eine Rolle in der Religion oder Verwaltung spielen sollten?

Der mutmaßliche Erbe wurde in seine Pflichten eingeführt, indem er seinen Vater beobachtete und schrittweise militärische oder religiöse Aufgaben übernahm. Wenn er der Regierung beitrat, wurden ihm wichtige Aufgaben wie die Leitung militärischer Operationen oder die Verwaltung einer Provinz übergeben.

Der Tod des Herrschers

Um Unruhen zu verhindern, die der Tod eines Herrschers auslösen konnte, versteckte man den Regenten, sobald seine Gesundheit zur Sorge Anlass gab, an einem fern gelegenen Ort, zu dem nur die engsten Vertrauten Zugang hatten. Während der Dauer der Krankheit verbreiteten die Staatsbeamten beruhigende Nachrichten und zeigten den größten Optimismus. Den Tod des Herrschers hielt man einen Monat lang geheim. Er wurde erst bekannt gegeben, wenn alle Provinzstatthalter benachrichtigt und Maßnahmen getroffen waren, dass die Machtübergabe friedlich verlief. Trotzdem bestieg der neue Inka nur selten den Thron, ohne gegen einen seiner Brüder mit Unterstützung der Familie mütterlicherseits gekämpft zu haben. Der Adel, der dem Willen seines Oberhauptes vollständig unterworfen war, spielte in diesem Interregnum eine wichtige politische Rolle und beeinflusste durch die Parteinahme für einen der Thronprätendenten das Schicksal des Reiches.

Für die würdige Bestattung des Sapa Inka war seine Abstammungsgruppe verantwortlich. Eine Anzahl von Frauen und Dienern folgte dem Toten ins Grab, sei es, dass sie sich freiwillig opferten, sei es, dass sie dazu gezwungen wurden. Im Lauf der Begräbniszeremonie und der Tänze wurden die für den Verstorbenen auserkorenen Opfer mit *chicha* betrunken gemacht und erdrosselt. Als die Spanier den Totengottesdienst für Atahualpa feierten, den sie auf dem Platz von Cajamarca erwürgt hatten, wurde er von Schreien seiner Frauen unterbrochen, die ungestüm in die Kapelle eindrangen, um sich auf dem Leichnam ihres Ehemanns zu töten. Trotz aller Bemühungen der Spanier, sie von diesem „schrecklichen Entschluss" abzubringen, töteten sich am selben Abend mehrere.

Die Leichname, denen man die Eingeweide nach einem Bauchschnitt entfernt hatte, wurden mit konservierenden Substanzen einbalsamiert und in der Sonne oder auf andere Weise getrocknet. Um diesen Toten ein lebendiges Aussehen zu geben, fertigte man aus dünnen Goldplättchen falsche Augen und steckte Kürbisstücke in ihre Wangen. Sie wurden in prächtige Gewänder gekleidet und in Baumwolltücher gewickelt. Garcilaso de la

Vega hatte 1560 die Gelegenheit, die Mumien von fünf Inka zu sehen, die Polo de Ondegardo nach langem Suchen endlich gefunden hatte. Ihnen fehlte kein Haar, und sie saßen wie die Indianer mit überkreuzten Armen da, den Blick auf den Boden gerichtet. Die Hand Huayna Cápacs, die er berührte, „schien so hart wie Holz". „Im Übrigen", fügte er hinzu, „wogen diese Leichname so wenig, dass der kleinste Indianer einen unter dem Arm oder auf den Schultern tragen konnte." Als diese Leichname durch die Straßen getragen wurden, „fielen alle vor ihnen auf die Knie und beteten sie mit Tränen in den Augen an. Sogar die Spanier nahmen den Hut ab, weil diese zu ihren Lebzeiten einen Herrschertitel getragen hatten. Darüber freuten sich die Indianer unglaublich."

Die Mumie jedes Inka wurde in dem Palast aufbewahrt, den er erbaut hatte. Einige Chronisten behaupten, die Leichname der Herrscher seien auf Sitzen in der großen Halle des Sonnentempels ausgestellt worden. „Indianer wurden von den Feldern und Herden geholt und dem Dienst des verstorbenen Herrschers zugewiesen. Es war die Pflicht der *panaca,* der Sippe eines Herrschers, über den Leichnam zu wachen und den Kult zu versehen. Von den mit der vergöttlichten Person verbundenen Dienern erwartete man, dass sie ihren Willen deuteten ... Manchmal entschieden sie, dass die Mumien trinken oder essen wollten, andere Male, dass sie andere Tote besuchen wollten. Bei jeder dieser Gelegenheiten veranstaltete man ein Fest. Die toten Inka gingen auch hinaus und besuchten Lebende in ihrem Haus."

Die Gebiete, die verstorbenen Herrschern gehörten, waren groß. So beschloss Huáscar zu Beginn seiner kurzen Regierung, ihnen das Land wegzunehmen, damit die Toten den Lebenden nicht mehr zu viel Boden entzogen. Diese kluge Maßnahme brachte ihm die Feindschaft der Herrscherfamilien ein, die aus diesem Besitz Gewinn einstrichen.

Der Inka war zu Lebzeiten eine heilige, halb göttliche Person. Nach seinem Tod wurde er ein Gott und stand fast auf gleicher Stufe mit den höchsten Gottheiten des Reiches: dem Schöpfer, der Sonne, dem Donner und dem Mond. Jedesmal, wenn die Statuen und Symbole der himmlischen Götter auf dem großen Platz in Cuzco aufgestellt wurden, brachte man die Mumien der Inka in ihren Tragsesseln dorthin und setzte sie auf Schemel, die man rund um den Platz nach einer genauen Anordnung verteilt hatte, weil die Herrscher von *Hanan-Cuzco* und *Hurin-Cuzco,* dem oberen bzw. unteren Cuzco, getrennt waren. Jede Mumie war von Priestern, Dienern und Frauen umgeben, die die Fliegen fernzuhalten hatten.

Alle jene, die vom Reichsgründer Manco Cápac abstammten, hatten, gleichgültig in welchem Grad sie mit ihm verwandt waren, das Recht auf den Titel Inka und Anteil an der Autorität und dem Prestige des Herrschers. In der Mitte des 16. Jh. gab es in Cuzco elf Herrscher-*ayllu.* Jede dieser *panaca* hatte als Ahnherrn einen der elf legendären oder historischen Herrscher der Dynastie. Die Sitte verlangte es, dass einer der Söhne des Inka, außer dem künftigen Erben, „Sorge tragen musste für alle anderen Söhne, Verwandten und für diejenigen, die ihn als Oberhaupt für ihre Bedürfnisse anerkannten und seinen Namen annahmen", schreibt Sarmiento. Die Mitglieder jeder Abstammungsgruppe hielten den Kult ihres gemeinsamen Ahnen lebendig und wachten über seine Mumie und die heiligen Objekte, die ihm gehört oder angeblich gehört hatten. Da die Abstammungsgruppen der Inka nicht alle Beamte der Krone stellen konnten, die der Herrscher brauchte, um die immer ausgedehnteren Gebiete zu verwalten, verlieh er den im Vilcanota- und Abancay-Tal angesiedelten *ayllu* den Titel Inka. Diese Gruppen, die infolge von Bündnissen oder Eroberungen schließlich ihr Schicksal mit dem der Inka verschmolzen, wurden „Inka durch Privileg" genannt.

EINE INKA-HERRSCHERIN
Diese Zeichnung aus dem frühen 17. Jh. stellt Raua Ocllo dar, die Hauptfrau des Herrschers Huayna Cápac, der zu Beginn des 16. Jh. regierte. Um die Reinheit des Stammbaums zu bewahren, nahmen die Herrscher jeweils eine ihrer Schwestern zu ihrer ersten Frau.

Diesem Adel stand ein Gutteil der Tribute zu, die die Provinzen nach Cuzco schickten. Der Reichtum, den die Adligen zur Schau stellten und der zur Prachtentfaltung des Hofes beitrug, stammte aus anderen Quellen als die Kleider, der Schmuck und die Frauen, die der Herrscher als Belohnung für einen Dienst oder auch nur aus Freundschaft verteilte. Viele Adlige bekleideten Posten, die sie zu wahren Statthaltern machten, und selbst jene, deren Funktionen nicht so ruhmreich waren, genossen Rechte, die ihnen eine wirtschaftlich privilegierte Lage sicherten. Die Mitglieder der *panaca* durften einige der Insignien des Inka tragen, die sich jedoch durch ein Detail unterschieden; so hatten auch die Ohrscheiben der Adligen einen geringeren Umfang als die des Herrschers und ihre Stirnbänder waren einfarbig, während das Band des Inka vierfarbig war.

Die Initiationsriten

Die jungen Aristokraten mussten sich nach der Pubertät Initiationsriten unterziehen. Das unterschied sie von ihren Untertanen, für die der Übergang von der Kindheit zum Erwachsensein durch keine besondere Zeremonie gekennzeichnet war. Für die Spanier, die immer darauf aus waren, Vergleiche zwischen der Kultur der Inka und der ihren zu ziehen, war diese Initiation identisch mit derjenigen vor der Aufnahme in den Ritterstand in Europa. In gewissem Sinn traf es zu, weil die Zeremonien und Prüfungen in beiden Fällen einem privilegierten Status eine religiöse und soziale Weihe verliehen.

Die Initiation nannte man *huarachicoy,* von *huara,* der Name für das Höschen der Männer, das den Novizen am Ende des rituellen Zyklus feierlich überreicht wurde. Die Initiation bestand aus rein religiösen Handlungen wie Opfern an den *huaca,* Prozessionen und Tänzen vor den Idolen, die mit symbolischen oder magischen Charakterprüfungen einhergingen wie Auspeitschungen, Läufen und Beweisen von Mut und Ausdauer. Bei den *huarachicoy* handelt es sich um sehr alte Zeremonien. In Struktur und Charakter ähneln sie den Initiationsriten einiger Stämme Brasiliens wie den Apinayés, Cayapos, Sherentes, die ihren Jünglingen am Übergang von einer Altersklasse zur nächsten auferlegt wurden.

Die Novizen mussten sich in einer kurzen Phase der Zurückgezogenheit die Reden von alten Kriegern anhören, die ihnen die Heldentaten ihrer Vorfahren erzählten und sie aufforderten, ihnen nachzueifern. Wenn die Jünglinge als Höhepunkt der Initiation den heiligen Berg erklommen, auf dem sich die *huaca* des *Huanacauri,* des Schutzgeistes, erhob, lief ihnen das weiße Lama voraus, das Maskottchen des Reiches. Außerdem wurden die Insignien der herrschaftlichen Macht vorangetragen: das Banner und der *sunturpaucar,* die mit Federn geschmückte Holzlanze. Die Wedel, mit denen sie ausgepeitscht wurden, symbolisierten jene, die die Ahnen in der Hand hielten, als sie aus den Höhlen hervorgekommen waren. Die ehrwürdigsten Familienmitglieder ermahnten sie wiederholt, „sich beim Dienst für den Inka unter Androhung einer Strafe nicht nachlässig zu zeigen“. Sie erklärten ihnen „die weit zurückliegenden Ursprünge der Zeremonie“ und erinnerten sie an die „siegreichen und guten Taten der Inka und ihrer Ahnen“.

Nach der Übergabe der Waffen von ihrem „Hauptonkel“ und einem letzten Schlag befahlen die Eltern den Jünglingen, „sich tapfer und loyal gegenüber dem Inka zu zeigen und die Götter zu ehren“.

Die Initiation endete mit dem Durchstechen der Ohrläppchen, zumindest in einigen Fällen durch den Inka selbst, der sich kleiner Goldstifte bediente, die im Loch blieben. Indem sie immer größere Pflöcke einführten, erweiterten die „Ritter“ das Loch, bis sie die Ohrscheiben tragen konnten, die ihnen von den Spaniern den Spitznamen *Orejones,* Großohren, einbrachten.

Kapitel 6

Die Organisation des Reiches

Maisbieramphore
Die Inka ließen diese Gefäße, deren Form und Dekor standardisiert waren, im ganzen Reich herstellen. In diesen Spitzamphoren wurde das Maisbier gelagert und transportiert, mit dem die Arbeiter versorgt wurden, die ihren Frondienst für den Inka leisteten.

Der Mythos vom großen sozialistischen Staat der Inka entspringt einer nur flüchtigen Kenntnis seiner Institutionen. Besonders die Eigentumsgemeinschaft sowie die Pflichten gegenüber dem Staatsoberhaupt wurden nach einer europäischen Terminologie und Begriffen interpretiert, die nur sehr unvollkommen auf eine Kultur passen, die zwar komplex und raffiniert, in vieler Hinsicht aber archaisch war.

Das wirtschaftliche und soziale System der Inka, wie es Garcilaso de la Vega und andere beschrieben, die sich von ihm inspirieren ließen, ist von einer erhabenen und schönen Einfachheit: Die Herrscher des alten Peru, denen Gerechtigkeit und Wohlstand in ihrem Reich am Herzen lagen, gingen nach der Eroberung einer Provinz folgendermaßen vor: „Sie teilten das Land in drei Teile, den ersten für die Sonne, den zweiten für den Inka, den dritten für das Volk." Die Felder des Sonnengottes wurden für die Bedürfnisse des Kults bestellt, und die Produkte dienten dem Unterhalt einer vielköpfigen Priesterschaft. Die Domäne des Inka, die zugunsten der Regierung bewirtschaftet wurde, stellte auch eine Art Hilfskasse dar, wenn eine Provinz von einer Katastrophe betroffen wurde. Schließlich wurde das letzte Drittel des Ackerlands jährlich in gleich große Parzellen aufgeteilt und unter den Familien der Gemeinde proportional zu ihren Mitgliedern verteilt. Der Privatbesitz beschränkte sich auf eine Hütte, eine eingezäunte Weide, einige Haustiere und bewegliche Habe wie Kleider und Werkzeuge. Alles andere gehörte dem Inka. Die Einwohner des Reiches arbeiteten für den Herrscher, der ihnen dafür die freie Aufteilung des Gemeindelands gestattete und die Früchte ihrer Arbeit gerecht verteilte. Wenn die wirtschaftliche Struktur des Staates tatsächlich so gewesen

FRONDIENST FÜR DEN STAAT

Nachdem die Inka ein Gebiet erobert hatten, richteten sie dort staatliche Ländereien ein. Dazu konfiszierten sie entweder die Ländereien der lokal ansässigen Aristokratie oder sie machten Boden urbar, der aufgrund von Kriegen oder mangelnder Bewässerung brachgelegen hatte. In den eroberten Gebieten mussten die Menschen in regelmäßigem Turnus Arbeitsleistungen für den Inka-Herrscher erbringen. Sie bewirtschafteten seine Felder, versorgten seine Herden, bauten Straßen, Gebäude und Kanäle oder legten Terrassen für neue Felder an. Dieser Arbeitsdienst nannte sich *mita*, die Arbeitsdienst Leistenden wurden als *mitayos* bezeichnet.

Jeder *mitayo* wurde vom Staat mit Nahrung und Getränken versorgt, und man leistete die gemeinschaftliche Arbeit in festlicher Stimmung. Selbst die Armee gründete sich teilweise auf das System des *mita*, denn auch der Militärdienst zählte zu den Arbeitsleistungen. Als der Herrscher Manco Cápac 1536 Cuzco belagerte, verließen seine „Soldaten" nach vier Monaten ihre Posten und gaben die Belagerung auf, um sich wieder der Arbeit auf ihren Feldern zu widmen.

DAS TAL DES VILCANOTA
Dieses für den Maisanbau genutzte Tal war das wirtschaftliche Herz der Region um Cuzco. Die Ländereien in diesem Gebiet gehörten zum größten Teil zum Eigentum hoch gestellter Persönlichkeiten in der Aristokratie der Inka.

wäre, könnte man mit Recht von einem auf einen agrarischen Kollektivismus aufgepfropften Staatssozialismus sprechen. Aber war es wirklich so?

Tatsächlich verband das Inka-Reich einen höchst absolutistischen Despotismus mit der Toleranz gegenüber der sozialen und politischen Ordnung der unterworfenen Völker. Der Inka herrschte uneingeschränkt, aber sein Wille wurde dem Volk von lokalen Häuptlingen mitgeteilt, deren Autorität und Privilegien sogar gestärkt wurden.

Die eigentümlichsten Aspekte der Inka-Kultur – die Dreiteilung des Bodens, die Konvente der „Sonnenjungfrauen", die staatlichen Speicher, die Statistiken, das Straßennetz – spiegeln eine besondere Konzeption der Pflichten der Untertanen gegenüber dem Souverän und einen geschickten Einsatz von Menschen und Gütern. Sie ermöglichte ihnen knapp ein Jahrhundert lang eine extrem imperialistische Politik.

Die Inka-Gesellschaft kannte keine Sklaverei, zumindest nicht im üblichen Wortsinn. Erst sehr spät setzten der Herrscher und seine Statthalter auf ihren Privatdomänen Bauern ein, die man aus ihren Gemeinden herausgerissen hatte. Der Tribut konnte nicht in Geld bestehen, weil es keines gab. Gold und Silber wurden nur als Material für Verzierungen und rituelle Objekte geschätzt. Die Inka hätten sicher in jedem Dorf einen Teil der Ernte erheben können, aber sie zogen es vor, den kostbarsten Reichtum zu kontrollieren: die Arbeitskraft ihrer Völker. Als Häuptlinge der agrarischen Gemeinden hatten sie das Recht auf Arbeitsleistungen und persönliche Dienste. Als Herren eines großen Reiches behielten sie zu ihrem Nutzen und in großem Umfang das System der Dienstleistungen bei.

Das System des Arbeitsdienstes nahm im Wirtschaftsleben eine derartige Bedeutung an, dass sogar auf dem Höhepunkt des Reiches alle „Tribute", also Steuern, persönlicher Art waren und kein Indianer Vermögenswerte versteuern musste. Arbeitsleistungen waren in der indianischen Mentalität fest verwurzelt, sodass die Spanier erstaunt feststellten, dass die Eingeborenen es vorzogen, sich einem Arbeitsdienst zu unterwerfen, auch wenn er 15 Tage dauerte, „als den Autoritäten einen Scheffel Kartoffeln zu geben".

Sobald man eine Provinz unterworfen hatte, war es die erste vom Inka auferlegte Aufgabe der Beamten, die Ressourcen an Menschen und Angebautem abzuschätzen. Auf der Grundlage der erhaltenen Auskünfte ließ der Inka den Boden abstecken, der in die Domäne des Staates überging, und jenen, dessen Früchte dem Sonnenkult und den offiziellen Hauptgottheiten vorbehalten waren.

Der Grundbesitz

Indem sich die Inka einen Teil des eroberten Territoriums aneigneten, übertrugen sie zwar den bestehenden Grundbesitz, wandelten ihn aber nicht. Sie verwandten ihn zu ihrem Vorteil und dem ihrer Schutzgötter, führten jedoch keine Strukturänderungen durch: Weder verloren die *ayllu* ihre kommunalen Grundstücke – wenn auch ein Teil konfisziert wurde – noch die *curaca* und die *huaca* ihren Besitz. Die Umbildungen, zu denen die Staatsbeamten schritten, hatten die Eingliederung des Inka in jede eroberte Gemeinde zum Ergebnis. Denn die Inka beschieden sich damit, für sich selbst und die Götter die Rechte zu beanspruchen, die von alters her der Sippe der Häuplinge und den Götterbildern der Region zuerkannt worden waren. In diesem Sinn war es weniger die Gemeinde, die sich an eine neue Organisation anpasste. Vielmehr identifizierte sich die Inka-Dynastie in gewisser Weise mit der alten Ordnung und fasste in der Gemeinde Fuß. Das ganze Gewicht der Neuaufteilung von Boden und Arbeitsdiensten wurde auf die Bauern abgewälzt, die neben ihren Pflichten gegenüber ihren Häuptlingen und traditionellen Göttern jetzt die Felder des Inka und der neuen Götter bestellen mussten.

DAS HOCHTAL DES MANTARO

Das Mantaro-Tal in Zentralperu gehört zu den fruchtbarsten Regionen der Anden. Bevor es von den Inka erobert wurde, siedelten dort die Volksgruppen der Xauxa, der Lurinhuanca und der Ananhuanca. Um 1400 zählte die dortige Bevölkerung rund 200 000 Menschen. Obwohl sie durch ihre kulturelle Tradition und eine gemeinsame Sprache (Huanca, eine Variante des Quechua) verbunden waren, bildeten diese Menschen keine politische Einheit. Ihre unaufhörlichen Konflikte erleichterten den Inka die Eroberung des Gebiets um 1460. Die Inka zwangen die Bevölkerung, sich in verstreuten Dörfern tief im Tal niederzulassen. Die althergebrachte Elite behielt ihre Ämter und Vorrechte und wurde in die Verwaltung der Region mit einbezogen.

Die Inka erbauten dort mit der Stadt Hatunxauxa eines der wichtigsten Verwaltungszentren des Reiches. Sie beschlagnahmten alle um die Stadt herum gelegenen Maisanbaugebiete und setzten dort Diener des Inka ein, die auf den staatlichen Bauernhöfen arbeiteten. Der Frieden machte es möglich, in größerer Entfernung zu den befestigten Siedlungen neue Maisanbaugebiete zu erschließen, und die einheimische Bevölkerung erhielt leichteren Zugang zu exotischen Produkten.

Wie viel Boden forderte der Inka für sich und die Sonne im Verhältnis zu der Fläche, die man den Gemeinden überließ? Polo de Ondegardo zufolge, der als Autorität auf diesem Gebiet angesehen wird, nahm sich der Inka den Löwenanteil, achtete aber darauf, dass den Gemeinden genug blieb. Ein kostbares Dokument aus dem 16. Jh. informiert uns, dass jede Gruppe von tausend Hausgemeinschaften im Chincha-Tal, an der Küste Perus, gezwungen war, dem Herrscher in Cuzco ein Gebiet abzutreten, dessen Fläche je nach Bodenqualität variierte, aber etwa sechs Hektar betrug. Allerdings betrafen diese Enteignungen nicht immer bebautes Gebiet. Die Eroberer begnügten sich oft mit Brachland, das sie mittels Bewässerung und Terrassierung ertragreich machten. Schließlich bevorzugten die Inka die Maiskultur auf den bewunderungswürdigen Terrassen, die sie an den Berghängen anlegen ließen.

INKA AUF DER JAGD
Diese beiden Jäger sind mit Pfeil und Bogen sowie einer Schleuder bewaffnet. Auf den bemalten Holzbechern aus der Kolonialzeit stellte man häufig Szenen des ländlichen Lebens in den Anden vor dem Hintergrund einer üppigen Vegetation dar.

Das dem Sonnenkult geweihte Gebiet war verhältnismäßig ausgedehnt, doch reichte seine Fläche nicht an die der Felder des Inka heran. Polo de Ondegardo glaubt nicht, dass es auf der Welt noch eine Nation gäbe, die „so viele Opfer darbringt und diesem Zweck in jedem Dorf so viel Boden zubilligt“. Nicht alle diese „Stücke Land für die Götter“ gehörten jedoch ausschließlich dem Sonnengott. Die Heiligtümer und Lokalgottheiten behielten die Felder, die sie vor der Eroberung besessen hatten.

Auch wenn Boden in Hülle und Fülle vorhanden war, spürten die unterworfenen Völkern diese Konfiszierungen doch schmerzlich. Der Verlust blieb ihnen im Gedächtnis, und nach dem Sturz der Inka forderten sie diesen Boden von den Spaniern zurück.

Es ist wenig wahrscheinlich, dass die Inka in die Gemeindeangelegenheiten eingriffen und versuchten, die Fläche an Boden zu bestimmen, die jeder Familie zukam. Die lokalen Sitten wurden respektiert. Ungeachtet dessen, ob die Parzellen jährlich verteilt wurden oder nicht, berücksichtigte die Gemeinde die Bedürfnisse jeder Familie, „aber sie gab ihr nur das zum Überleben Notwendige, auch wenn verfügbarer Boden vorhanden war“.

Da keine Tagelöhner und Sklaven zur Verfügung standen, wurde die Fläche, die die Familien bebauen konnten, nach ihren Köpfen bemessen. In bestimmten *ayllu* wurden die Parzellen abwechselnd von der gesamten Gemeinde bewirtschaftet, in anderen halfen sich nur die Verwandten untereinander.

Der Grundbesitz im Inka-Reich ist also vom Gegensatz zwischen dem kommunalen Boden und dem des Inka und der Sonne gekennzeichnet, doch war ihm der Privatbesitz nicht fremd. Er entstand aus den Bodenschenkungen des Inka an nahe stehende Adlige oder jene, die sich seinen Gunstbeweis durch Heldentaten im Krieg oder die Durchführung großer Arbeiten von öffentlichem Interesse erworben hatten. Diese Großzügigkeit dehnte sich auf Priester und Konkubinen des Herrschers aus, die in ihr Herkunftsland zurückkehren duften. Die vom Inka zugestandenen Ländereien waren unveräußerlich und nicht abgabepflichtig. Nach dem Tod des Empfängers gingen sie auf die Erben über, die sie gemeinschaftlich bewirtschaften und die Erträge untereinander verteilen mussten. Die Anteile, die jeder Familie zukamen, waren gleichwertig, aber jeder, der nicht an der Saat teilnahm, verlor sein Recht auf die Ernte. Gingen die Schenkungen auf Kosten der Gemeinden oder stammten sie aus der Domäne des Staatsoberhauptes? Diese Frage ist bisher ungelöst. Zweifellos gab es in dieser Sache keine Regel. Die Entscheidungen wurden nach den Umständen und der Lage des verschenkten Bodens getroffen.

Der Adlige oder der Beamte, der Land geschenkt bekommen hatte, verlor deswegen nicht seine Rechte in der Gemeinde seines *ayllu*. Die Gunst des Inka stand also am Anfang eines neuen Eigentumstyps, der zum traditionellen System hinzukam.

Der Besitz des Herrschers

Die Inka besaßen in der Umgebung von Cuzco, besonders im schönen Yucay-Tal, große Privatdomänen. Diese gehörten ihnen sogar nach dem Tod, weil der Ertrag zum Unterhalt der Mumie und der Dienerschaft, die sie pflegte, verwandt wurde. Wir wissen nicht, mit welchen Mitteln es den Inka gelungen ist, sich den fruchtbarsten Boden der Region Cuzco anzueignen. Zweifellos haben sie nicht vor willkürlichen Konfiskationen zurückgeschreckt, wie Pachacutec sie vornahm, als er alle im Umkreis von fünf Wegstunden um die Hauptstadt lebenden Indianer umsiedelte und ihre Felder an die Mitglieder der Herrscherfamilie verteilte.

Die Inka verletzten die territoriale Integrität der Gemeinden nicht nur, indem sie einen Teil des bebaubaren Bodens zu ihren und der Götter Gunsten einzogen, sondern auch weil sie den Boden rebellierender Gemeinden vollständig beschlagnahmten. Mehrere als Bestrafung anzusehende Enteignungen erfolgten unter der Herrschaft des letzten großen Inka-Herrschers Huayna Cápac am Anfang des 16. Jh. Der Boden, der den rechtmäßigen Besitzern weggenommen wurde, kam unter die direkte Kontrolle des Inka oder wurde an seine Günstlinge verteilt.

Hatte der Sapa Inka ein außerordentliches Recht auf allen Boden des Reiches oder nur auf das Brachland, die Weiden und die Wälder? Diese häufig diskutierte Frage könnte angesichts eines Herrschers müßig sein, der über die absolute Macht verfügte und nach seinem Belieben über Leben und Besitz seiner Untertanen entscheiden konnte. Die Gemeinden zogen Nutzen aus ihrem Territorium, sofern sie dabei nicht die Interessen der führenden Klasse beeinträchtigten. Die Gold- und Silberminen sowie die goldhaltigen Flüsse standen sicher dem Inka zu, obwohl einige lokale Häuptlinge oder sogar Gemeinden sie weiterhin zu ihren Gunsten nutzten. Sie mussten jedoch einen Teil des gefundenen Metalls als Tribut nach Cuzco schicken. Auch die Kokaplantagen in den warmen Tälern gehörten dem Inka. Er ließ sie direkt von seinen Leuten kultivieren, die häufig straffällig gewordene Indianer waren, denn die Arbeit in den subtropischen Tälern, die als ungesund galten, wurde einer Strafe gleichgesetzt.

Die Indianer hatten kein Recht, Wild auf ihren Ländereien zu schießen; dieses Vergnügen war dem Inka und seinen Adligen vorbehalten. Von Zeit zu Zeit veranstalteten sie unter Mitwirkung ganzer Bauernarmeen Treibjagden (*chacu*), bei denen tausende von Tieren gefangen und getötet wurden.

Die Inka behielten sich außerdem das Recht auf einen großen Teil der Lama- und Alpakaherden vor, die den eigentlichen Reichtum der Bewohner auf den Hochebenen ausmachten. Nur die dem Sonnenkult geweihten Tiere waren so zahlreich wie die des

GEFÄSS AUS HOLZ
Auf diesem reich dekorierten Gefäß sind unter den Bauernhäusern im oberen Drittel verschiedene Personen abgebildet: Bauern bei der Arbeit, Frauen, die Maisbier ausschenken, ein Mann zwischen zwei Behältnissen und ein Mann mit einem Lama.

Herrschers. Die Hirtengemeinden besaßen nur eine kleine Herde als Eigentum. Was die Familienhäupter betrifft, so hatten sie nur das Recht auf etwa zehn Tiere. Die *curaca* erhielten je nach den für den Inka geleisteten Diensten oder der Gunst, die er ihnen gewährte, eine mehr oder weniger große Zahl von Tieren als Geschenk.

„Die Gemeindeherde wurde zur festgesetzten Zeit geschoren und die Wolle an die Dorfbewohner verteilt, jedem nach seinem Stand, seinen Bedürfnissen sowie denen seiner Frau und seiner Kinder. Man unternahm Inspektionen, um zu sehen, ob Kleider gewebt wurden, und die sich als nachlässig erwiesen, wurden bestraft“, heißt es in einer Quelle. Alle Mitglieder des *ayllu* erhielten den gleichen Anteil, auch wenn die Besitzer einer eigenen Lama- oder Alpakaherde darauf verzichten konnten. Das beweist, dass unter den Einwohnern eine Ungleichheit entstand, obwohl die Rechte der Familien unantastbar waren.

Die Wolle der staatlichen Herden wurde von der Gemeinde gesponnen und gewebt. Sie fertigte daraus auch Stoffe und Kleider für den Souverän und die Opfer an, „denn man verbrannte große Mengen von der *cumbi*-Qualität“, das heißt der feinsten.

Der Inka forderte als Eigentümer eines Teils des Landes logischerweise, dass sein Boden von Mitgliedern der Gemeinde kollektiv bebaut wurde. Ohne die bäuerliche Arbeit hätten die in die Domäne eingegliederten Ländereien keinen Gewinn abgeworfen. Der Arbeitsdienst für den Herrscher war eine Pflicht, zu der jeder verheiratete Mann gezwungen war. Alle Verpflichtungen gegenüber dem Staat wurden von den *hatun-runa* verlangt, den „Erwachsenen“. Nur die verheirateten Männer wurden als solche angesehen. Der Staat hatte also ein Interesse daran, dass die Jünglinge die Gründung eines Haushalts nicht zu lange hinausschoben und ihren Zölibat nicht auf Dauer genossen und sich so ihren Verpflichtungen entzogen. Das erklärt vielleicht die Rundgänge der Inspektoren, die in mehr oder weniger regelmäßigen Abständen die Dörfer besuchten. Dort riefen sie die jungen Männer und die Mädchen zusammen, um sie unter Aufsicht zu verheiraten. Diese Beamten billigten zweifellos die von den Betreffenden selbst oder ihren Familien getroffenen Entscheidungen. Es scheint nicht, als ob man den Männern eine beliebige Frau aufzwang, die ihren Neigungen zuwiderlief, es sei denn, es warben mehrere um ein Mädchen. Dann griffen die Beamten als Schiedsrichter ein. Nach dieser offiziellen Vermählung fanden die eigentlichen Hochzeitszeremonien statt, die man nach dem Brauch jeder Region feierte. Es war nicht leicht, sich von einer Frau zu trennen, die vom Inka oder seinem Vertreter „aufgezwungen“ worden war. Unter den einfachen Menschen war die Monogamie die Regel. Nur die Mitglieder der Inka-Kaste und die Staatsbeamten hatten das Recht auf mehrere Frauen; die Polygamie war ein Zeichen von Rang und Ansehen.

DIE UMVERTEILUNG DER GÜTER DURCH DEN STAAT

Die Legitimierung des Staates beruhte zum großen Teil auf seiner Rolle als Umverteiler von Gütern. Der Inka machte den Kaziken – und durch sie jeder Volksgruppe – Geschenke und erwartete im Austausch dafür andere Güter und Arbeitsleistungen. Die Raffinesse dieses ausgeklügelten Systems bestand darin, jedem genau die Dinge anzubieten, die für ihn am schwersten zu bekommen waren. Die Völker im Süden erhielten *Spondylus*-Muscheln aus den äquatorialen Meeresgewässern im Norden des Landes, die Menschen im Norden bekamen dagegen in den Steppenregionen des Südens gezüchtete Lamas.

Da der Inka seltene Güter verschenkte, hatten seine Gaben einen hohen Wert. Dadurch waren die Beschenkten verpflichtet, dem Herrscher mehr von den lokal vorhandenen Produkten zurückzugeben, als sie mengenmäßig „exotische“ Güter von ihm erhalten hatten. Diese Waren wurden anschließend nach demselben Prinzip umverteilt. Der Staat funktionierte somit ähnlich wie ein moderner Markt: Er nahm die überschüssige Produktion eines Volkes an sich und gab ihm im Austausch dafür andere Produkte. Aus diesem System resultierte eine starke Zunahme der Produktion und auch des Konsums.

Die Landarbeit

Die vom Staat angestrebte wirtschaftliche Grundeinheit war der Haushalt oder die Hausgemeinschaft und nicht der Einzelne. Obwohl die Kinder, die alten Männer und die Frauen in der Verteilung der Aufgaben nicht berücksichtigt wurden, nahmen sie doch nach Kräften an der Landarbeit teil. Den zum Arbeitsdienst Verpflichteten wurde ein Landstück des Inka oder der Sonne zugeteilt. Wer mehr Helfer hatte, wurde mit seinem Teil eher fertig und galt als reicher Mann. Die Arbeit auf den Feldern des Inka und der Sonne bedeutete also eine regelmäßig zu erledigende Pflicht, deren Umfang von einer Region zur anderen variierte.

Die Frage, ob die Besitzverhältnisse die Reihenfolge bestimmten, in der der Boden bearbeitet wurde, hat zu widersprüchlichen Behauptungen geführt. Garcilaso de la Vega meint, dass die Bauern mit den Feldern der Sonne, der Witwen, der Waisen und der Soldaten begannen und mit den Äckern der *curaca* und des Inka aufhörten. Andere Texte versichern, dass der Staat den Vorrang hatte. Die Feldfrüchte des Inka und der Sonne wurden in den Speichern entlang den Straßen oder an leicht zugänglichen Orten gelagert. Die Abgaben in Form von Naturalien, die man in den Lagerhäusern des Inka aufhäufte, wurden zu vielfältigen Zwecken benutzt. Einen Teil der Waren leitete man nach Cuzco weiter, während der größte Teil vor Ort für den Unterhalt der Beamten, der Armee und den bei irgendeinem Arbeitsdienst für den Inka eingesetzten Arbeiterkolonnen verwendet wurde. Zweifellos entnahm man diesen Speichern die Vorräte, die man an die Bevölkerung verteilte, wenn nach einer schlechten Ernte eine Hungersnot drohte.

KORNSPEICHER DES INKA
Die Güter, die das Volk für den Inka produzierte, wurden in Vorratsspeichern zwischengelagert. Auf dieser Zeichnung aus dem frühen 17. Jh. erteilt der Herrscher Túpac Yupanqui einem Verwalter, der einen quipu *in der Hand hält, seine Befehle.*

Die tributpflichtigen Bauern mussten sich in Gruppen zusammenschließen, nicht nur um die Felder der Armen und der Invaliden zu bebauen, sondern auch die Felder von Familien, deren Oberhaupt in der Armee oder auf den Baustellen des Inka beschäftigt war. Die Landgemeinde kümmerte sich außerdem um den Zustand der Straßen und das reibungslose Funktionieren des Bewässerungssystems.

Der Tribut umfasste auch alle turnusgemäß anfallenden Arbeitsdienste, die *mita,* die der Inka oder seine Statthalter den Menschen auferlegten und für die viele Arbeitskräfte nötig waren. In dieser Hinsicht war der Krieg mit einem staatlichen Frondienst vergleichbar. Die Bewachung und der Unterhalt der Raststätten, den *tambo,* an den Inka-Straßen oblag den Gemeinden. Ebenso hatten sie jede Poststation mit zwei Läufern zu besetzen, die jederzeit bereit sein mussten, Nachrichten weiterzugeben. In den Viehzuchtgebieten mussten sich die *ayllu* um die Herden des Inka und der Sonne kümmern. Sicher bestimmten sie dazu Hirten, die sich bei den Pflichten abwechselten.

Die Frauen gehörten zwar nicht zu den Tributpflichtigen. Aber sie entgingen dem Arbeitsdienst nicht, da sie einen Teil des Ackerbaus erledigten und die Stoffe webten, die der Staat für seine Lagerhäuser einbehielt. Manchmal begleiteten sie ihre Ehemänner in den Krieg, trugen die Verpflegung und bereiteten die Nahrung zu.

Die Dorfbewohner stellten die Diener für die Häuptlinge oder den Hof des Inka und mussten darüber hinaus einem Beamten des Inka alle Mädchen zwischen acht und zehn Jahren zeigen. Die hübschesten wurden als Sonnenjungfrauen in eine Art Konvent geschickt, wo sie unter der Leitung einer älteren Frau verschiedene Arbeiten übernahmen, besonders das Weben feiner Stoffe aus Vikunjawolle. Wenn sie die Pubertät erreichten, unterzog man sie einer zweiten Prüfung. Die Schönsten kamen in den Harem des Inka oder wurden Adligen und hohen Beamten als Konkubinen zugeteilt. Die anderen, die man

DIE AUSÜBUNG DER MACHT

Lange Zeit war man der Ansicht, dass die Inka alle Gebiete auf die gleiche und standardisierte Weise beherrschten. Heute weiß man dagegen, dass sich der Staat der Inka hervorragend an die jeweils gegebenen lokalen Bedingungen anzupassen wusste. So wurden die Gebirgsregionen in der Mitte und im Süden Perus mithilfe von Verwaltungszentren und neuartigen staatlichen Strukturen kontrolliert. Die lokale Oberschicht verblieb in ihren Dörfern und erfuhr eine Stärkung ihrer Macht. Das Reich der Chimú an der Nordküste wurde dagegen in zahlreiche kleine Einheiten von der Größe eines Tales aufgeteilt, da es zu gefährlich gewesen wäre, dieses Reich, das lange Zeit ein bedeutender Staat gewesen war, strukturell unverändert zu lassen. Die Inka regierten das Gebiet auf sehr zurückhaltende Weise über die lokale Aristokratie. Ihre Regierungsweise entsprach in etwa der der Mongolen über Persien und China oder der Roms über die griechischen Königreiche. In Ecuador regierte der Staat der Inka anfangs das ganze Land fast nur über die lokalen Eliten, die in neuen Städten wie etwa Quito eingesetzt wurden. In den dünn besiedelten Gebieten im Süden, die heute zu Argentinien und Chile gehören, wurde die Macht der Inka ebenfalls nur indirekt über die lokalen Kaziken ausgeübt. Die Inka ließen dort nur Straßen und Herbergen bauen.

einem Heiligtum zuwies, wurden Dienerinnen und Priesterinnen. Schließlich behielt man einige als Menschenopfer zurück.

Die Bauern, die das Land des Inka oder der Sonne bestellten, sowie die an den öffentlichen Arbeiten Beteiligten erhielten für die Dauer des Arbeitsdienstes Nahrungsmittel aus den staatlichen Lagerhäusern. Das Gleiche galt für die Soldaten, die mit Lebensmitteln, Waffen, Schuhen und Kleidern aus den Lagerhäusern des Inka in den Krieg zogen. Das, was häufig als eine Bekundung der inkaischen Bevormundung interpretiert wurde, ist nichts weiter als die Übertragung einer ländlichen Tradition auf Staatsebene, die heute noch genauso streng wie vor vier Jahrhunderten gehandhabt wird: Der Einzelne, der von der Hilfe seiner Nachbarn profitiert, wird so lange für ihre Bedürfnisse sorgen, wie sie sich für ihn plagen. Der Brauch will es, dass er großzügig ist und seine Arbeit erledigt. Dafür wird er mit einem Fest belohnt. Den Dienst für den Inka kann man in gewisser Weise mit der gegenseitigen bäuerlichen Hilfe vergleichen. Auch ihn begleiten Tänze und Lieder, kurz gesagt, es herrscht eine fröhliche Atmosphäre, in der die Spanier, sehr zu Unrecht, das Ergebnis kluger Maßnahmen sahen, das Volk bei guter Laune zu halten.

Die Handwerker und die yana

Zu den Obliegenheiten der Gemeinde dem Inka gegenüber gehörte auch die Herstellung von Gegenständen. Jede Hausgemeinschaft übergab dem Steuereintreiber eine bestimmte Anzahl von hergestellten Gütern: Stoffe, Kleidung, Schuhe, Seile. Das Material dafür stammte aus den Lagerhäusern der Region; der Beitrag der Leistungspflichtigen war ihre Zeit und ihre Mühe. Der Reichtum und der Luxus der Inka, auf die Berichte von der Eroberung immer wieder zurückkommen, sowie die technische oder künstlerische Qualität der Objekte, von denen unsere Museen überquellen, setzen eine große Klasse von Handwerkern voraus – Goldschmiede, Weber, Töpfer und Bildhauer. Wenn der Großteil der Gebrauchsgegenstände von den Bauern gefertigt wurde, so waren Luxusgegenstände, Schmuck, feine Stoffe und Keramik das Werk von Spezialisten. Einige Handwerker arbeiteten direkt für den Hof, während andere in die Werkstätten der Provinzstatthalter oder lokalen Fürsten geschickt wurden. Die Etikette verlangte es, dass die Beamten, die vor den Inka traten, ihn mit einem Wertgegenstand ehrten. Erst wenn sie eine Arbeit von fähigen Handwerkern vorlegten, hatten sie angeblich ihre Pflicht erfüllt. Diese Künstler, die keinerlei Beziehungen mehr zu ihren Gemeinden hatten, lebten voll und ganz auf Kosten des Inka oder der Würdenträger, der sie beschäftigte, bekamen Essen und Kleidung und waren selbstverständlich vom Arbeitsdienst befreit. Die Sonnenjungfrauen, die die aufwändigen, reich geschmückten Stoffe aus Vikunjawolle webten, sind mit den Künstlern in den Werkstätten zu vergleichen. Die Lage dieser Menschen, die ihr Leben lang für den Hof oder einen hohen Würdenträger arbeiteten, entsprach der der Künstler im alten Ägypten, die auf Wunsch des Pharaos mit der Person eines Statthalters verbunden waren.

Die Lebensbedingungen der Handwerker unterschieden sich wohl nicht grundlegend von denen der *yana,* einer Gruppe von Menschen, deren Status wenig klar und häufig widersprüchlich war, die manchmal als Sklaven, manchmal als privilegierte Beamte auftraten. Diese *yana,* die aus ihren Gemeinden gerissen wurden, waren vollständig abhängig von ihren Dienstherren. Die einen waren Gefangene, die anderen Kriminelle oder Verwandte von Kriminellen, die aufgrund der kollektiven Verantwortung zu diesem Stand herabsanken. Die Mehrzahl der *yana* bestand indessen aus jungen Männern, die die Landgemeinden dem Inka oder seinen Stellvertretern als Diener übergaben. Viele von ihnen wurden in der Folge Bediente, Wachen oder Sänftenträger des Inka. Andere erfüllten dieselben Funktionen bei den Gouverneuren oder halfen ihnen bei Verwaltungsaufgaben. Aufgrund ihrer Vertrautheit mit den Mächtigen stiegen einige *yana* zu wichtigen Ämtern auf. Andere bekamen als Belohnung für ihren Eifer Frauen und sogar *yana* als Diener. Bedauerlicherweise wissen wir fast nichts über diese Emporkömmlinge. Es ist bedeutsam, dass die Gunst des Inka oder eines seiner hohen Würdenträger einen Menschen aus bescheidenen Verhältnissen zu einer mächtigen Person machen konnte. Die Inka-Gesellschaft entsprach also kaum dem abstrakten Schema, das man gern von ihr zeichnet.

INKA-TUNIKEN
Die Bekleidung eines männlichen Inka bestand im Wesentlichen aus einer großen Tunika, die ihm bis zu den Knien reichte (oben ein Exemplar aus Wolle, unten ein aus Baumwolle gewebtes und mit Federn geschmücktes Stück).

Die privilegierten *yana* bildeten dagegen eine Ausnahme. Die Mehrzahl, die auf den Privatbesitzungen des Inka oder der Adligen lebten, waren an die Scholle gebunden. Die immer wichtiger werdende Position, die die *yana* im Reich einnahmen, lässt sich nur dadurch erklären, dass ihre Arbeitsleistung höher war als die der Menschen im traditionellen Arbeitsdienstsystem. Indem der Inka den Gemeinden einige Mitglieder wegnahm, schwächte er sie und bereitete den Boden für eine Revolution, die im weiteren Verlauf die Struktur des Reiches hätte verändern können. Aus einer Ansammlung ländlicher, weitgehend selbstständiger Kollektive wäre vielleicht eine Art „präfeudales Reich“ entstanden, in dem Adlige und Beamte große Domänen besessen hätten, die von Dienern und schließlich von Sklaven bearbeitet worden wären.

Der Handel

In einem Agrar- und Handwerksstaat, in dem die Autoritäten den Personen- und Güterverkehr beschränkten und die Produktion der Kontrolle der Regierung unterlag, die die Überschüsse in öffentliche Vorratslager lenkte, wäre der Handel bestenfalls etwas über das Niveau des Tauschhandels hinausgekommen. Doch sicher griffen der Inka oder seine Statthalter nach Belieben in den Warenaustausch von einer Region zur anderen ein. Wenn die Ernte in einer Provinz nicht ausreichte, leitete der Inka die Produkte aus einer Region mit einer reichen Ernte dorthin; einige Nahrungsmittel, die es in einer Zone aus klimatischen Gründen nicht gab, wurden regelmäßig im Austausch gegen andere Waren importiert. Schließlich wurden die von den im Dienst des Inka stehenden Künstlern hergestellten Luxusgegenstände als Geschenke verteilt. Die Gouverneure der Märkte versuchten, von nicht unterworfenen Völkern Waren zu bekommen, die im Reich fehlten. Höchstwahrscheinlich erhielten die Inka durch einen beständigen Tauschhandel auch die Federn der tropischen Vögel, mit denen sie sich schmückten, sowie Harze und Pflanzen für ihre Heilmittel.

Daraus zu schließen, dass der Staat ein Monopol auf den Handel ausübte, wäre falsch. In einem so gebirgigen Land wie Peru, wo sich die landschaftlichen Gegebenheiten schon nach kurzen Strecken stark ändern, lag der Tauschhandel in der Natur der Dinge. Noch vor der Inka-Zeit versuchten sich die Gemeinden der kalten Zonen in den warmen Tälern niederzulassen und ein Minimum an Nahrungsvielfalt zu sichern. Die Märkte des modernen Peru haben seit der Einführung des Geldsystems eine größere Ausdehnung und Bedeutung erlangt, aber sie sind keine Neuerungen der Spanier. 1532 staunte Estete über das rege Leben und Treiben auf dem Jahrmarkt von Jauja. In Cuzco gab es ebenfalls einen wichtigen Markt. Zweifellos dienten die Märkte nur dem Warenhandel und waren ausschließlich für die Wirtschaft einer begrenzten Region bedeutsam. Jede Familie war Eigentümerin der Erzeugnisse ihres Bodens und konnte über die Tiere verfügen, die sie aufgezogen hatte. Bestimmte Rohstoffe, die für die Herstellung bestimmter Güter unverzichtbar waren, mussten auch Tauschobjekte gewesen sein.

Der Handel des Reiches beschränkte sich trotz seines geringen Umfangs nicht allein auf den Tauschhandel zwischen benachbarten Ortschaften. Scheinbar legten wahre Kaufleute lange Strecken zurück, um mit bestimmten Produkten zu handeln. Sicherlich war diese Gruppe nicht groß, denn sie wird selten erwähnt. Wenn der Handel einzig Sache des Staates gewesen wäre, wie können wir uns dann den Wegezoll an Brücken erklären, von dem die Spanier bei ihrem Eindringen in das Innere des Reiches berichteten? In Cajas zogen die Wachen eine Gebühr von allen ein, die kamen und gingen, „denn keiner konnte die Stadt mit einer Last verlassen, ohne eine Gebühr zu zahlen“. Es war eine alte Sitte, die der Inka Atahualpa abgeschafft hatte, zumindest für die Waren, die für seine Truppen herbeigeschafft wurden. Es war bei Todesstrafe verboten, die Stadt mit einer Last auf einer Straße zu betreten oder zu verlassen, an der keine Wache postiert war.

Der Herrscher Pachacutec soll sogar Anweisung gegeben haben, Händler, besonders solche, die Rohstoffe wie Gold, Silber und Edelsteine anboten, genau zu bewachen. Dabei sollte der Handel nicht behindert werden, sondern man wollte nur wissen, woher die Männer die Produkte hatten, die sie bei sich trugen. Pizarros Navigator Bartolomé Ruyz brachte eines Tages ein riesiges, mit Waren beladenes Floß auf. Beweist das nicht, dass die Küstenvölker weiter Seehandel betrieben, obwohl sie von den Inka unterworfen worden waren? Selbst wenn man diese Details nicht berücksichtigt, weist die Fülle der Objekte in reinem Inka-Stil, die man von Ecuador bis Chile fand, auf sehr alte Handelsnetze hin. Die Inka hatten nicht versucht, sie zu vernichten, um ihr angebliches

Monopol zu sichern. Indessen haben die Archäologen festgestellt, dass in der Tiahuanaco-Periode der Tauschhandel zwischen der Küste und dem Landesinneren lebhafter war als später unter den Inka.

Aufgrund dieses Systems genügten sich die Gemeinden des Reiches selbst und produzierten einen Überschuss, mit dem die Adligen und der Beamtenstab in Wohlstand und sogar in Luxus lebten. Dieses Zubrot war so beträchtlich, dass regelrechte Arbeiterarmeen für die riesigen Bauten der Inka ausgehoben, Krieg gegen zahlreiche Völker geführt und die Künstler entlohnt werden konnten. Ein Teil der vom Inka eingezogenen Abgaben wurde regelmäßig in Form von Geschenken an die Adligen am Hof, an die eifrigsten Beamten und die Häuptlinge oder örtlichen Fürsten verteilt, weil es wichtig war, deren Treue und Ergebenheit zu kaufen. Diese Freigebigkeit, die in großem Stil unternommen und von den Traditionen sanktioniert wurde, weckt Gedanken an einen Wohlfahrtsstaat. In Wirklichkeit zeigte der Inka auch in dieser Hinsicht das Verhalten eines Häuptlings, wie es in vielen archaischen Gesellschaften, besonders in Amerika, normal war. Der Herrscher musste großzügig sein, sonst konnte er die Unterstützung seiner Untertanen verlieren. Der indianische Kazike wachte als guter Familienvater darüber, dass keiner Hunger litt oder nackt war, auch wenn diese Fürsorge ihn zu persönlichen Opfern zwang.

WERKSTATT VON CACHA
In der Verwaltungsstadt Cacha (heute Raqch'i) befindet sich das größte noch an seinem Platz stehende Gebäude der Inka. Lange Zeit hielt man es für einen Tempel, doch in Wirklichkeit war es eine callanca, *eine Art großer Werkstatt, in der verschiedene Handwerker arbeiteten.*

Die Volkszählung

Die beeindruckende Masse der von den Inka errichteten Bauwerke, die gewaltigen Zyklopenmauern, der kühne Verlauf der Bergstraßen, die gewaltigen Kulturterrassen haben uns zu Recht die größte Bewunderung für den Herrscher eingeflößt, der diese Arbeiten befohlen hatte. Doch sollten wir dabei nicht vergessen, welch schwere Arbeit die an diesen Bauten beteiligten Menschen leisten mussten. Die Mehrzahl der Chronisten lobt den Gerechtigkeitssinn, mit dem die Arbeit verteilt wurde. Tatsächlich scheint die Zahl der zum Arbeitsdienst gezwungenen Bauern im Vergleich zur Gesamtbevölkerung gering gewesen zu sein. Wenn es stimmt, dass die Festung Sacsahuamán, das kolossalste von den Inka errichtete Bauwerk, von 30 000 Arbeitern angelegt wurde, dann waren 1,9 Prozent aller erwachsenen Männer zwischen 20 und 50 Jahren am Bau beteiligt. Bei dieser Berechnung liegt eine Gesamtbevölkerung von acht Millionen Menschen zugrunde.

Das Verwaltungssystem der Inka sollte wohl im Wesentlichen gewährleisten, dass die verschiedenen Arbeitsdienste reibungslos funktionierten. Diese sicherten einerseits das Überleben der führenden Kaste, andererseits waren sie bei den großen öffentlichen Arbeiten oder im Krieg unabdingbar. So sah es auch ein spanischer Beamter: „Die Regierung der Inka kennt [die Indianer] gut, denn sie lässt ihnen fast keine Freiheit. Sie zwingt ihnen viele Vorgesetzte und Häuptlinge auf, die sie überwachen, sie arbeiten, pflügen, säen, weben lassen und ihnen andere Beschäftigungen geben, damit sie ihren Tribut zahlen können. Wenn man die Sache dem guten Willen der Indianer überlassen hätte und wenn die Kaziken ihnen nicht die ganze Zeit auf die Finger gesehen hätten, hätten sie ein Faulenzerleben geführt und nicht gearbeitet, um den Tribut zu entrichten." Die Autorität des Inka wurde über eine Hierarchie von Beamten ausgeübt. Sie reichte von wahren Wesiren, die der Herrscher aus seinem engsten Kreis auswählte, bis hinab zu den bescheidenen Vorarbeitern, die die Arbeit eines Trupps von fünf Personen überwachten.

PRACHTVOLLER *QUIPU*
An einer Schnur wurden viele andere Schnüre in verschiedenen Farben und Längen festgeknüpft. Sie waren mit unterschiedlich großen Knoten versehen, von denen jeder seine Bedeutung hatte.

Der Einsatz dieser gewaltigen Ressourcen an Menschen und Produkten war kaum möglich ohne Zählungen und Inventuren. Es war wichtig, dass der Inka ständig über die Zahl der Soldaten und der Arbeiter informiert war, die die Provinzen ihm direkt zur Verfügung stellen mussten, und über die Mädchen, die den Tempeln zugewiesen und an die Offiziere oder andere Beamten verteilt werden konnten. Die erste Volkszählung wurde unter Túpac Yupanqui durchgeführt, der 1471 den Thron bestieg.

Die *tukrikuk* oder Statthalter wurden beauftragt, diese Daten zusammenzutragen und sie dem Herrscher am *Inti-raymi*-Fest, dem Sonnenfest, mitzuteilen. Die Volkszähler

DIE *QUIPU* UND DIE SCHRIFT DER INKA

Viele wundern sich darüber, dass den Menschen im alten Peru keine Schrift bekannt war. Doch die Gründe, die in anderen Kulturen bei der Entwicklung einer Schrift sicherlich eine Rolle gespielt haben, waren in Peru in diesem Ausmaß nicht gegeben; so war beispielsweise der Handel nicht besonders hoch entwickelt. Eines jedoch war für die verschiedenen Reiche in den Anden unerlässlich: eine umfangreiche und akribische Buchführung. Zu diesem Zweck wurden im Huari-Reich die *quipu* erfunden (abgeleitet von dem Quechua-Wort für Knoten). Es handelte sich um ein System aus Schnüren, an die mit Knoten versehene Wollfäden in verschiedenen Farben geknüpft wurden. Die Größe eines Knotens, seine Farbe und seine Position gaben Aufschluss über die Menge und Art der aufgezeichneten Güter.

Es ist nicht erstaunlich, dass in einer Kultur, die Textilien als das hauptsächliche Medium ihrer symbolischen Ausdrucksfähigkeit nutzte, ein derartiges Kodierungssystem erdacht wurde. Die Inka entwickelten den Gebrauch des *quipu,* der jedoch nur Fachleuten vorbehalten blieb, weiter. Dieses System war in der Kultur des Andenraums so tief verwurzelt, dass es noch mindestens ein Jahrhundert nach der Eroberung unvermindert weiter praktiziert wurde.

waren Spezialbeamte, die *quipu-camayoc,* die die Ergebnisse ihrer Zählungen auf Knotenschnüren registrierten. Die verschiedenen Farben der Schnüre entsprachen den verschiedenen Klassen von Personen oder Gegenständen. Da es kein Standesamt gab und niemand sein Alter genau angeben konnte, wurde die Bevölkerung in zehn Kategorien eingeteilt, die in etwa nach dem Alter und der Arbeitstauglichkeit definiert waren. Man unterschied Kinder, die den Eltern helfen konnten, von denen, die dazu noch zu klein waren, und man ordnete Gebrechliche, die zu keiner Tätigkeit fähig waren, in eine eigene Kategorie ein.

Die Zählungen der in Altersklassen aufgeteilten Bevölkerung und die Schätzungen, wie viele Güter die zum Arbeitsdienst Verpflichteten herstellen konnten, entsprachen ganz einfachen Bedürfnissen. Die Inka hätten weder ihre Eroberungen unternehmen noch ihre zahlreichen Paläste und Festungen bauen können, ohne über die verfügbaren Arbeitskräfte und die zum Unterhalt benötigten Ressourcen informiert zu sein. Der Gebrauch der Knotenschnüre, der auf dem Dezimalsystem beruhte, hat die Inka mit Sicherheit dazu veranlasst, die Völker ihres Reiches nach demselben System einzuteilen.

Aus praktischen Gründen teilten die Zähler die männliche Bevölkerung zwischen etwa 25 und 40 Jahren in Gruppen von 10, 100, 500, 1000 und 10 000 ein, die jeweils einem Beamten unterstellt wurden. Sein Rang und Ansehen hing von der Zahl der Personen ab, die er befehligte. An der Spitze dieser Hierarchie stand ein vom Inka ernannter Provinzgouverneur. Er hatte theoretisch die Macht über etwa 40 000 Tributpflichtige, also 200 000 Personen, wenn man pro Familie von durchschnittlich fünf Mitgliedern ausgeht, deren Oberhaupt dem Tribut oder Arbeitsdienst unterworfen war. Man nimmt an, dass diese Verwaltungseinheiten den Abstammungsgruppen, *ayllu,* den Stämmen und den alten Provinzen entsprachen. Die *pachaca,* hundert, waren z. B. das Synonym für ein *ayllu.* Bis heute ist es noch niemandem gelungen zu erklären, wie dieser strenge Dezimalrahmen den traditionellen Sozialstrukturen angepasst werden konnte. Es fällt schwer zu glauben, dass es

KNOTEN FÜR KNOTEN
Dieser Schatzmeister des Inka-Herrschers hält einen quipu *in seinen Händen. Mithilfe des Abakus zu seiner Rechten führte er die Berechnungen durch, deren Ergebnisse er in den* quipu *eintrug bzw. einknüpfte.*

sich nur um etwas anderes handeln könnte als eine Erfindung von Bürokraten oder grobe Schätzungen, deren einziger Vorteil war, in einer bestimmten Region die Zählung und Erhebung von Truppen und Arbeiterkolonnen zu vereinfachen. Doch sollte man nicht die Aussagen der Chronisten unbeachtet lassen, die deutlich auf die Anstrengungen der Inka-Bürokratie hinweisen, die Menschen in Zehnergruppen einzuteilen. Diese Tendenz, nach Mengen zu zählen und nicht nach Einheiten, ist keineswegs nur den Inka eigen.

Die Verwaltungshierarchie

Man hat gern die Inka-Verwaltung als ein System von Theoretikern dargestellt, die von der Symmetrie und der Logik durchdrungen waren. Diese abstrakten Schemata lassen uns vergessen, dass das Reich aus Staaten, Konföderationen, Agrargemeinden und Stämmen gebildet wurde, die alle ihre Individualität, ihre Traditionen und ihre Häuptlinge behalten hatten. Die Autorität des Inka über diese uneinheitliche Welt wurde mithilfe von Beamten ausgeübt, die sich aus der Abstammungsgruppe des Herrschers rekrutierten und deren Einflussreichste seine nächsten Verwandten waren. Das Reich wurde in vier Regionen eingeteilt: *Chincha-suyo, Conde-suyo, Colla-suyo* und *Ande-suyo,* an deren Spitze jeweils ein *apo* (Erhabener, Herr) stand, ein Führer, im Allgemeinen eine Persönlichkeit von hohem Rang, ein Bruder oder Onkel des Inka. Diese *apo,* die die Spanier mit ihren Vizekönigen verglichen, bildeten eine Art Rat, der dem Herrscher beistand. Sie befassten sich besonders mit den Angelegenheiten ihres Viertels und sprachen darüber mit ihren Kollegen. Alle wichtigen Entscheidungen traf der Inka jedoch selbst.

Die Provinzen, deren Gebiete grob denen der alten Staaten oder den in das Reich eingegliederten Stämmen entsprachen, wurden von den *tukrikuk* verwaltet, die ebenfalls den Abstammungsgruppen des Herrschers angehörten. Sie wohnten in der Provinzhauptstadt, die in der Regel von den Inka gegründet worden war und den Namen der Provinz trug, dem das Beiwort *hatun* – groß – vorangestellt wurde.

Um Beamter zu werden und einen niedrigeren Rang als den des *tukrikuk* zu bekleiden, musste man nicht der Inka-Kaste angehören. Die zahlreichen *curaca,* zu denen einige mächtige Herren zählten, waren lokale Häuptlinge, deren Bedeutung in der Verwaltungshierarchie von der Zahl der Familien abhing, auf die sich ihre Rechtsprechung ausdehnte.

Die *curaca* von einem gewissen Rang an, im Allgemeinen Oberhäupter von 10 000 Familien, sowie die vom Inka ernannten *tukrikuk* mussten jedes Jahr im Mai nach Cuzco kommen, um sich bei Hof zu zeigen und dem Inka über ihre Verwaltung Bericht zu erstatten. Diese Besuche fielen mit der Übergabe des Tributs zusammen. Wahrscheinlich

DAS REICH DER VIER HIMMELSRICHTUNGEN

Die Inka nannten ihr Reich Tahuantinsuyo, was auf Quechua „Land der vier Teile" bedeutet. Sie waren der Meinung, cass durch ihre Herrschaft die Einheit der gesamten bekannten Welt gewährleistet würde. Cuzco galt in den Augen der Inka als Zentrum dieses Universums, das sie in vier Teile untergliederten. Jeder dieser Teile wurde nach der dort ansässigen, repräsentativen Völkergruppe benannt.

So begann nordwestlich von Cuzco Chincha-suyo, benannt nach dem mächtigen Küstenreich der Chincha. Im Südwesten erstreckte sich Conde-suyo. Die Conde waren ein einflussreiches, in der Region von Arequipa ansässiges Volk. Im Süden lag Colla-suyo, das Land der Colla, die damals als mächtigstes Volk der Hochebenen galten. Die Inka pflegten mit den Colla überwiegend friedliche, zu bestimmten Zeiten aber auch konfliktgeladene Beziehungen. Im Osten des Inka-Universums erstreckte sich Ande-suyo, in dem die Amazonier bzw. Ande lebten. Ande-suyo bestand im Wesentlichen aus einer mit tropischer Vegetation bedeckten Gebirgskette, der die Spanier später den Namen Cordillera de los Andes gaben. Im 18. Jh. wurde dieser immer noch gebräuchliche Name auf das ganze Gebirgssystem der Anden ausgeweitet.

Machu Picchu

Auf halbem Weg zwischen Cuzco und dem tropischen Schwemmland, wo Koka und Peperoni angebaut wurden, errichteten die Inka die Stadt Machu Picchu. Vielleicht sollte sie den Reise- und Warenverkehr durch ein unwegsames, dünn bevölkertes Gebiet erleichtern.

wurden diese Beamten von Indianern begleitet, die den Tribut in die Hauptstadt transportierten. Die *curaca* mussten dem Herrscher als Zeichen der Ehrerbietung Goldpuder, Silbererz oder Goldschmiedearbeiten überreichen. Bei diesem Anlass prüfte der Inka die Klagen, die gegen seine Beamten erhoben wurden, und fällte auch Urteile.

Nachdem er einen Teil des empfangenen Tributs an die Mitglieder seiner Familie verteilt hatte, die ihm gut gedient und „sich beliebt gemacht" hatten, gab er ihnen „Frauen, Diener, Land oder schöne Kleider aus feinem Stoff. Er gewährte ihnen auch die Vergünstigung, sich in einem Tragsessel oder einer Hängematte tragen zu lassen, und gab ihnen *yana*. Er erlaubte ihnen auch einen Sonnenschirm, sich auf einen Schemel zu setzen oder Gold- oder Silbergefäße zu benutzen, damit es keiner wagte, es zu tun, ohne die Erlaubnis des Inka erhalten zu haben, der man eine große Bedeutung zumaß". Diese Geschenke waren umso geschätzter, als der Inka darüber wachte, dass „die Leute aus *Colla-suyo* Sachen erhielten, die aus den Anden gebracht wurden, und denen aus *Conde-suyo* gab er aus anderen Regionen stammende Artikel. Jene, die eine Strafe verdienten, wurden mit Strenge bestraft und die anderen schickte er mit Wohlwollen zurück." So berichtet der *Discurso de la sucesión y gobierno de los Incas,* eine Schrift aus der Zeit um 1570.

Die zu Erben auserkorenen Söhne der *curaca* waren verpflichtet, am Hof zu wohnen. Sie waren Geiseln und bürgten für die Treue ihres Vaters, wurden aber gleichzeitig in die Inka-Zivilisation und Verwaltung eingeführt. Es war eine Bildungsstätte für die künftigen *curaca* und Beamten, die bereit waren, treue Werkzeuge der Inka-Politik zu werden.

Beim Tod eines *curaca* übernahm der Erbe die Macht nur, wenn ihn der Inka, der ihn persönlich kannte, einsetzte. Die regionalen Anführer mussten auch am Hof durch eine Art Botschafter vertreten sein, die den Herrscher darüber in Kenntnis setzten, was auf dem Territorium ihrer Herren geschah.

Obwohl dieses hierarchische System auf der Grundlage des Dezimalsystems perfekt zu sein scheint, könnte man doch meinen, dass der Herrscher nur ein begrenztes Vertrauen darein hatte, weil er eine direkte Kontrolle auf die Statthalter und die örtlichen *curaca* ausüben wollte. In mehr oder weniger regelmäßigen Abständen oder bei Bedarf schickte der Inka *tikoyrikok,* „jene, die alles sehen", zur Inspektion in die Provinzen. Sie überprüften die regelmäßigen Eingänge der Tribute, die reale Stärke der Militärkontingente oder die Zahl der auf seinen Befehl ausgehobenen Arbeiter. Die „Augen des Herrschers" gehörten fast immer der Inka-Kaste an und erhielten ein Abzeichen, das den offiziellen Charakter ihrer Mission bewies. Überall, wo sie Halt machten, führten sie Untersuchungen über das Verhalten verschiedener Beamter durch und informierten sich über die in der Region begangenen Verbrechen. Auf ihre Berichte hin wurden oft Sonderrichter entsandt, die den Auftrag hatten, die Delikte zu ahnden oder die angegebenen Mängel abzustellen.

DOPPELGEFÄSS
Jedes dieser Gefäße ist mit einem Fuchs bemalt, einem Raubtier, das den Herden gefährlich werden konnte. Auf dem linken Gefäß ist ein Affe und auf dem rechten ein Jaguar plastisch dargestellt. Alle diese Tiere betrachteten die Inka als Abgesandte aus dem Jenseits.

Wenn der Inka eine Provinz besuchte, übernahm er dort automatisch die Macht. Er entschied sowohl über öffentliche Arbeiten als auch darüber, welche Strafen verhängt wurden. Die Statthalter ihrerseits setzten sich an die Stelle ihrer Untergebenen, wenn sie es für richtig hielten. Nach dem Vorbild ihres Herrn hatten sie Berater und Diener um sich, denen sie gänzlich vertrauten und einen Teil ihrer Macht übertrugen, sobald sie fürchteten, dass man ihnen nicht gehorchte, oder sie von der unteren Ebene keine rechte Unterstützung bekamen. Die Verwaltungsstruktur des Reiches ist deshalb durch die Existenz hierarchischer Strukturen und ein paralleles System der von Vertretern und Würdenträgern direkt ausgeübten Kontrollen gekennzeichnet, die nur von der Person des Herrschers abhängig waren. Es gab also bei den Inka, wie in vielen totalitären Staaten, eine Bürokratie, die selbst Gegenstand einer ständigen Überwachung war.

Die Rechtsprechung

Die Aufgabenbereiche der Beamten waren schlecht definiert und erstreckten sich auf verschiedenste Gebiete. Abgesehen von den *quipu-camayoc,* die man mit den ägyptischen Schreibern vergleichen kann, waren sie keine Spezialisten. Je nach Bedarf arbeiteten sie als Steuereintreiber, Generäle, Ingenieure, Gesetzgeber, Polizisten und vor allem als Richter. Die Skala von Aufgaben wurde, je mehr man sich den unteren Ebenen näherte, kleiner. So waren die Dekurionen, die einer Gruppe von zehn Männern vorstanden, kaum mehr als Vorarbeiter.

Die Rechtsprechung hielt sich an das Gewohnheitsrecht jeder Provinz. Entgegen den Aussagen der Chronisten ist es kaum wahrscheinlich, dass die Inka allen untergebenen Völkern die gleichen Gesetze auferlegten, außer in den Bereichen, die die Autorität des Herrschers berührten. Jede Tat, die das Ansehen oder die Macht des Inka antastete, wurde mit äußerster Strenge bestraft. Der Versuch einer Rebellion, der leiseste Verdacht, den Herrscher verhexen zu wollen, die Verweigerung der Tributzahlung, ein zum Schaden des Staates begangenes Delikt sowie Kapitalverbrechen fielen in die Zuständigkeit der vom Inka entsandten Sonderrichter und wurden durch den Tod nach Foltern gebüßt.

Die Verführung einer Sonnenjungfrau galt als Majestätsbeleidigung. Als Pizarro und seine Begleiter in Cajas ankamen, sahen sie in der Nähe eines „von fünfhundert Frauen bewohnten Hauses, die nur mit Weben und der Zubereitung eines Maisweins beschäftigt waren“, an den Füßen aufgehängte Leichname. Als sich Pizarro nach den Vergehen dieser Unglücklichen erkundigte, erklärte man ihm, dass ein „Mann bei einer dieser Frauen eingedrungen war und getötet wurde, wie auch die Pförtner, die es geduldet hatten“.

Das Dorfoberhaupt ahndete kleinere Delikte und bemühte sich, den Frieden unter den Familien aufrechtzuerhalten. Es schlichtete Grenzstreitigkeiten oder Auseinandersetzungen, die bei der Wasserverteilung ausbrachen. Diebstahl war ein schweres Verbrechen. Diebe wurden mit einem Stein geschlagen, es sei denn, sie hatten aus Not gehandelt – im Wiederholungsfall so lange, bis der Tod eintrat, wenn der Provinzstatthalter zustimmte.

Alle Urteile mussten von denen, die sie gefällt hatten, an ihre Vorgesetzten weitergegeben werden. Auf diese Weise erreichten sie über die Verwaltungswege theoretisch schließlich den Herrscher, der von den Hauptverbrechen in den entferntesten Provinzen erfuhr.

Über Gerichtsverfahren auf Reichsebene ist kaum etwas bekannt. Die Statthalter sprachen ihre Urteile in Anwesenheit aller, die mehr oder weniger mit dem Fall befasst waren. Um Geständnisse zu erhalten, setzte man Folter oder Wahrsagerei ein. Der Schuldige erhielt Schläge auf den Rücken mit einem großen Stein.

Die Umsiedlung der Bevölkerung

Eine der wirksamsten Methoden, auf die die Inka zurückgriffen, um ihr Reich zu festigen, bestand in der Umsiedlung der Bevölkerung. Dieses Mittel wurde oft und in großem Umfang eingesetzt. Wenn die Bewohner einer kürzlich unterworfenen Region Widerstandsgeist zeigten und es zu Unruhen kam, siedelte der Inka dort Kolonisten an, die er aus als erwiesenermaßen treuen Völkern auswählte. Die Eingeborenen mussten sie zwei Jahre lang versorgen. Außerdem standen den Kolonisten die Produkte aus den staatlichen Lagerhäusern zur Verfügung, bis sie ihre Dörfer gebaut, ihre Felder urbar gemacht und ihre wirtschaftliche Selbstständigkeit erlangt hatten. Die Siedler oder *mitima* blieben ihren nationalen Bräuchen und ihrer Sprache treu und unterstanden dem Provinzstatthalter.

Obwohl die *mitima* nicht mit den Militärgarnisonen verwechselt werden sollten, nahmen sie manchmal Überwachungsfunktionen wahr. Man behauptet sogar, dass sie

ZERSPLITTERUNG DER VÖLKERGEMEINSCHAFTEN

Die Inka veranlassten die Umsiedlung großer Bevölkerungsteile. In fast allen Provinzen richteten sie Kolonien ein, in denen Menschen aus anderen Landesteilen lebten. Manchmal geschah dies in Regionen, die nach einer Umsiedlung der lokalen Bevölkerung menschenleer zurückgeblieben waren, manchmal auch in Regionen, die zuvor noch nie bewirtschaftet worden waren. Indem sie auf diese Weise die einheitlichen Volksgemeinschaften aufbrachen, hofften die Inka, revolutionäre Absichten bereits im Keim zu ersticken – ein Plan, der voll und ganz aufging.

Im Zuge dieser Umsiedlungspolitik erhielten die Kolonisten oft Ländereien, die besser oder wesentlich größer waren als das Land, das sie zuvor besessen hatten. Aus diesem Grund waren sie den Inka meist treu ergeben. Die Kolonisten wurden in der Regel an strategisch bedeutsamen Orten angesiedelt – rund um die Verwaltungszentren der Inka, entlang den wichtigsten Straßen und in den östlichen Grenzprovinzen des Reiches, die ständig von den Urwaldvölkern bedroht waren. Mitunter wurde ein rebellisches Volk auch in eine Gegend umgesiedelt, deren Einwohner dem Inka-Herrscher treu ergeben waren. In jedem Fall aber wurden die Kolonisten in Gebieten angesiedelt, die ihrer ursprünglichen ökologischen Umgebung sehr ähnlich waren.

die einheimische Bevölkerung auch in ihren Häusern überwachten, um jedem angezettelten Komplott zuvorzukommen. Da die *mitima* sich, sobald sie in ihrer neuen Umgebung verwurzelt waren, selbst versorgten, bildeten sie tatsächlich eine Art Besatzungsarmee, die den Staat nichts kostete und die Besiegten nicht aussaugte.

In einigen Fällen wurde eine unruhige Bevölkerung in einen Bezirk des Reiches deportiert, in dem die Autorität des Inka unbestritten war. Die Umgesiedelten, gleichgültig ob sie loyale Untertanen oder Rebellen waren, zogen ohne Hoffnung auf eine Wiederkehr fort, denn sie nahmen ihre Familiengötter mit. Auf alle, die versuchten zurückzukehren, wartete eine schreckliche Strafe.

Die Bedeutung dieser Umsiedlungen von Familien oder ganzen Gemeinden zeigt sich in der Zahl von Anspielungen auf die *mitima* in den Beschreibungen, die die spanischen Verwaltungsbeamten aus den ihrer Rechtsprechung unterliegenden Territorien hinterlassen haben. Bei jeder Gelegenheit ist die Rede von Dörfern, in denen Indianer wohnten, die dort von einem eroberungslustigen Inka angesiedelt worden waren. In der Kolonialzeit forderten die Siedler für sich eine andere Behandlung als für die eingesessene Bevölkerung. Noch heute findet man Gemeinden, deren Mitglieder von sich sagen, sie seien Nachfahren der *mitima* und stammten aus Zentralperu. Man wollte in diesen umfangreichen Deportationen die Realisierung eines systematischen Plans sehen, alle Völker des Reiches zu einer homogenen Masse zu formen. Die *mitima* sollten die Instrumente dieser Assimilationspolitik sein. Doch widerspricht dieser Interpretation, dass die Neuankömmlinge auf den Unterschied zwischen sich und den eingeborenen Völkern beharrten sowie auf ihre privilegierte Position, da sie doch aus dem Herzen des Reiches unter der Leitung von Mitgliedern der herrschenden Gruppen gekommen waren.

Die Inka-Ordnung ist in der Vergangenheit sehr gerühmt worden. Wenn es einst Mode war, die mächtige Verwaltung zu verherrlichen, weil sie überall einheitliche Institutionen eingeführt hatte, werden heute eher die lokalen Unterschiede und das Fortbestehen der Sitten und regionalen Strukturen betont. Der inkaische Despotismus erscheint eher theoretisch als wirklich, und man zweifelt die Effizienz der von ihm ausgeübten Kontrolle an. Die Wahrheit liegt zweifellos zwischen diesen beiden Extremen. Wenn der Tahuantinsuyo, die vier Viertel, auch kein gänzlich zentralisierter Staat war, so hatte man ihn doch als solchen geplant. Man würde den Inka zu Unrecht einen gewissen Sinn für wirtschaftliche und soziale Planung absprechen, denn zumindest das von den Herrschern Cuzcos gebaute Straßensystem ist noch vorhanden und beweist ihren Willen zur Einigung und zu einer Gesamtregierung über ihre eroberten Gebiete.

Straßen, Brücken und Poststationen

Unter den Zeichen einer Hochkultur, die die überraschten Spanier bemerkten, als sie tiefer in das Inka-Reich eindrangen, erstaunte sie keines mehr als die Qualität der Straßen. Sie lobten sie in ihren ersten Berichten, bewunderten ihre Breite – sechs Reiter konnten nebeneinander galoppieren –, die Mauern, die sie schützten, die gepflasterten Strecken, die Bäche, die an den Straßen entlang flossen, und schließlich die Bäume, die den Reisenden Schatten spendeten. Die Konquistadoren wären noch begeisterter gewesen, hätten sie schon damals gewusst, dass die Küstenstrecke über 4000 Kilometer bis ins Herz Chiles führte. Später entdeckten sie die Strecke, die über Berge, Plateaus und durch Täler Ecuador mit Argentinien verband. Quer verlaufende Strecken, die vom Hochland zum Meer führten, ergänzten ein Straßennetz, dessen Länge man auf 16 000 Kilometer schätzt.

Zu Recht ist man erstaunt, dass derart große Anstrengungen unternommen wurden, um Wege für Fußgänger und ihr einziges Lasttier, das Lama, zu bauen. War es nötig, sie

Tambo von Runkuraqay
Dieser kleine tambo *(eine staatliche Herberge) lag an der Straße von Cuzco nach Machu Picchu. Reisende erhielten hier Unterkunft und Verpflegung und konnten auch ihre Lamas über Nacht einstellen.*

so breit anzulegen und ihnen eine so glatte, solide Oberfläche zu geben? War das nicht übertriebener Luxus, der nur mit der Eitelkeit des Despoten zu erklären ist, der über wahre Arbeiterheere verfügte? Diese Straßen und die megalithischen Bauwerke der Inka rufen uns die Verschwendungssucht ins Bewusstsein, mit der die Herrscher Cuzcos ihren Hauptreichtum, die Kraft, Geduld und Zeit der *hatun-runa,* der Erwachsenen, verschleuderten.

Die Andenflüsse, die sich tief eingegraben hatten und reißende Wasser führten, stellten die Inka vor ein schwieriges Problem. Ihnen standen in Reichweite keine Bäume zur Verfügung, um Brücken zu bauen, und da ihnen das Bogenprinzip unbekannt war, konnten sie keine Steine verwenden. Sie überwanden diese Hindernisse mithilfe von Hängebrücken, die in Peru bis noch vor kurzer Zeit benutzt wurden. Kabel aus den fleischigen Fasern der *Cabuya,* der amerikanischen Agave – „dick wie ein Schenkel", heißt es in einer Chronik –, wurden von einem Ufer zum anderen gespannt, wo sie an sechs Holzstämmen verankert, tief in der Erde vergraben und aus Sicherheitsgründen an Steinpfeilern befestigt wurden. Ein Netz aus dünneren Stricken verknüpfte die Seile, bildete Laufwege und Geländer. Die Spanier, die die Genialität der Indianer bewunderten, gestanden, dass sie sich nur widerwillig auf diese Brücken wagten, die bei starkem Wind schwankten und sich in der Mitte gefährlich senkten. Dennoch gelang es ihnen, die Kavallerie hinüberzuführen.

Die an der Strecke wohnenden Menschen hatten die Pflicht, die Brücken in einem guten Zustand zu halten und die Bestandteile in kurzen Abständen zu erneuern. Sie erledigten

Die Strasse der Inka nach Machu Picchu
In den steilen und regenreichen Anden konnten nur steinerne und mit Abflussrinnen versehene Straßen den strömenden Regenfällen standhalten, die hier zu bestimmten Jahreszeiten vom Himmel prasseln.

diese Aufgabe gewissenhaft, denn die im 15. Jh. gebaute Brücke über den Apurímac wurde erst 1890 aufgegeben.

An den Straßen fanden die Reisenden alle 15 bis 25 Kilometer einen *tambo,* was die Spanier mit „Herberge" übersetzten. Es handelte sich um einen einfachen Schuppen oder eine Anzahl kleiner Gebäude um einen Hof oder mit einer Umfriedung. Der Inka und seine Beamten quartierten sich dort ein und fanden Verpflegung und Brennmaterial vor. Dafür sorgten die für den Unterhalt der Stationen verantwortlichen benachbarten Gemeinden. In einem Land aus Wüsten und Bergen war die Nützlichkeit dieser Raststationen so einleuchtend, dass sie den Spaniern nicht entging. Zehn Jahre nach der Eroberung fertigten sie eine vollständige Liste der Stationen an und trafen Maßnahmen zu ihrer Erhaltung.

Die Beschreibung, die Pedro de Cieza de Léon von den Poststationen gibt, lässt keinen Zweifel an der Effizienz der Inka-Verwaltung. „Die Inka erfanden ein System von Kurierposten. Alle drei Kilometer stand ein kleines Haus, in dem zwei Indianer ständig mit ihren Frauen wohnten." Die Dörfer an den Straßen mussten *chasqui,* Kuriere, stellen, die nach Schnelligkeit und Ausdauer ausgesucht wurden. Um keine Minute zu verlieren, kündigte der *chasqui* sein Kommen an, indem er ein Muschelhorn blies und so den Läufer der nächsten Station alarmierte. Dieser erwartete den Ankommenden, nahm die Botschaft entgegen und lief los. So wurden Nachrichten mit größter Schnelligkeit verbreitet. Es dauerte nicht mehr als fünf Tage, bis der Inka in seiner Residenz in Cuzco Nachrichten aus dem 2000 Kilometer entfernten Quito erhielt. Auf diese Weise wurde der Herrscher über Aufstände in seinem Gebiet oder über Angriffe auf weit entfernte Grenzen unterrichtet.

Der britische Mathematiker, Philosoph und Schriftsteller Bertrand Russell definierte den Sozialismus als den allgemeinen Besitz an Boden und Kapital unter einer demokratischen Regierungsform. Dabei war die Produktion auf den Gebrauch, nicht auf den Profit ausgerichtet, und wenn die Verteilung der Produkte nicht an alle gleichmäßig erfolgte, dann musste das zumindest durch das öffentliche Interesse gerechtfertigt sein.

Das Reich der Inka entsprach kaum diesen Merkmalen: Die Unterwerfung unter den Despotismus einer Kaste betonte die aristokratischen Tendenzen, in deren Folge die Kleinfürsten und lokalen Häuptlinge von den Eroberern bestätigt wurden. Darüber hinaus kamen zu den traditionellen Privilegien, die die *curaca* genossen, die aus ihrer Stellung als

Beamte des Inka hinzu. Ein immer größer werdender Abstand klaffte zwischen ihnen und den alten Untertanen. Gemeinschaftlichen Besitz gab es nur auf der Ebene der Gemeinden. Dieses System war in der Alten wie in der Neuen Welt zu finden.

Die Produktion war nur teilweise dazu gedacht, die Bedürfnisse der Untertanen zu befriedigen, denn der Überschuss wurde einer herrschenden Kaste und ihrer Verwaltung zugestanden. Ein Teil der Überschüsse wurde zwar verteilt, sei es in Form von Lebensmitteln und Ausrüstung für die Arbeiterkolonnen und die Soldaten, sei es als Geschenk an die Adligen, die Priester und die Beamten. Die Unterstützung für Alte und Kranke oblag dem Dorf, nicht dem Staat. Diese Pflicht war einfach nur Ausdruck des alten Gruppenzusammenhalts, der heute noch bei den primitiven Landwirten Amazoniens und den Bauern im modernen Peru erhalten ist.

Der Sozialismus beschränkt sich nicht auf das gemeinschaftliche Eigentum, sondern fordert den Dienst am Kollektiv. Im Inka-Reich kam der als persönlicher Dienst oder fertiges Produkt erbrachte Tribut einer Kaste zugute, deren Reichtum und Macht sich vermehrte.

Die klassische Tradition, die die spanischen Chronisten beschrieben haben, hat sich den modernen Historikern und Soziologen aufgezwungen, die das Inka-Reich mit dem antiken Rom, modernen Staaten und utopischen Reichen verglichen. Doch sie haben nicht daran gedacht, es mit den Staaten zu vergleichen, die bei den zu Unrecht als „primitiv" bezeichneten Völkern existierten und noch existieren. Eine bürokratische Verwaltung kann sich sehr wohl bei einem Volk ohne Schrift entwickeln.

Die Konquistadoren, die gewohnt waren, gegen „nackte und wilde" Indianer zu kämpfen, waren geblendet von den Anzeichen einer Hochkultur bei den Völkern, die sie natürlich als unvernünftige Barbaren zu behandeln geneigt waren. Sie wurden besonders von der Disziplin überrascht, die im Reich herrschte. Später erschien die alte Ordnung umso gerechter und humaner, weil die von den Spaniern eingeführte Ordnung durch Missgeschicke und Grausamkeiten gekennzeichnet war. Angesichts der Schrecken der Eroberung und Kolonisierung verwandelte sich die Epoche des inkaischen Despotismus in der Erinnerung in ein goldenes Zeitalter, in dem die Herrscher von Cuzco ihre Untertanen, zweifellos mehr aus Notwendigkeit als aus Weisheit, rücksichtsvoll behandelten und ihnen – zu ihren Bedingungen – Wohlstand und Glück sicherten.

DAS STRASSENNETZ DER INKA

Die beeindruckendste technische Leistung der Inka stellt ihr Straßennetz dar. In weniger als einem Jahrhundert bauten sie Straßen von insgesamt etwa 16000 km Länge in einer erstaunlichen Qualität; die meisten von ihnen sind mit Steinen gepflastert. Sie bildeten das größte Straßennetz der Welt, das vor dem industriellen Zeitalter erbaut worden ist.

Die Inka mussten sich beim Bau ihrer Straßen nach den Gegebenheiten im Gebirge richten. Da in den Anden alljährlich heftige Regenfälle niedergehen, mussten die Straßen aus Stein gebaut und mit Abflüssen ausgestattet werden. Durch den Straßenbau wollten die Inka in erster Linie erreichen, dass die vielen Menschen, die ihren Arbeitsdienst ableisteten, flexibler eingesetzt werden konnten. Außerdem war man sehr daran interessiert, Waren leichter transportieren zu können, denn ihre Umverteilung im Land war eine der Grundvoraussetzungen für die Existenz des Staates. Das Straßennetz stellte somit die augenfälligste und greifbarste Manifestation der Macht der Inka dar. Den wichtigsten Abschnitt bildete die Strecke von Cuzco nach Quito, die stellenweise mehr als 16 m breit war.

Jeweils eine Tagesreise voneinander entfernt – dies entspricht einer Strecke von ungefähr 15–20 km – wurden *tambos* (Herbergen) errichtet. Sie wurden von der lokal ansässigen Bevölkerung unterhalten und regelmäßig mit Nahrungsmitteln, Viehfutter, trockenem Holz, Kleidung und Waffen für die Reisenden beliefert. Man nimmt heute an, dass es im gesamten Inka-Reich etwa 1000–2000 solcher Herbergen gegeben haben muss. Dieses System von *tambos* wurde von den spanischen Behörden im Jahr 1543 wieder hergestellt und – zumindest in Teilen – während der gesamten Kolonialzeit aufrechterhalten.

EDELMANN DER CHIMÚ
Dieser hölzerne Gefäßfuß stellt einen Adligen aus dem Volk der Chimú dar, der auf einem reich verzierten Thron sitzt. Diese verwendeten Schmuckmotive symbolisierten im alten Peru Ansehen und Macht.

Macht und Eliten

Die ersten Gesellschaften im alten Peru waren Theokratien: Die Macht lag in Händen der Priester, die den für die Organisation der landwirtschaftlichen Tätigkeiten unverzichtbaren Zeitplan erstellten. Zur Zeit der Chavín-Dynastie (500–200 v. Chr.) erreichte die Macht der Priester ihren Höhepunkt, und es gelang ihnen, ungeheure Reichtümer anzuhäufen, die sie ihren Nachkommen vererbten.

200 v. Chr.–500 n. Chr. nahm der Einfluss der Chavín allmählich ab, und Volksgruppen wie die Mochica, Paracas und Nazca erlangten wieder Eigenständigkeit. Doch die Weiterentwicklung der Bewässerungstechniken und das zunehmende Bevölkerungswachstum führten zwischen den Küsten- und den Bergbewohnern immer wieder zu kriegerischen Auseinandersetzungen um Ackerland und Wasserquellen. Schon bald rissen militärische Führer die Macht – und mit ihr die Reichtümer – an sich und verdrängten die priesterlichen Kasten.

Dieser Prozess scheint um das Jahr 1000 abgeschlossen gewesen zu sein und gipfelte in der Erschaffung des Inka-Reiches: Die Herrscher von Cuzco waren in erster Linie Krieger, zugleich aber auch geschickte Agraringenieure.

Der Stamm der Inka war im Tal von Cuzco ansässig. Zwischen 1000 und 1450 erlangte er die Vorherrschaft über die anderen Volksgruppen der Region und legte damit den Grundstein zum Aufbau seines Staates. Anfang des 15. Jh. schwangen sich die Inka zu Herren über ein riesiges Reich auf. Um dieses Imperium bewirtschaften zu können, machten sie sich andere in der Gegend um Cuzco lebende Volksgruppen untertan. Diese als „cuzquenisch" bezeichneten Volksstämme, die eigentlich keine Inka waren, erhielten den privilegierten Status von *Hawa Inca*, was so viel bedeutet wie „Inka der Außenbezirke". Durch Eheschließungen mit Angehörigen der Oberschicht der von ihnen unterworfenen Völker gelang es den Inka, ihre Macht nachhaltig zu festigen.

Kurz vor der Eroberung durch die Spanier war der Provinzadel kulturell weitgehend „inkaisiert". Unter den Vorfahren dieser Adligen befanden sich vielfach Inka. Was die Weitergabe des Herrschertitels anbelangte, so gab es keine von vornherein festgelegte Thronfolge. Die Übertragung der Herrscherwürde hing von langwierigen Verhandlungen zwischen den mächtigsten Gruppen der Oberschicht ab.

Die letzten Inka-Herrscher
Auf diesem aus dem 17. Jh. stammenden Gemälde sind von links nach rechts abgebildet: Manco Cápac (1533–45), der nach Ankunft der Spanier regierte; sein Sohn Sayri Túpac (1545–58) und dessen Ehefrau Cusi Huarcay.

Auf grossem Fuss
Die Chimú-Herrscher pflegten sich besonders kostbar zu kleiden, was diese Sandalen aus Lederstreifen mit aufgesetzten Scheiben aus Gold und Türkis bezeugen.

Gewand eines adeligen Inka
Im alten Peru waren Textilien Symbole für Macht und Reichtum. Die Elite beschäftigte Schneider, die eigens für sie raffinierte Kleidungsstücke aus kostbarer Wolle anfertigten.

Hirten an der Macht
In den Bergen lag die Macht meist in den Händen der Bewohner der Hochsteppen, denn diese kontrollierten sowohl Wasserquellen als auch Lamaherden. Die rechts abgebildete Skulptur zeigt einen Hirten aus Zentralperu.

DER EINFLUSS DER SCHAMANEN

Die Priester im alten Peru waren vorwiegend Schamanen und besaßen die Fähigkeit, mit dem Überirdischen in Verbindung zu treten. Diese Gabe wurde durch die Einnahme verschiedener Rauschmittel, wie etwa Koka oder anderer halluzinogener Pflanzen und Pilze, gefördert (nebenstehend ein Mochica-Priester mit einem Koka-Behälter). An der Küste hüteten die Priester das Wissen über die Bewässerungstechniken. Die Macht, die sie daraus schöpften, erlaubte es ihnen, gewaltige Kultstätten errichten zu lassen, die ihr Ansehen noch vergrößerten. In den Bergen blieb die Machtfülle der Schamanen – bedingt durch die weniger ausgeprägte Technisierung der Landwirtschaft – geringer, sodass man imposante Kultbauten hier seltener antrifft.

Mächtiger Inka-Herrscher
Auf diesem kolonialzeitlichen Kultgefäß aus Holz wird der Herrscher als Krieger mit Lanze und Schild dargestellt.

Kapitel 7

Die Religion

Der Sonnenkult

Inti, die Sonne, wurde vom Inka zum Reichsgott erhoben und galt als Ahnherr der Dynastie. Seiner himmlischen Gewalt entsprach die irdische Macht des Sapa Inka, den man als seinen Sohn ansah. Die Huldigungen für Inti verschmolzen mit denen für seinen Sohn. Aus Pietät, aber auch aus politischen Gründen ließen die Inka in allen eroberten Provinzen Tempel für Inti errichten. Man hat daraus geschlossen, dass sie wie die katholischen Könige und moslemischen Kalifen vor Bekehrungseifer förmlich brannten und es ihnen am Herzen lag, den „Barbaren" eine erhabenere Religion zu bringen. Das sind trügerische Vergleiche, und wieder einmal sind wir Opfer der spanischen Chronisten, die den Indianern schnell die eigenen Motive unterstellten. Indem die Inka in ihrem Reich den Sonnenkult einführten, versuchten sie wie die Pharaonen ihrem Imperialismus eine religiöse Rechtfertigung zu geben und ein Band zu den unterworfenen Völkern zu knüpfen. Sie standen den lokalen Religionen nicht feindselig gegenüber, verlangten aber, dass dem Ahnherrn, der Sonne, in jeder Provinz ein privilegierter Platz eingeräumt wurde.

Von allen Göttern der Inka war die Sonne der Gott, dem die größte Anzahl von Priestern und „Auserwählten" diente, allein 4000 in Cuzco. Er besaß auch den meisten Boden und die meisten Herden und bekam die reichsten Opfer an Gold, Silber und Stoffen. Nach einem siegreichen Feldzug wies der Herrscher ihm einen Teil der Beute zu. Pachacutec brachte nach seinem Sieg über die Colla in Bolivien „viele erbeutete Dinge in das Haus des Sonnengottes und zu den Mumien seiner Ahnen, die sich dort befanden".

DIE STAMMVÄTER DER ALTEN PERUANER

Die Gottheiten der alten Peruaner hatten mit den Göttern der Alten Welt kaum etwas gemein. Mit Ausnahme der beiden Hauptgottheiten, der Sonne und dem Donner, handelte es sich bei allen anderen um so genannte *huaca*. Entgegen der landläufigen Meinung ist mit diesem Begriff niemals eine heilige Stätte bezeichnet worden. Den Legenden zufolge wurden die *huaca* als Stammväter der einzelnen Dorfgemeinschaften betrachtet. Sie waren von den beiden obersten Gottheiten gezeugt worden und legten den Grundstein der gesellschaftlichen Ordnung, indem sie die verschiedenen *ayllu* (altperuanische Stammes- und Wirtschaftsgemeinschaften) gründeten. Bevor sie ins Jenseits zurückkehrten, lebten diese Stammväter mit den Menschen und nahmen an ihren Ritualen teil. Der Geist der *huaca* wurde an den heiligen Stätten des jeweiligen Dorfes, in dem sie gelebt hatten, weiter verehrt. Ihre göttliche Kraft übertrug sich nicht nur auf ihre Nachkommen, sondern auch auf die Pflanzen, die diese anbauten, sowie auf die Tiere, die sie züchteten. In der Vorstellung der Andenbewohner waren die Ahnen wilde, ihnen nicht immer wohlgesonnene Wesen, die es zu beschwichtigen galt und deren Wohlwollen man durch Opfergaben zu erlangen suchte.

Die Priesterschaft der Sonne war mit mehr Prestige verbunden als die anderer Götter und hatte auch einen größeren Einfluss.

Der große Sonnentempel in Cuzco, die sagenhafte Coricancha, der „Goldhof", war ein prächtiges Bauwerk. Er zog zahllose Pilger an und diente als Vorbild für die Provinzheiligtümer.

Zwar beeindruckten seine Ausmaße und das besonders schöne Mauerwerk, doch war die architektonische Konzeption des Baus sehr einfach. Der Tempel bestand aus einem Komplex rechteckiger Hütten, die strohgedeckt und von einer riesigen Einfriedung umgeben waren. Die Anordnung entsprach den Privathäusern einer Familie. Das Heiligtum stand in der Unterstadt, zwischen dem Río Huatanay und dem Río Tullumayo auf einer Terrasse, deren nach oben verlängerte Stützmauern Wohnungen für Götter und Priester enthielten. Die fast 400 Meter lange Umfassungsmauer sowie die umfriedeten Heiligtümer trugen außen einen 30 bis 40 Zentimeter breiten Fries aus winzigen, an die Mauer genagelten Goldblechen. Die von der Sonne stärker beschienenen Teile waren von reinerem Gold als jene, die sich im Schatten befanden. In der Coricancha gab es einen Garten, den der Inka am Saatfest symbolisch pflügte. Hier pflanzte man dreimal im Jahr goldene Maiskolben, deren Blätter und Ähren ebenfalls aus Gold bestanden.

Viracocha, der Schöpfer

Viracocha ist, soweit sich seine Person aus den wenigen und verwirrenden Mythen löst, zugleich Schöpfer, Lehrer und Wandler. Er offenbart sich in mehreren aufeinander folgenden Schöpfungen. Zuerst schuf er den Himmel und die Erde sowie eine im Dunkeln lebende Menschheit. Er zerstörte sie wegen eines nicht erwähnten Vergehens und verwandelte die ersten Menschen in Steinstatuen. In einer zweiten Erscheinung tauchte er aus dem Titicacasee auf und schuf bei Tiahuanaco „die Sonne und den Tag, den Mond und die Sterne". Anschließend haute er aus Stein „Männer sowie Häuptlinge, um sie zu regieren, schwangere Frauen und andere, die geboren hatten und deren Kinder in der Wiege lagen", kurz, alle Erdenvölker, denen er sodann befahl, sich in die Regionen zu begeben, die er ihnen zuwies.

Das Sonnenfest
Im Dezember, dem Monat der Sommersonnenwende, wurde das wichtigste Fest des Inka-Jahres, das Capacraymi oder Sonnenfest, gefeiert. Das Bild zeigt den Inka bei der Anbetung der Sonne, umgeben von singenden und trommelnden Frauen.

Als die Erde von den verschiedenen bekannten Nationen und Stämmen bevölkert war, gab Viracocha seine Rolle als Schöpfer auf und verwandelte sich in einen zivilisatorischen Helden. Er gab den Menschen „Lehren, die sie einhalten sollten, weil sie sonst mit Verwirrung bestraft werden konnten". Er lief mit einem geheimnisvollen Begleiter durch die Anden, in dem wir den „Enttäuscher" der indianischen Legenden erkennen, die dumme Gestalt mit wirren Gedanken, die sich dem zivilisatorischen Helden entgegenstellte. „Man behauptet, dass Viracocha, bevor er die Dinge schuf, einen sehr bösen Sohn hatte, der seinem Vater in allem widersprach. Als dieser gute Menschen schuf, machte jener sie schlecht an Körper und Seele. Der Vater machte Berge und der Sohn daraus Ebenen und

DIE HYMNEN AUF DEN SCHÖPFERGOTT

Als Beweis für die Existenz eines übergeordneten Schöpfergottes bei den Inka hat man lange Zeit die in Quechua verfassten „Hymnen" auf den Gott Viracocha angeführt, die uns der indianische Geschichtsschreiber Pachacutec im 17. Jh. überlieferte. Heute weiß man, dass diese Hymnen nicht authentisch sind, sondern von spanischen Missionaren geschrieben wurden und sich an deren Weltbild orientierten. In den Texten, die sich an biblische Psalmen anlehnen, erscheint Viracocha als ein unbekannter Gott, den die Inka-Herrscher anflehen, er möge sich ihnen enthüllen. Er wird darin als Schöpfer des Meeres, der Welt und des Menschen bezeichnet.

In den Augen zahlreicher katholischer Geistlicher mussten einige indianische Ureinwohner, darunter auch die Inka, bereits in präkolumbischer Zeit über einen von Christus gesandten Apostel mit dem Urchristentum in Berührung gekommen sein. Diese Theorie half den Missionaren dabei, die neue Religion zu verbreiten, weil sie sich jetzt nicht mehr als etwas der lokalen Tradition völlig Fremdes darstellte. Der christianisierte Eingeborenen-Adel, zu dessen Sprachrohr sich Pachacutec machte, übernahm die Aufgabe, diese Überzeugung zu verbreiten, die den Indianern, oder zumindest den Inka, eine gewisse religiöse und kulturelle Würde verlieh.

aus Ebenen Berge. Er ließ die Quellen versiegen, die sein Vater geschaffen hatte, und schließlich widersetzte er sich in allem." Nach vielen Abenteuern, die bestimmte Eigenarten der Natur erklären, warf Viracocha am Meer seinen Mantel als Boot auf das Wasser und verschwand am Horizont. Das gleicht dem Mythos aller zivilisatorischen Helden oder Lehrer, die, wenn sie ihre Aufgabe beendet und die Menschen mit Wohltaten überhäuft hatten, in Richtung der untergehenden Sonne zogen, um im Land der Toten zu weilen. Im Allgemeinen kündigt der Lehrer seine Rückkehr an, sei es, um die Welt zu verbessern und ihr neues Glück zu bringen oder sein Werk zu zerstören.

TRANKOPFER-GEFÄSS
Die Inka haben zahlreiche Gefäße hinterlassen, die dazu dienten, den unersättlichen Wesen des Jenseits Getränke zu opfern. Auf diesem hölzernen Kelch ist ein Mensch dargestellt, der inmitten von Cantutas, den inkaischen Nationalblumen, Opfer darbringt.

Dank des spanischen Geistlichen Cristóbal de Molina, der 1575 in Cuzco ein Dutzend Hymnen an Viracocha sammelte, ist uns die Persönlichkeit dieses Gottes durch authentische Dokumente bekannt. Die hohe Meinung, die die Inka von dem Schöpfer hatten, und der Stil der in Quechua niedergeschriebenen Gebete lassen an einen christlichen Einfluss denken. Doch unterscheiden sich die angewandten Floskeln und Begriffe grundlegend von der christlichen Liturgie in der Inka-Sprache und dürften nicht auf die Bemühungen der Missionare zurückzuführen sein.

In den Gebeten wird uns Viracocha als Schöpfer der Sonne und der anderen Götter, der Menschen und ihrer Nahrung beschrieben. Er ist mitfühlend und gut. Man bittet ihn, die Ernten gegen Frost und Hagel zu schützen, die Menschen und ihre Ressourcen zu vermehren. Man erwartet von ihm, dass er über den Inka wacht, den er geschaffen hat, ihm den Sieg über seine Gegner und reiche Beute gewährt. „Dass sein Volk und seine Diener sich vermehren, dass er seine Feinde vernichtet. Gib den Söhnen und Nachfahren für immer Frieden, o Herr."

Jedes dieser Gebete zeugt von einem tiefen Bedürfnis nach Frieden und Sicherheit: „Lass mich in Frieden und Sicherheit leben. Gib deinem Volk ein friedliches und sicheres Leben. Beschütze jene, die du geschaffen hast, führe uns mit deiner Hand …" Er wird auch daran erinnert, dass es ihm obliegt, sich um die Menschen zu kümmern und für ihr Glück zu sorgen, da er sie geschaffen hat.

Eines der Gebete an Viracocha, die Cristóbal de Molina überliefert, zählt zu den seltenen Beispielen der inkaischen liturgischen Dichtung, die den Niedergang ihrer Kultur überlebt haben.

O Schöpfer!
Der Du am Ende der Welt bist,
der Du ohnegleichen bist,
der Du dem Menschen Dasein und Wesen gibst
und einem jeden sagst:
„Sei dieser Mann",
„Sei diese Frau",
der Du, so sprechend,
sie schufst und Ihnen Leben gabst,
vermehre Dein Volk …

Eine Hymne an Viracocha ist wunderbarerweise von einem indianischen Geschichtsschreiber, Yamqui Salcamaygua Pachacutec, erhalten. Wegen ihrer Gedankentiefe und ihres lyrischen Schwungs ist sie mit den schönsten Psalmen verglichen worden.

O Viracocha, Herr des Universums!
Ob Du ein männliches oder weibliches Wesen bist,
Du Herr der Zeugungskraft,
Wo bist Du?
Bist Du oben im Himmel
oder unten auf der Erde,
oder vielleicht auf Deinem
glänzenden Thron bei
Deinem Zepter?
O höre mich!
Vom Himmel dort
oben, wo Du sein magst,
vom Meer hier unten,
wo Du sein magst,
Du Bildner der Welt,
Du Schöpfer aller Menschen,
Du Herr aller Herren.
Meine Augen versagen,
wegen meines Sehnens, Dich zu sehen,
wegen meines bloßen Verlangens, Dich zu erkennen!
Mag ich Dich betrachten, mag ich Dich erkennen, mag ich Dich verstehen!
O blicke herab auf mich,
denn Du kennst mich!
Die Sonne – der Mond –
der Tag – die Nacht –
der Frühling – der Winter,
sind nicht vergebens von Dir geordnet worden, o Viracocha!
Sie wandern alle zu dem ihnen angewiesenen Platz,
sie erreichen die ihnen bestimmten Ziele,
je nach Deinem Gutdünken.
Dein königliches Zepter hältst Du!
O höre mich! O wähle mich aus!
Lass es nicht geschehn, dass ich hinschwinde,
dass ich sterbe!

HOLZGEFÄSS IN FORM EINES GÜRTELTIERS
Dieses Gefäß, das den mit Hornplatten versehenen Panzer des Gürteltiers fast naturgetreu wiedergibt, ist mit zwei Öffnungen ausgestattet, eine auf dem Rücken und eine am Schwanzende. Es diente dazu, Opfergaben darzubringen.

Wir wissen zwar, dass diese Hymnen gesungen wurden, aber es ist keine der zugehörigen Melodien inkaischen Ursprungs überliefert. Die Verbote der Spanier trafen unmittelbar das Zelebrieren des Viracocha- oder Sonnenkults, und vor allem das Eindringen der spanischen Musik schon im 16. Jh. hat zu einer tief greifenden Veränderung der einheimischen Musik geführt. Die heute also als „inkaisch" bezeichnete Musik erklingt deshalb in einer Mischform, in der sich lokale mit fremden Elementen verbunden haben.

Jedenfalls ist die reine Inka-Musik nicht vollständig verschwunden. Dank der mündlichen Überlieferung hat sie teilweise überlebt, und durch die Originalität ihres Aufbaus kann man sie noch von der europäisch beeinflussten unterscheiden. Die Blasinstrumente der Inka-Zeit geben Aufschlüsse über die im alten Peru benutzten Tonleitern. Charakteristisch war die Fünftonmusik.

Von großen Vokalensembles wissen wir dagegen gar nichts. Wir können nur vermuten, dass die Inka – da sie auch heute in der andinischen Musik nicht zu finden ist – die Mehrstimmigkeit nicht kannten und die Männer und Frauen unisono sangen.

Illapa, der Donnergott

Nach Inti, der Sonne, und Viracocha, dem Schöpfer, war die am meisten verehrte Gottheit der Inka Illapa, der Blitze schleudernde Wettergott, der Herr des Hagels und des Regens. Er durchstreifte mit einer Schleuder bewaffnet den Himmel. Das trockene Geräusch, das bei der Benutzung der Schleuder entstand, wurde im Augenblick, in dem Illapa sein Geschoss abfeuerte, als Donnergrollen wahrgenommen. Die Indianer sahen seine Silhouette am Himmel in den Umrissen des großen Bären in der Nähe eines Flusses, der Milchstraße, aus dem er Wasser schöpfte und es auf die Erde schüttete. In einem religiösen Gedicht, das Garcilaso überliefert, wird der Ursprung des Regens anders erklärt:

„Schöne Prinzessin! Dein regenreicher Bruder zerbricht nun deine Schale. Darum rollt der Donner, zucken die Blitze, leuchtet der Himmel. Aber du, Prinzessin, gibst uns mit dem Regen das herrliche Wasser, und dort, wo das Wasser fließt, lässt du an anderen Tagen Hagel und Schnee fallen. Der Schöpfer der Erde, Viracocha, wählte und schuf dich für diese Pflicht."

Illapa wurde als Regenspender besonders bei den Völkern des Reiches verehrt. Ihm waren zahlreiche Tempel geweiht, und einige von ihnen waren berühmt. Die Gläubigen flehten ihn von den Berggipfeln an und boten ihm Opfer dar, wenn die Trockenheit ihre Ernte bedrohte. Seine Bilder oder Symbole wurden neben denen der Sonne auf dem Hauptplatz in Cuzco aufgestellt, und ein Bildnis wurde – wie der Inka – in einem mit Gold verzierten Tragsessel getragen.

Die Mondgöttin war Schwester und Frau des Sonnengottes. Deshalb wurde die Silberscheibe, die die Mondgöttin symbolisierte, in die Nähe des Sonnenbildnisses gestellt.

Die primitiven Volksstämme Amazoniens schreiben den Tier- und sogar Pflanzenarten einen übernatürlichen Herrn zu, der auf ihre Vermehrung achtet und ihre unnötige Zerstörung verhindert. Bei den Indianern Perus hatte dieser Glaube die Form eines Kultes angenommen. Er war einigen Gestirnen geweiht, in denen man das Bild eines Himmelstiers sah, den Bewacher und Beschützer der irdischen Artgenossen. Unser Sternbild der Lyra beispielsweise war für die Inka ein Lamahengst, in dessen Nähe sich die Stute und ein Junges befanden. Die Hirten flehten die himmlischen Lamas um die Vermehrung ihrer Herden an. Eine bestimmte Anzahl von Sternen des Sternbilds des Skorpions bildet am Himmel eine Katze, die man anbetete. Die Plejaden betrachtete man als „Mutter", und ihr Erscheinen wurde mit großen Festen gefeiert.

Die Huaca

Die Frömmigkeit der Inka richtete sich wie auch bei der Mehrzahl ihrer Untertanen auf eine beträchtliche Zahl von Fetischen (*huaca*), zu denen sowohl viele Naturerscheinungen wie Berge, Hügel, Seen, Felsen und Höhlen gehörten als auch Gebäude in Form von Tempeln, Kapellen, Palästen, Säulen oder Gräbern. Viele dieser *huaca* verdanken ihren heiligen Charakter einer persönlichen Beziehung, die zwischen ihnen und einem Inka-Herrscher bestand. Ein Haus wurde zum Kultgegenstand, weil ein Inka es hatte erbauen lassen; wenn ein Ort ihm gefiel oder wenn ein Inka ihn besucht oder dort geschlafen hatte, galt er als heilig. So sagt man von der *huaca* Cugitalis, sie sei eine Ebene, auf der Huayna Cápac von einem bestimmten Krieg träumte. Als der Traum Wirklichkeit wurde, befahl er, „den Ort zu ehren". Eine Quelle wurde für heilig erklärt, weil der Inka darin gern gebadet hatte. „Man flehte den Geist des Ortes an, dem Inka nicht die Kräfte zu rauben und ihm kein Leid anzutun."

Ebenso wie die Person des Herrschers verschiedenen Objekten oder Orten etwas von seiner Heiligkeit verlieh, hatten die Opfer und Gaben oft das Ziel, die „Unsichtbaren" um Gesundheit, Wohlstand für den Herrscher oder den Sieg über seine Feinde zu bitten. Eine bestimmte Zahl der *huaca* gewann nur übernatürliche Kräfte, wenn man ihnen eine tatsächliche oder imaginäre Verbindung mit der herrschenden Dynastie zuschrieb. Die *huaca* Cirocoya beispielsweise war eine Grotte, in der sich, wie man sagte, der Hagel bildete. Die Indianer legten dort Opfergaben nieder, um diese Plage von sich abzuwenden.

HUACA-MONOLITH
Dieser längliche, in den Boden gerammte Steinblock galt als huaca *– eine zu Stein gewordene Figur eines Ahnen. Der Platz um sie herum wurde als Kultstätte angelegt.*

In der Nähe des Sonnentempels gab es einen Ort, wo nach dortigem Glauben die Erdbeben ihren Ausgang nahmen. Man hoffte durch die Opferung von Kindern, Lamas und kostbaren Stoffen Katastrophen dieser Art zu verhindern.

Man schätzte die Zahl der *huaca* in der Stadt Cuzco und der unmittelbaren Umgebung auf etwa 500. Sie lagen an imaginären Achsen, *zeke,* die strahlenförmig vom Sonnentempel ausgingen. Sie waren gleichmäßig auf die vier Viertel des Reiches sowie auf die beiden Hälften von Cuzco, die Ober- und die Unterstadt, verteilt. Der Unterhalt dieser heiligen Orte und die Versorgung mit Opfern oblag den verschiedenen Abstammungsgruppen von Cuzco, sei es, weil die *huaca* auf deren Territorium angesiedelt waren, sei es, weil sie als die übernatürlichen Beschützer des betreffenden *ayllu* galten.

Es kann nicht geklärt werden, ob die Indianer zwischen dem geistigen Element und seiner materiellen Ausprägung unterschieden. Die *huaca*, in welcher Gestalt auch immer, waren heilige Gegenstände. Man schrieb ihnen eine übernatürliche Kraft zu, auf die zu vertrauen nützlich war. Nur das zählte.

DIE *HUACA*-MONOLITHEN

Nach dem Glauben der Andenvölker lebten die mythischen Ahnen der verschiedenen *ayllu*, die gleichzeitig Kriegshelden und kulturelle Vorbilder waren, nach ihrem Tod in Form von länglichen Monolithen weiter. Diese standen in den Dörfern oder auf den Feldern und wurden als *huaca* bezeichnet.

Auch Manco Cápac und seine Brüder hatten sich in *huaca* verwandelt. Die steinerne Verkörperung des Stammvaters der Inka befand sich im Sonnentempel. Die Monolithen traten an die Stelle der nicht mehr vorhandenen Mumien dieser legendären Persönlichkeiten. Man verehrte sie und erwartete von ihnen als Gegenleistung Schutz und Fruchtbarkeit. Ihre phallische Form ließ sie als männliche Wesen erscheinen; weibliche *huaca* gab es nicht. Der Gott des Tempels von Chavín wurde durch einen in den Boden gerammten, sorgfältig behauenen Monolithen dargestellt. Diese Besonderheit rührte zweifellos daher, dass er als Herr und Vorbild aller in Stein verwandelten Vorfahren galt. Die Inka-Herrscher, denen man dieselben Eigenschaften und Kräfte zuschrieb wie den mythischen Ahnen, besaßen ebenfalls ein steinernes Pendant, das bereits zu ihren Lebzeiten rituell verehrt wurde.

Die *huauqui,* die „Steinbrüder der Inka“, waren kleine Statuen, von denen sich ihre Besitzer nie trennten. So war das Idol des Herrschers Pachacutec ein Bild des Wettergottes. Diese Fetische gehörten zur Kategorie der *conopas* oder Schutzgeister, die den einzelnen Haushalten heilig waren. Eines der Kinder – unabhängig ob Sohn oder Tochter – erbte alle heiligen Objekte; sie wurden nicht unter den Nachkommen aufgeteilt.

Die religiösen Feste

Die Abfolge der landwirtschaftlichen Arbeiten und Feste machte eine exakte Zeitrechnung umso notwendiger, als die Inka große Schwierigkeiten hatten, ihren nach Mondmonaten zählenden Kalender mit dem Sonnenjahr in Einklang zu bringen. Wie ihnen dieses Gleichgewicht gelang, ist nicht bekannt. Um die Erntezeit mit mehr oder weniger großer Präzision zu bestimmen, ließ einer der Herrscher, vermutlich Pachacutec Yupanqui, auf einem Bergkamm westlich von Cuzco vier kleine Steintürme bauen, die von einer in der Mitte des Hauptplatzes in Cuzco errichteten Plattform zu sehen waren. „Die beiden mittleren Türme standen dicht beieinander. Wenn die Sonne den ersten Turm erreicht hatte, bereiteten sie sich auf Saatzeit vor, und wenn sie zwischen den beiden Türmen in der Mitte unterging, war in Cuzco der Augenblick gekommen, zu säen.“

Religiöse Feste nahmen einen großen Raum im Leben der Inka ein. Jeden Monat fanden Zeremonien statt, die mehrere Tage dauerten. Bei wichtigen Anlässen eines Jahres, z. B. Sonnenwende, Getreideernte, Gemüseernte oder Tributzahlung, erstreckten sie sich über mehrere Wochen. Cristóbal de Molina, der Jesuit Bernabé de Cobo und Garcilaso de la Vega haben dazu verhältnismäßig zahlreiche Informationen zusammengetragen.

Die Verherrlichung der Sonne – des himmlischen Inka – und indirekt die des irdischen Inka fand an der Wintersonnenwende, im Juni, statt. Die *curaca* und die „großen Herren des Landes" versäumten diese *raymi* genannten gandiosen Feiern nicht: Sie „kamen, um ihren Gott zu feiern und ihrem König zu huldigen".

Am Tag des Festes verließ der Inka in Begleitung seiner Verwandten, deren Platz jeweils von Rang und Alter bestimmt war, seinen Palast. Er ließ sich auf den Hauptplatz Huacaypata tragen, „wo die Menge mit nackten Füßen darauf wartete, dass die Sonne aufging, den Blick auf das Gestirn gerichtet. Sobald die Sonne auftauchte, knieten sie nieder und beteten sie an. Dann blickten sie sie mit ausgebreiteten Armen an, schickten ihr Küsse empor und beteuerten, das Gestirn sei ihr Vater und ihr Gott ... Anschließend erhob sich der König, nahm zwei große Gefäße mit dem üblichen Getränk der Inka, und als ältester Sohn der Sonne bot er ihr das Gefäß in der rechten Hand dar. Sie glaubten, dass die Sonne das Angebot annahm und dass sie den Inka und alle Verwandten empfing, eine Handlung, die die Indianer als größten Beweis der Freundschaft und der Güte ansahen. Nachdem der Inka das Getränk der Sonne dargeboten hatte, verschüttete er die Flüssigkeit, die er im Gefäß in der rechten Hand hatte ..."

Das große Septemberfest, das „Große Läuterungsfest" oder *sitowa,* ist zweifellos das interessanteste, wegen der religiösen Vorstellungen, die seine Riten inspirierten, und auch wegen seiner theatralischen Elemente. Bei diesem Anlass führte man rituelle Reinigungen durch und vertrieb das Übel, das die Stadt bedrohte. Das Volk begab sich auf den Platz, und wenn der Mond am Himmel auftauchte, riefen alle: „Krankheit, Unglück, Ungemach und Gefahren, die uns drohen, geht, verlasset unser Land! Geht, ihr Übel, geht fort!" Dieser Ruf wurde in der ganzen Stadt aufgegriffen, auch von vier Gruppen aus hundert Soldaten, die sich am Anfang der in die vier Himmelsrichtungen führenden Straßen aufgestellt hatten. Die von Kopf bis Fuß bewaffneten Soldaten marschierten unter diesem Geschrei aus der Stadt. Andere Gruppen nahmen die Verwünschungen auf und nahmen mit Speeren in der Hand an der Jagd auf das unsichtbare Übel teil, bis sie an bestimmte Uferstellen der Cuzco umgebenden Flüsse kamen – etwa fünf oder sechs Wegstunden von der Stadt entfernt – und ihre Speere in die Erde stießen, „um zu zeigen, dass das Übel bis zu diesem Ort verbannt war und diese Grenzen nicht überschreiten konnte".

Mumie eines Inka
Den Inka-Mumien wurden täglich auf dem wichtigsten Platz von Cuzco Speisen und Getränke gereicht. Die Inka glaubten nämlich, dass die Kraft, die sie zu Herren über ein ausgedehntes Reich gemacht hatte, von ihren Toten herrührte.

Als die Läufer ihr Ziel erreicht hatten, badeten sie in einem Fluss und tauchten ihre Waffen ins Wasser, damit die üblen Einflüsse ins Meer gespült würden. In der Stadt traten alle Bewohner, Jung und Alt, vor ihre Haustüren, schüttelten ihre Kleider aus und riefen: „Möge alles Übel verschwinden! Wie haben wir uns nach diesem Fest gesehnt! O Schöpfer aller Dinge, lass uns noch ein Jahr leben, damit wir noch ein Fest wie dieses erleben können!" Nach einer mit Singen und Tanzen verbrachten Nacht ging man zu den Quellen und Flüssen, um das Übel abzuwaschen. Fackelträger „verjagten mit ihrem Feuer das Übel der Nacht, nachdem sie mit dem Speer das Übel des Tages vernichtet hatten". In jedem Haus hatte man eine Art Maispaste, *sanko* genannt, zubereitet, mit der sich die Bewohner ihren Körper, die Türschwellen und ihre Vorratskammern abrieben, in der Hoffnung, „Krankheiten und Gebrechen" zu vertreiben.

Die Statuen der großen Himmelsgötter sowie die Mumien der Inka wurden auf den großen Platz von Cuzco gebracht und mit *sanko* „gewärmt", d. h. eingerieben. Die Tempel und Fetische erfuhren die gleiche Behandlung. Im Herrscherpalast führte der älteste Onkel des Herrschers diese Riten aus.

DIE TOTEN VON CUZCO

Ein großer Teil der Bevölkerung von Cuzco widmete sich dem Kult der Toten aus dem Stamm der Inka, deren mumifizierte Leichname im Innern der Stadt aufbewahrt wurden.

Hier ein Auszug aus dem Bericht des Eroberers Pedro Pizarro, der Cuzco sah, bevor die Spanier die Stadt tief greifend veränderten: „In Cuzco traf man auf eine erstaunliche Anzahl von Menschen. Die meisten von ihnen standen im Dienste der Toten, die man täglich auf den Platz hinausbrachte, wo man sie ihrem Rang entsprechend hinsetzte. Sodann errichtete man vor ihnen kleine Scheiterhaufen aus regelmäßig geschnittenen, trockenen Holzstücken, die man entzündete, und verbrannte in dem Feuer alle Lebensmittel, die man vor den Toten aufgestellt hatte. Auf diese Weise wollte man ihnen die gleiche Nahrung zuführen, die auch die Lebenden verzehrten. Vor diesen Toten standen auch große Krüge (Birques), die je nach Rang des Toten aus Gold, Silber oder Ton bestanden. In diese Krüge goss man das Maisbier, das man dem Toten zeigte und anbot. Dann boten sich die Verstorbenen gegenseitig davon an, luden auch die Lebenden dazu ein, die wiederum die Toten zum Trinken aufforderten. Sobald die Birques voll waren, leerte man ihren Inhalt in die unterirdische Kanalisation."

Vor den Götterbildnissen wurden weiße Lamas mit dichtem Fell geopfert, deren Blut man auf den *sanko* tropfen ließ. Der Hohepriester kostete davon, nachdem er Verwünschungen gegen jene ausgesprochen hatte, die „mit zwei Willen und zwei Herzen" an diesem Ritus teilnahmen und sich gegen die Götter und den Herrscher versündigten. Alle, einschließlich der Kinder und Kranken, aßen von der mit dem Blut des Opfers getränkten heiligen Paste.

Die Hierarchie der Priesterschaft

Der Verwaltungshierarchie entsprach im religiösen Bereich eine Hierarchie, über die der Herrscher die Kontrolle übernommen hatte. Der Stand der Priester richtete sich nach dem Heiligtum, in dem sie tätig waren, und den Funktionen, die sie ausübten. In der Priesterordnung nahm der Hohepriester der Sonne, der *Vilca-oma*, immer ein naher Verwandter des Inka – sein Bruder oder sein Onkel –, den obersten Rang ein. Er war zahlreichen Tabus unterworfen und lebte in den Mauern des Sonnentempels ein strenges und einfaches Leben. Die Priester, die ihm wie eine Art Hof zur Seite standen, waren alle adlig.

In den Provinzen stellten die Familien der lokalen *curaca* die Priester der Sonnentempel oder der großen *huaca*. Jedes Dorf suchte die Menschen für den Kult der lokalen Götter aus. Wie bedeutend die Geistlichkeit im Reich war, verdeutlichen einige Zahlen. Mehr als 4000 Menschen waren in der *Coricancha*, dem Sonnentempel in Cuzco, beschäftigt – von den eigentlichen Priestern und Sonnenjungfrauen bis zu Dienern aller Art, den Hirten der Herden des Gottes, den Trägern und den Straßenfegern. Man hat behauptet, der Personalbestand sei größer als der der Armee. Der Konquistador Pedro Sancho berichtet, dass im Sonnentempel auf der Insel im Titicacasee „sechshundert indianische Diener und tausend Frauen damit beschäftigt waren, die *chicha* zuzubereiten, um sie bei einem Trankopfer über den ‚heiligen Titicaca' genannten Felsen zu gießen".

Keine Institution hat so viel Neugier erregt wie die der Sonnenjungfrauen, deren Quechua-Name *aqlla-cuna* „Auserwählte" bedeutet. Sie rekrutierten sich aus den Mädchen, die von Sonderbeamten in jeder Gemeinde ausgewählt wurden und die man in bestimmten Einrichtungen bis zu dem Zeitpunkt einschloss, an dem der Inka oder sein

Vertreter über ihr Schicksal befand. Alle, die nicht als Konkubinen des Herrschers oder hoher Beamter ausgewählt oder für Menschenopfer ausersehen wurden, brachte man in einen Tempel. Dort bereiteten sie die Nahrungsmittel für die Zeremonien zu, besonders die *chicha,* die man bei Festen in Mengen trank. Sie arbeiteten in regelrechten Werkstätten, aus denen die besonders berühmten Stoffe stammten, die *cumbi* aus Vikunjawolle. Die von den *aqlla-cuna* hergestellten Kleider trugen der Herrscher und seine Familie, die Priester oder die Götterbildnisse. Außerdem wurden sie als Opfer dargeboten. Jeder *aqlla-cuna*-Konvent stand unter der Aufsicht einer älteren Frau, die als Gattin des Sonnengottes betrachtet wurde. Die größte und berühmteste Einrichtung befand sich in Cuzco und umfasste etwa 500 Frauen.

Die Priester übten zahlreiche Tätigkeiten aus, ohne dass jedoch die Vielfalt der Aufgaben immer mit einer strengen Spezialisierung einherging. Als Hohepriester, Wahrsager, Beichtvater oder Arzt trugen sie verschiedene Namen.

Wahrsagerei

Die Inka waren sehr abergläubische Menschen. Keine wichtige Handlung wurde erledigt, bevor man nicht den Wahrsager befragt hatte. Wahrsagungen hatten auch eine juristische Funktion. Ging es darum, einen Schuldigen finden, einen Angeklagten zu überführen, der seine Tat leugnete, oder einen Sünder, der sein Vergehen verheimlichte – dann befragte man die Auspizien. In der Ausübung dieser Kunst lebte die Tradition des andinen Schamanismus weiter. Bestimmte Priestergruppen riefen die Geister an, damit sie ihnen die Zukunft enthüllten oder Verborgenes aufdeckten. Die Spektakulärste war eine Befragung, bei der man die Toten durch die Opferung von Kindern, weißen Lamas sowie von Gold- und Silbergegenständen rief. Die Stimme der Geister erhob sich aus den Flammen, die, angefacht von einem Priester, der durch ein Rohr mit Kupfer- oder Silberspitzen blies, aufloderten oder zusammensackten. Diese Anrufungen sollten Verräter entlarven. Einige Tempel wie beispielsweise in Pachacámac und Lima bargen berühmte Orakel. Als Fernando Pizarro in das Allerheiligste eindrang, aus dem die Stimme des Orakels ertönte, stieß er nur auf einen grob behauenen, goldverzierten Pfahl.

KOSTBARE TOTENMASKE
Diese von der Südküste Perus stammende Maske aus gepunztem Gold bedeckte das Gesicht eines hochrangigen Verstorbenen.

Während sich die Wahrsager bei Kleinigkeiten auf die Beobachtung der Laufwege der Spinne, die Anordnung der Kokablätter oder den Weg, den der Speichel auf ihren Fingern nahm, beschränkten, befragten sie die Eingeweide von Tieropfern, wenn es um das Schicksal des Staates ging. Sie bliesen auch die Lungen von geopferten Tieren auf, um aus dem Verlauf der Adern die Zukunft zu lesen. Schließlich zog man je nachdem, ob die Zahl der Maiskörner oder auf einem Haufen gestapelter Steine gerade oder ungrade war, günstige oder ungünstige Schlüsse.

Der Ritus der Beichte, den die Indianer bei bestimmten Umständen vollzogen, wurde von den Spaniern als eine teuflische Parodie des christlichen Beichtsakraments aufgefasst. Sie verglichen sie mit ihren eigenen Praktiken und verfälschten dadurch die Bedeutung. Was die Spanier unter „Sünde“ verstanden, waren für die Inka rituelle Übertretungen oder Verstöße gegen die soziale oder natürliche Ordnung, die den göttlichen Zorn erweckten und allgemeines Unglück nach sich zogen. Jeder Akt der Zauberei, die kleinste Verfluchung des Inka, der heiligen Person, gehörte zu den Verbrechen, nach denen man sein Gewissen erleichtern und eine Strafe auf sich nehmen musste. Wenn der Regen ausblieb, wenn der Hagel die Ernte schädigte, wenn der Herrscher krank war, waren Zeichen der Beichte oder eine Buße nötig, um das Gleichgewicht in der Natur wiederherzustellen. Je nach dem einzelnen Fall oblag das Geständnis der *hocha,* des rituellen Vergehens, einem Menschen oder der ganzen Gemeinde. Man bereitete das Geständnis mit fünftägigem Fasten vor. Der Priester verhörte den Büßer und drängte ihn, nichts zu verbergen. Wenn der Schuldige auszuweichen versuchte, genügte zu seiner Enttarnung die Untersuchung von Eingeweiden eines Opfers oder eine andere Wahrsageprozedur. Der Beichtvater schlug dem Büßer mit Steinen auf den Rücken, sprach Gebete, dann spuckten beide auf eine Handvoll Gras und warfen es danach in einen Fluss. Manchmal wusch sich der Schuldige seine Vergehen mit Wasser ab und beachtete verschiedene religiöse Verbote.

Die zu Heiligtümern gehörenden Äcker und Herden lieferten einen großen Teil der den Göttern dargebotenen Opfer. Wollte man sich hingegen mit der Gottheit versöhnen, musste man das Opfer aus dem eigenen Besitz nehmen.

Das Lama war das klassische Opfertier. Die Anzahl und Farbe der zu opfernden Lamas unterlagen genauen Regeln und gehörten zum festen Wissen der Geistlichen. Die Sonne verlangte weiße, Viracocha braune und der Wettergott Illapa zweifarbige Lamas. Man führte das Tier um das Bildnis des Gottes, drehte seinen Kopf zum Bildnis und schnitt ihm dann die Kehle durch. Das Blut wurde in einem Gefäß mit verschiedenen Mehlsorten aufgefangen. Das Gemisch warf man dann in alle vier Himmelsrichtungen. Wenn es sich um eine lokale Gottheit handelte oder wenn der Flehende nur ein armer Bauer war, begnügte sich der Gott mit Meerschweinchen als Opfer.

Kultgegenstände
Im Innern dieser Keramikschale (oben) wird ein Mann beim Opfern eines Lamas dargestellt. Er benutzt dazu ein bronzenes Opfermesser (unten), dessen Heft mit einem Lamakopf verziert ist.

Die Menschenopfer

Die Befürworter der Inka-Kultur, unter ihnen Garcilaso de la Vega, haben einen schamhaften Schleier über die – häufigen – Menschenopfer geworfen, entweder weil sie sie leugneten oder weil sie die Bedeutung herunterspielen wollten. Die Inka fanden niemals Gefallen an den Massenopferungen wie die Azteken, aber sie brachten dennoch ihren großen Göttern und ihren wichtigsten *huaca* Menschenopfer dar. Neben regelmäßigen Opfern wurden Männer, junge Frauen und vor allem Kinder geopfert, wenn der göttliche Schutz notwendig schien: bei der Thronbesteigung eines Inka, wenn der Herrscher schwer krank war, wenn eine Region von einem großen Erdbeben betroffen war, bei Sonnen- oder Mondfinsternis oder wenn dem Reich ein Unheil drohte. Die Kinder, die die Provinzen als Opfer an die Heiligtümer des Herrschers lieferten, waren Teil des Tributs, zu dem sie gezwungen waren. Die kleinen Opfer mussten einen makellosen Körper haben, der kleinste Fleck auf der Haut machte sie ungeeignet. Vor ihrem Tod wurden sie gut behandelt. Am Opfertag gab man ihnen besonders gut zu essen, und wenn sie noch klein waren, stillte die Mutter sie, „damit sie nicht hungrig und unzufrieden dorthin kamen, wo der Schöpfer war". Die meisten von ihnen wurden lebendig begraben. In bestimmten Fällen öffnete man ihnen die Brust und riss ihnen, nach mexikanischer Art, das Herz heraus. Man brachte es dem Idol noch klopfend dar und führte quer über das Gesicht des Opfers einen langen blutigen Schnitt von einem Ohr zum anderen aus. Die Leichname wurden auf einem eigenen Friedhof in der Nähe des Heiligtums vergraben. Archäologen haben einige dieser Opferplätze an der Küste gefunden, vor allem bei Pachacámac.

Eine bestimmte Anzahl der jungen Mädchen, die die Provinzen dem Inka liefern mussten, war dazu bestimmt, früher oder später den Göttern geopfert zu werden. Jedes Jahr, wenn bei der Ablieferung des Tributs der Teil für die Provinzheiligtümer einbehalten wurde, sonderte man die zu Menschenopfern Auserkorenen aus. In der Nähe der Tem-

pel gab es Einfriedungen, wo sie eingeschlossen wurden und auf den Tag des Festes warteten, an dem sie mit Schmuck behängt und in ihren schönsten Kleidern vor das Götterbild gebracht wurden, wo man sie erdrosselte oder ihnen die Kehle durchschnitt. Zuvor gab man ihnen *chicha* zu trinken, um sie zu betäuben, und sagte ihnen wiederholt, dass „sie berufen waren, dem Gott an einem ruhmreichen Ort zu dienen".

Die den Göttern dargebotenen Lebensmittel wurden in die Flammen eines brennenden Holzscheits geworfen. Dieses wurde wiederum mit Glut aus einem heiligen Feuer in Brand gesetzt, das in einer Umfriedung auf der *Coricancha* mit aus aromatischem Holz geschnittenen Scheiten unterhalten wurde. Außerdem wurden Körbe mit Kokablättern zu Ehren der Götter verbrannt. Hierbei handelte es sich um eine kostbare Gabe, denn nur der Inka und seine Familien aßen diese Pflanze, der man mystische Kräfte zuschrieb.

Den *huaca* wurde eine Unmenge an Stoffen geopfert. Neben den *cumbi* aus Vikunjawolle waren Miniaturkleider an kleinen Holzpuppen für die Flammen bestimmt. Gold- oder Silberfigürchen wurden als Opfergaben in den Heiligtümern vergraben oder an Mauern angehängt. Außerdem versöhnte man die Götter mit Muscheln, *mullu*.

Für Trankopfer nahm man *chicha*. Man besprengte den Boden oder schüttete vor dem Gott kleine Portionen aus. In Cuzco goss der Herrscher Becher mit *chicha* in eine mit Goldblechen ausgekleidete Steinschale.

DER TEMPEL AUF DER MONDINSEL
Auf den beiden Inseln gegenüber der Halbinsel von Copacabana im Titicacasee errichteten die Inka zwei Tempel. Gemeinsam mit den Tempeln von Cuzco und Pachacámac zählten sie zu den herausragendsten Heiligtümern des Inka-Reiches.

Mochica-Zepter
Der Gott der Unterwelt wird auf diesem Zepter als Furcht einflößendes Wesen dargestellt, das Menschenopfer fordert. Seine Gesichtszüge sind eine Mischung aus Mensch und Raubkatze. In einer Hand hält er die Klinge eines Beiles, in der anderen einen abgeschlagenen Kopf.

Mächtige Sonnengötter

Die alte Religion der Andenbewohner beruhte einerseits auf dem Toten- und Ahnenkult, andererseits auf der Verehrung der beiden Schutzgottheiten, die nach dem Glauben der Inka das erste Ahnenpaar darstellten.

Die Völker, die in den bewässerten Tälern lebten und sich in erster Linie von Mais ernährten, verehrten den Gott der Unterwelt. Er wurde von den Inka Viracocha, im Zentrum Perus Huari und an der zentralperuanischen Küste Pachacámac genannt. Dieser Gott beherrschte die unterirdischen Wasserläufe, die die Bewässerungskanäle speisten.

Die Völker der Hochsteppen, die vorwiegend von Viehzucht und dem Anbau von Knollengewächsen lebten, huldigten dem Wettergott des Himmels, der Blitz und Donner, Hagel und Regen auf die Erde herabsandte. In den Bergen Zentralperus wurde er Libiac genannt, während er bei den Inka, die ebenfalls an ihn glaubten, Illapa hieß. So verehrte jede Gemeinschaft den Gott am meisten, der ihren Alltag am stärksten beeinflusste, während um andere Götter nur ein zweitrangiger Kult betrieben wurde.

Sonnengottheiten gab es zwei: Viracocha-Huari war die Sonne der Regenzeit, Libiac-Illapa die der Trockenzeit. Die andine Religion beruhte also auf einer Zweiteilung, auf zwei großen Gottheiten, die sich gegenseitig ergänzten. Diese beiden Götter, die von allen angebetet wurden, verkörpern die fundamentale Einheit der Religion im alten Peru. Die Entstehung des Inka-Reiches scheint das Bewusstsein dieser Einheit noch verstärkt zu haben, denn die unterworfenen Volksstämme erkannten in Viracocha die Gottheit, die jeder unter einem anderen Namen verehrte. Die Inka, die sich als das von Viracocha auserwählte Volk betrachteten, haben den Kult um diese Gottheit allerorten gefördert.

Viracocha hatte die mythischen Ahnen der Talbauern aus Stein geformt, bevor er sie unter die Erde schickte, um sie später in menschlicher Gestalt wieder an die Oberfläche kommen zu lassen. Diese mächtigen, ungezähmten Wesen, die man *huaca* nannte, lebten auf der Erde, bis sie erneut in Stein verwandelt wurden.

Die Ahnen der Viehzüchter und Kartoffelbauern haben sich nach dem Glauben der alten Peruaner teilweise in Berge verwandelt. Alle diese Vorfahren waren Gegenstand eines Kultes, der an Bedeutung gleich hinter dem der beiden Hauptgottheiten rangierte.

PARACAS-MUMIE
Jede Volksgruppe konservierte ihre Toten mit großer Sorgfalt. Damit die Verstorbenen aus der Unterwelt Wasser und Fruchtbarkeit spendeten, brachten ihnen die Lebenden regelmäßig Opfer dar.

MOCHICA-WANDMALEREI
Die vom Kopf des Gottes der Unterwelt ausgehenden Spiralen symbolisieren Quellen, die er als Gegenleistung für die von ihm geforderten Opfergaben mit Wasser speist.

HEILIGER MAIS
Diese Keramik stellt einen Maiskolben mit göttlichen Kräften dar. Da die Götter den Kulturpflanzen ihren Segen mitgaben, wurden die größten Früchte zum Gegenstand der Verehrung.

DER GOTT VON TIAHUANACO

Die Bewohner von Tiahuanaco, die von Viehzucht und dem Anbau von Hackfrüchten lebten, huldigten dem Donnergott. Auf dem Zentralrelief über dem Sonnentor haben die Künstler diesen Gott nach den Regeln abgebildet, die 1000 Jahre zuvor von den Chavín-Priestern für die Darstellung des Gottes der Unterwelt aufgestellt worden waren: Ansicht von vorn, rechteckiges Gesicht, überproportional großer, von einem Strahlenkranz umgebener Kopf. In der rechten Hand hält der Gott einen Bogen, in der linken einen Beutel mit Pfeilen. Auf diese Weise wird er zugleich als siegreicher Krieger und als Schleuderer von Blitzen dargestellt. Rings um die Zentralfigur des Gottes sind Puma- und Raubvogelköpfe angeordnet. Diese Tiere hielt man im alten Peru für im Diesseits sichtbare Lebenszeichen der Ahnen.

STATUE AUS TIAHUANACO
Die Inka sahen in den steinernen Statuen Urbilder ihrer Ahnen, die Viracocha aus dem Fels gehauen hatte.

INKA-STATUETTEN
In Gräbern fand man zahlreiche Figuren vom Typ dieser bekleideten und frisierten Statuette aus Gold. Vielleicht enthielten sie eine der „Seelen“ des Verstorbenen.

KAPITEL 8

Die Inka-Stadt

Die Inka-Kultur entwickelte sich in der Epoche, als in der Andenregion Städte entstanden. Sie steht also in einer Tradition des Städtebaus, den sie bereicherte und zu einer der größten Errungenschaften machte.

Die Inka waren große Städtebauer. Sie bauten Cuzco zu einer wahrhaften Metropole aus, die jeder Herrscher, zumindest seit Pachacutec Yupanqui, verschönerte. Dabei nutzte er die Arbeitskräfte und Rohstoffe, die ihm seine Eroberungen einbrachten. In den unterworfenen Provinzen fassten die Inka in von ihnen geschaffenen städtischen Zentren einen Teil der Bevölkerung zusammen und nahmen auf diese Weise die Politik des Vizekönigs Francisco de Toledo am Ende des 16. Jh. vorweg. Aber kann man bei den Inka tatsächlich von einem Städtebau sprechen? Die Chroniken erwähnen Tonmodelle, die die Herrscher von ihren Baumeistern anfertigen ließen. Allerdings sind diese Gegenstände Teil einer alten Tradition. Die planmäßige Anordnung der Straßen, die sich, wie in modernen Städten Lateinamerikas, im rechten Winkel kreuzten und auf Plätzen mündeten, könnte uns glauben lassen, dass die Inka bewusst ein regelrechtes Stadtmodell konzipierten. Betrachtet man topographische Fotos der Inka-Städte, von denen Ruinen erhalten geblieben sind, denkt man an nordamerikanische Städte, die fast den gleichen Gesamtplan zu haben scheinen: große Plätze, Schachbrettmuster und rechteckige, von Mauern umschlossene „Blocks“. Doch der Triumph des schachbrettartigen Plans war nicht das Ergebnis einer bewussten Stadtplanung, sondern leitete sich aus dem Architekturtyp der Inka-Stadt ab und der Art, wie sie entstand. Viele Städte waren nur eine Ansammlung von *cancha,* Gruppen von drei oder vier Häusern in einer rechteckigen Einfriedung. Andere Städte drängten sich offensichtlich mehr zufällig an den Straßen und Wegen, die zu den Zentren mit ihren Tempeln und Palästen führten. Viele inkaische Städte bestanden vor allem aus einem Komplex öffentlicher Gebäude, in denen Geistliche und Beamte wohnten. Das niedere Dienstpersonal der Würdenträger war in Hütten untergebracht, die keine Spuren hinterlassen haben. Deshalb erheben sich die Ruinen bestimmter prunkvoller Gebäude inmitten von Orten, in denen man den Eindruck hat, sie wären nie bewohnt gewesen. Die Menschen in religiösen oder administrativen Zentren wurden von den benachbarten Dörfern versorgt. Man hat Cuzco als eine große Hauptstadt dargestellt, deren Bevölkerung auf 300 000 Einwohner angestiegen sein soll, eine Zahl, die zweifellos übertrieben ist, denn die Stadt war nur eine Ansammlung von Dörfern und Weilern, die um die Tempel und fürstlichen Residenzen verstreut lagen. Nach der Eroberung bildeten die Dörfer unabhängige Gemeinden, die dann zu Stadtvierteln wurden, aber ihre alten Bezeichnungen beibehielten.

DER STEIN VON SAIHUITE
Dieser gewaltige, kunstvoll behauene Monolith, der sich in einem Verwaltungszentrum der Inka etwa 100 km nördlich von Cuzco erhebt, stellt ein Gefüge von Terrassenfeldern, Kanälen und Häusern dar. Dazwischen sieht man Pumas, Affen und andere Tiere.

Die gewaltige Masse inkaischer Ruinen und die Schönheit ihres Mauerwerks wecken eine etwas falsche Vorstellung von der Einfachheit ihrer architektonischen Pläne. Paläste, Tempel oder Häuser sind oft nur das grandiose Abbild der bescheidenen Hütte des Que-

chua-Bauern, die in den Andentälern überlebt hat. Vier Mauern aus Trockensteinen oder Lehm, ein mit Stroh gedecktes Giebeldach, eine Tür und Nischen an den Innenwänden – das war die Einheit, die sich in den komplexesten Strukturen wiederfand. Die Monotonie des Grundplans sowie die erdrückende Strenge der Fassaden wird durch das Mauerwerk aufgewogen. Keiner Kultur auf der Welt ist es gelungen, mit einer derartigen Perfektion so größe Blöcke zusammenzufügen.

SACSAHUAMÁN
Hoch über Cuzco gelegen war Sacsahuamán zugleich heilige Stadt, Festung und Vorratsspeicher. Die am höchsten gelegenen Gebäude wurden in der Kolonialzeit niedergerissen. An ihrer Stelle entstanden die Bauten der spanischen Siedlung.

Cuzco

Die besten Beispiele des Inka-Mauerwerks findet man in Cuzco, auch wenn nicht mehr viel von der Inka-Stadt erhalten ist. In einem letzten Versuch, die Eindringlinge zu verjagen, hatten die Indianer sie selbst verbrannt. Die Spanier zerstörten sie wiederum, als sie auf den Fundamenten eine spanische Stadt errichteten, und schließlich vollendeten mehrere Erdbeben das Vernichtungswerk. Bei den Überresten handelt es sich in der Mehrzahl um Grundmauern von Kolonialhäusern. Es sind Mauern aus vieleckigen Blöcken, die wie Teile eines Puzzles zusammenpassen, oder aus rechtwinkligen Blöcken, die in regelmäßigen Schichten angeordnet sind. Noch vor kurzem wurde das „zyklopische" Mauerwerk aus vieleckigen Blöcken einem megalithischen Reich mit Tiahuanaco als Mittelpunkt zugeschrieben. Es sollte viel früher bestanden haben als das Inka-Reich. Die Inka, Erben dieser geheimnisvollen Zivilisation, sollten, obwohl sie gute Baumeister waren, ihren Ehrgeiz nicht daran gesetzt haben, in ihren Bauten riesige Blöcke zu benutzen. Tatsächlich stammt das zyklopische und das aus regelmäßigen Schichten zusammengesetzte Mauerwerk aber aus der Inka-Zeit und geht nicht weiter zurück als bis ins 15., wenn nicht sogar ins 16. Jh. Die gleichzeitig verwendeten Techniken entstammen möglicherweise zwei verschiedenen Traditionen. Vielleicht ahmten die Mauern aus regelmäßigen und an der Schauseite gewölbten Steinen Wände aus Rasensoden nach. Das zyklopische Mauerwerk entwickelte sich dagegen aus Mauern, die aus großen, ungleichmäßigen Steinblöcken zusammengesetzt waren, was die Abstände zwischen den Steinen erklären könnte. Das zellulare Mauerwerk aus kleineren Steinen, die unregelmäßig angebracht sind, soll sich an das vorhergehende angeschlossen haben. Den höchsten Grad der Perfektion erreichte die inkaische Maurerarbeit mit einem dritten Mauerwerkstyp, für den die rechteckigen Steine gleichmäßig behauen und derartig genau zusammengefügt wurden, dass sie dem Auge eine vollständig glatte Oberfläche darboten.

Die Verschiedenheit des Mauerwerks entspricht also nicht den Stufen einer architektonischen Entwicklung, sondern einfach der Bestimmung der Mauern. Die großen unregelmäßigen Blöcke wurden für die Mauern, Terrassen und Umfriedungen der „Höfe“ benutzt. Das rechteckige Mauerwerk aus Andesit bevorzugte man für den Gebäudekorpus. Manchmal kombinierte man beide Mauertypen beim Bau eines Palastes oder Tempels – das rechteckige Mauerwerk umrahmte beispielsweise eine Tür in einer Wand aus zellularem Mauerwerk.

Die Materialien stammten aus Steinbrüchen im Umkreis von sieben bis 35 Kilometern. Sie wurden auf Schlitten mithilfe von Rollen transportiert und über Rampen und Erdwälle an ihren Platz gebracht. Die Blöcke wurden mit Steinwerkzeugen und Kupfer- oder Bronzemeißeln behauen. Sie wurden so lange bearbeitet oder aneinander gerieben, bis sie passten. Neben großen Blöcken hat man häufig kleinere gefunden. Mit ihnen schmirgelten die Inka die angrenzenden Steine ab, nachdem sie zwischen ihnen eine dünne Schicht aus nassem Sand verteilt hatten.

Das Hauptmerkmal der Inka-Architektur ist die Trapezform, die man Toren, Fenstern und Nischen verlieh. Man verwendete sie aber auch bei Vorsprüngen oder Zapfen, die aus den Oberflächen herausragten. Ihr Sinn ist nicht immer bekannt. In einigen Fällen handelt es sich um Zapfen, an denen die Seile befestigt waren, die das Dachstroh festhielten; andere waren Verzierungen. Die Mehrzahl der Gebäude ist einstöckig, aber in Machu Picchu findet man häufig zweistöckige Häuser. Mit seinen drei Stockwerken stellt der Tempel des Viracocha eine Ausnahme dar.

Das moderne Cuzco ist, trotz der Grundmauern aus der Inka-Zeit und der dort lebenden Indianer, eine andalusische Stadt. Sogar die inkaischen Überreste, die man den Touristen zeigt, gehen oft nicht weiter zurück als in die Epoche unmittelbar vor der Ankunft der Spanier. Viele sind am Ende des 16. Jh. von indianischen Maurern für die neuen Herren errichtete Gebäude. Nur drei von Pizarro nach Cuzco geschickte Spanier

DIE RINGFÖRMIGEN STADTVIERTEL VON CUZCO

Der Grundriss von Cuzco, der Hauptstadt des Inka-Reiches, bestand aus einer Folge von konzentrischen Ringen, die sich, ausgehend vom Hauptplatz Aucay Pata, über einen Radius von etwa 50 km erstreckten. Um den Hauptplatz herum lagen die wichtigsten Tempel und Paläste der Inka-Herrscher. Hier war der Ausgangspunkt der *ceques*, imaginäre Linien, die sich zu heiligen Bezugspunkten – den *huaca* – hin orientierten. Vom Stadtmittelpunkt aus verliefen sie strahlenförmig in alle Himmelsrichtungen. Etwas weiter entfernt befand sich ein ringförmiger Stadtbezirk, in dem die Adligen und die hohen Würdenträger residierten. Darauf folgte ein ausgedehnter Vorstadtsektor, wo die Stammesoberhäupter der einzelnen Regionen und die zum Frondienst verpflichteten Untergebenen aus allen Teilen des Reiches wohnten. In einem letzten Ring beendeten Pflanzungen und Dörfer dieses „Groß-Cuzco“, das ein verkleinertes Abbild der Bevölkerungsstruktur des Reiches abgab.

Heute weiß man, dass die Gesamtbevölkerung seinerzeit etwa 200000–300000 Eiwohner betragen hat: 15000–20000 im Stadtkern, über 50000 in den Stadtrandvierteln, 50000–110000 im Vorstadtbereich und 110000 in der ländlichen Zone außerhalb der Stadt.

– sie hatten die Expedition zu überwachen, die Atahualpas Lösegeld aufbringen sollte – sahen die Stadt in ihrem vollen Glanz. Als sie 1533 als erste Europäer die Stadt betraten, zierten noch die Friese aus Goldblech die Fassaden. Die Stadt erschien ihnen sehr groß und einer erzählte: „In den acht Tagen, die ich hier war, konnte ich nicht alles besichtigen." Sie bewunderten auch die „gut trassierten, gepflasterten" Straßen.

Einige Monate später nahmen Pizarro und seine Armee Cuzco in Besitz. Der Konquistador Pedro Sancho de la Hoz hinterließ dazu eine eindrucksvolle Beschreibung: „Die Stadt, die wichtigste aller Städte, in denen diese Herren residierten, ist so schön, dass man sie in Spanien sehen möchte. Sie besteht aus herrschaftlichen Palästen, denn man sieht keine armen Menschen. Jeder Herr baut hier sein Haus und auch alle Kaziken, auch wenn sie dort nicht ständig wohnen. Die meisten Häuser sind aus Stein und an anderen ist die Hälfte der Fassade aus Stein. Viele sind auch aus Lehm gebaut, und sie sind planmäßig angeordnet. Die schachbrettartig angelegten, sehr engen Straßen sind alle gepflastert, und in der Mitte befinden sich Rinnsteine. Ihr einziger Fehler ist die Enge, denn an beiden Seiten der Rinnsteine ist nur Platz für einen Reiter. Diese Stadt ist an einem Berghang und auf einer Ebene errichtet worden. Der ganz ebene Platz ist viereckig und gepflastert. An seinen Seiten stehen vier Häuser der Herren [d. h. der Inka], es sind die Hauptgebäude. Sie sind bemalt und aus behauenem Stein." Über der Stadt ragte die gewaltige Festung Sacsahuamán auf, eines der gewaltigsten Monumente der Neuen Welt, das durch den enormen Arbeitsaufwand, den sein Bau erforderte, und durch den Eindruck, den es hervorruft, den Pyramiden Ägyptens gleichkommt. Wenn man vor diesem dreifachen Wall aus zyklopischem Mauerwerk in Zickzackform und seinen engen Türen mit riesigen Pfosten steht, weiß man nicht, was man mehr bewundern soll: die Menge der Blöcke, die über vier Meter hoch sind, oder die Anpassung, die so perfekt ist wie die einer Schreinerarbeit. Pedro Sancho de la Hoz sagte über diese Zitadelle, bevor sie zerstört wurde: „Das ist das Schönste, was man auf dieser Erde sehen kann. Die Wälle sind aus so großen Steinen errichtet worden, dass man bei ihrem Anblick nicht vermuten kann, sie könnten von Menschen geschaffen sein. Sie sind so groß wie Bergstücke und Felsen, und es gibt welche, die die Höhe von 30 Palmwedeln haben, und andere, die genauso breit sind, andere von 25 und andere von 15, aber es gibt kein einziges Stück, das so klein ist, dass es auf weniger als drei Karren transportiert werden kann. Es sind keine glatten Steine, aber sehr gut eingefügt und miteinander verbunden." Die Wälle bilden zwei Terrassen, überragt von drei Türmen, zwei eckigen und einem runden. In der Zitadelle befinden sich unter anderem Zisternen, Paläste und mit Waffen und militärischer Ausrüstung gefüllte Arsenale.

EIN TYPISCHES HAUS IN MACHU PICCHU
Die Häuser der Inka waren gewöhnlich einstöckig und bestanden meist aus nur einem Raum. Wandnischen dienten zur Aufbewahrung verschiedener Gegenstände. Das sattelförmige Dach war mit Stroh gedeckt.

KAPITEL 9

Nach der Eroberung

Nach dem Hinterhalt von Cajamarca und der Gefangennahme Atahualpas scheint sich der Indianer eine merkwürdige Apathie bemächtigt zu haben. Es gab weder einen sofortigen Gegenangriff noch eine Massenerhebung, um den Herrscher zu befreien und die Eindringlinge zu verjagen. Angriffe einzelner Inka-Heerführer wurden leicht vereitelt oder unter Kontrolle gebracht. Die Indianer akzeptierten resigniert und ohne offenkundige Wut die übermäßigen Forderungen und die Grausamkeiten der spanischen Soldateska. Als Pizarro und seine Männer Cajamarca verließen, folgten ihnen lange Reihen in Knechtschaft geratener Indianer.

Die Revolte Manco Cápacs

Es mussten erst unermessliche Übeltaten, unsinnige Zerstörungen und grundlose Grausamkeiten, die auf das Konto dieser Schar von Abenteurern gehen, begangen werden, bevor die aufs Äußerste getriebenen Indianer ihre Passivität aufgaben. Der Auslöser der ersten Revolte gegen die Weißen war ein Sohn des Herrschers Huayna Cápac, der den Namen des Dynastiegründers, Manco Cápac, trug. Der Mann, der die Ehre der Inka rettete und den Tahuantinsuyo wiederherzustellen versuchte, war zunächst ein Kollaborateur. Statt den Marsch der Spanier auf Cuzco zu verhindern, schloss er sich ihnen an und kämpfte unter ihrem Befehl gegen die zur Partei seines Halbbruders Atahualpa gehörigen Generäle. Als Belohnung für seine Dienste wurde er von Francisco Pizarro zum Herrscher „gekrönt“, der erlaubte oder vielleicht sogar forderte, dass das alte Zeremoniell eingehalten wurde. Die Mumien wurden auf den Hauptplatz getragen, um ihren Nachkommen zu empfangen, und die Barden stimmten die traditionellen Hymnen an, um den Ruhm der verstorbenen Inka zu feiern.

FRANCISCO PIZARRO
Der aus bescheidenen Verhältnissen stammende Eroberer wurde 1475 geboren. Nachdem er zum Marquis und Ritter des St.-Jakobs-Ordens erhoben worden war, fiel er 1541 einem Anschlag zum Opfer.

Von 1533 bis 1536 war Manco Cápac nichts weiter als ein Marionetten-Inka; nicht einmal die Adligen an seinem Hof gaben sich Mühe, ihm den einem Herrscher zustehenden Respekt zu zollen. Sein Halbbruder Paullu Inka, der sie zur Ordnung rief, wurde von Francisco Pizarro öffentlich geohrfeigt. Der unglückliche Inka wurde gegen seinen Willen in die Rivalitäten zwischen Almagro und Pizarro hineingezogen. Als die Anhänger Pizarros ihn zu töten drohten, musste er sich unter Almagros Bett verstecken. Dann bezichtigte man ihn, für einzelne Angriffe der Indianer auf die Spanier verantwortlich zu sein, sperrte ihn zuerst in seinem Palast, später in der Festung Sacsahuamán ein. Er musste mit ansehen, wie die Wächter seine Frauen vergewaltigten. Als ob diese Schmach nicht ausreichte, machten sie sich einen Spaß daraus, brennende Kerzen unter seine Nase zu halten und auf ihn zu urinieren: auf ihn, den lebenden Gott! Aus Rachsucht hatte Manco Cápac Quizquiz, den General seines Bruders Atahualpa, bekämpft und dazu beigetragen, den letzten Widerstand gegen die Fremden zu brechen. Nun lösten aber diese Demütigungen in ihm einen unversöhnlichen Hass gegen die Eindringlinge aus. Unter dem Vorwand, seinem Kerkermeister Fernando Pizarro eine Statue aus massivem Gold zu

Machu Picchu
Die berühmte Stadt liegt auf einem Bergsporn der nur schwer zugänglichen Kordillere von Vilcabamba. In verborgenen Städten wie Machu Picchu, das erst kürzlich unter der dichten Vegetation entdeckt wurde, suchte ein Teil der Inka von 1536 bis 1572 Zuflucht.

bringen, gelang es ihm, zu fliehen und das Yucay-Tal zu erreichen. Von dort startete er einen Angriff auf Cuzco. Die Indianer, die seinem Aufruf folgten, waren so zahlreich, dass sie „bei Tage die Ebene wie mit einem schwarzen Tuch bedeckten und in der Nacht ihre Zelte wie Sterne am Himmel erschienen", berichtet Pedro Pizarro.

Um die Spanier zu vernichten, die sich in der Hauptstadt verschanzt hatten, zögerten die Indianer nicht, Cuzco zu verbrennen. Sie setzten die Strohdächer mit geschleuderten, glühenden Steinen oder Brandpfeilen in Brand. Dann sprangen sie von Mauer zu Mauer, um der Kavallerie auszuweichen, und bemühten sich, ihre Feinde auf den Hauptplatz zu treiben. Obwohl sich die Spanier in einer verzweifelten Situation befanden, gelang es ihnen, sich der Zitadelle Sacsahuamán zu bemächtigen, die von 1500 Männern gehalten wurde. Als einer der indianischen Anführer, der tapfer kämpfende Cahuide, die Katastrophe sah, zog er es vor, sich vom Wall zu stürzen, statt gefangen genommen zu werden.

Mit einer Armee, die man auf 40 000 oder 50 000 Männern schätzt, gelang es Manco Cápac nicht, 200 Spanier zu besiegen. Deren Mut der Verzweiflung und Überlegenheit der Waffen können Manco Cápacs Scheitern nicht hinreichend erklären. Seine Truppen waren zwar zahlenmäßig überlegen, aber nicht so kampferprobt wie die seines Vaters. Seine Armee bestand aus Bauern, die über die Plünderungen erzürnt waren, aber angesichts der Länge der Belagerung den Mut verloren. Als die Saatzeit näher rückte, desertierten sie massenweise, um die nächste Ernte vorzubereiten. Manco Cápac hatte Änderungen in der traditionellen Taktik vorgenommen. Er wusste, dass die spanische Kavallerie der Schlüssel zu seinem Misserfolg war. Deshalb versuchte er, diese Gefahr zu meistern. Seine Soldaten waren mit *bolas* bewaffnet, die sie den Pferden zwischen die Beine warfen, sodass sie stürzten, oder sie lockten sie auf ein mit Fußangeln übersätes Terrain. Die Indianer hatten einige Pferde gefangen, und Manco Cápac griff die Spanier auf einem Pferd mit der Lanze an. Die Indianer versuchten auch, die erbeuteten Arkebusen einzusetzen, aber da sie die genaue Dosierung des Pulvers nicht kannten, waren diese Waffen für sie gefährlicher als für den Feind.

DIE HAUPTSTADT CUZCO
Diese Zeichnung wurde 1594 anhand der ersten Beschreibungen der Eroberer in Europa angefertigt. Links sieht man die Festung von Sacsahuamán, die sich über der Stadt mit ihren geradlinig verlaufenden Straßen erhebt. Die Mauern, die die Stadt auf der Zeichnung umgeben, haben allerdings nie existiert.

Auch wenn die Indianer die Notwendigkeit erkannten, sich mit den neuen Kampfarten vertraut machen zu müssen, gaben sie dennoch nicht die Riten und die Tabus auf, die sie in Kriegszeiten einhielten. Das führte zu ihrem Verderben. Sie griffen z. B. nur bei Vollmond an, weshalb sie den Überraschungseffekt nicht nutzen konnten und es den Spaniern so ermöglichten, die Kavallerie einzusetzen.

Als die Massenerhebung, mit der Manco Cápac gerechnet hatte, gescheitert war, änderte er seinen Kampfplan und beschloss, von befestigten Stellungen aus einen Zermürbungskrieg zu führen. Er ließ sich zunächst in Ollantaytambo nieder. Als er von dort verjagt wurde, drang er weiter in die Anden vor und flüchtete nach Vitcos, einem alten Militärposten, der für etwa 40 Jahre Hauptstadt der Inka-Dissidenten wurde. Die genaue Lage dieser Stadt war lange ein Geheimnis. Man wusste, dass es in Vilcabamba lag, einer sehr schwer zugänglichen Andenregion. Um dorthin zu gelangen, musste man Pässe von über 5000 Meter Höhe überwinden, reißende, tief eingeschnittene Flüsse überqueren und steile Pfade bewältigen, die oft von dichten Wäldern verdeckt waren. Die Spanier zögerten lange, sich in ein Land zu wagen, das die Natur so gut geschützt hatte und dessen Grenzen von einer Hand voll Männer zu bewachen waren. Vitcos, die Hauptstadt der letzten Inka, wurde von sehr wenigen Spaniern besucht. Einer von ihnen erzählt in einem Reisebericht, es befinde sich dort „ein großer planierter Hauptplatz, der mit prächtigen, kunstvoll und geschickt aus Stein errichteten Gebäuden umstanden ist".

Bis vor kurzem stellten sich den Reisenden und Kolonisten beim Eindringen in diese Region, die der Inka Manco Cápac zu seinem Königreich gemacht hatte, so viele Hindernisse in den Weg, dass sie – trotz der Nähe zu Cuzco – als *terra incognita* galt. 1908 durchstreifte der amerikanische Senator Hiram Bingham, der sich geschworen hatte, die legendäre Hauptstadt der letzten Inka zu finden, die Vilcabamba-Anden in alle Himmelsrichtungen nach den kleinsten archäologischen Hinweisen. Nach einer langen Suche und höchst gefährlichen Bergbesteigungen führten die Indianer ihn nach Rosapata in Urubamba zu Ruinen, deren Anordnung in allen Punkten den dürftigen Informationen über Vitcos entsprach. Bingham war, wie die wenigen Besucher im 16. Jh., erstaunt über die Pfosten und Stürze der trapezförmigen Türen aus Granit, der hell wie Marmor war. Die letzten Zweifel, die er noch bei der Identifizierung des Ortes haben konnte, wurden zerstreut, als seine Führer ihm in der Nähe der alten Stadt einen riesigen weißen Granitfelsen über einer Quelle zeigten. Sitze, Stufen, in den Stein gehauene zylindrische Vorsprünge kennzeichneten diesen Felsen als eine *huaca*. Es konnte sich nur um den berühmten „weißen Felsen“ handeln, der in Calanchas Chronik erwähnt wird und in dessen Nähe ein Sonnentempel aufragte, den spanische Missionare in Brand gesteckt hatten. Tatsächlich fand man nicht weit vom Felsen Ruinen eines Gebäudes, das ein Heiligtum gewesen sein musste. Eisengegenstände, die Bingham in den Ruinen von Rosapata sammelte, beweisen, dass die Inka-Stadt nach der Eroberung besetzt wurde, ein weiteres gewichtiges Argument für seine Identifizierung mit Vitcos. Auf der Suche in Vilcabamba erreichte Bingham auch den Grat, auf dem sich die im Wald verborgenen Ruinen von Machu Picchu, der berühmtesten Ruinenstadt des Kontinents, befanden.

Manco Cápac stellte an seinem Zufluchtsort, soweit möglich, die inkaische Ordnung wieder her. Viele Adlige waren ihm in sein freiwilliges Exil gefolgt, die „mit Bedauern den in Cuzco und andernorts genossenen Freuden entsagt hatten“. Der Inka nahm auch „große Schätze und zahlreiche Ladungen mit Kleidern aus feinem Tuch“ mit. Er ließ vor allem das Bild des Sonnengottes in den Zufluchtsort bringen sowie die Mumien einiger seiner Ahnen. Der Kult der großen Götter des Reiches wurde wieder eingeführt. Priester und „auserwählte Frauen“ wurden für ihren Dienst abgestellt. Die alte Hofetikette wurde den Adligen wieder auferlegt. In Manco Cápacs Eifer, den alten Prunk auferstehen zu lassen, sei es auch in kleinem Stil, sollte man nicht den Starrsinn eines von der glorreichen Tradition durchdrungenen und Neuerungen abholden Fürsten sehen. Der Gründer des neuen Inka-Staats besaß in hohem Maß kriegerische Tugenden und den politischen Sinn seiner Vorgänger. Er war ein echter Staatsmann – der letzte, den die Dynastie hervorbrachte. Er verstand, dass er sich, wenn er den Spaniern mit irgendeiner Erfolgschance gegenübertreten wollte, der Kultur der Fremden anpassen musste, die den Sieg über seine Landsleute davongetragen hatte. Manco Cápac hatte eine Kavallerie aufgestellt und seine Soldaten mit Arkebusen ausgerüstet. In Europa gefertigte Objekte, Eisenwaffen und -werkzeuge stammten sicher von spanischen Händlern, die von den Inka-Rebellen im Tausch Koka, Tabak und Kakao erhielten. Manco Cápac hat sein Bestes getan, um die

DER VIZEKÖNIG TOLEDO UND DIE KOLONIALHERRSCHAFT

Die Errichtung der Kolonialherrschaft erfolgte nicht von einem Tag zum anderen. Der Prozess der Machtergreifung durch die Spanier vollzog sich ganz allmählich, und über mehrere Jahrzehnte hinweg war Peru Schauplatz blutiger Kämpfe. 1569 begann der Vizekönig Francisco de Toledo, das Land neu zu ordnen. Die Inka mussten ihr angestammtes Siedlungsgebiet verlassen und wurden in neue, auf dem Reißbrett entworfene Dörfer – so genannte Reduktionen – umgesiedelt, wo sie unter dem wachsamen Auge ihres Dorfhäuptlings und ihres Priesters lebten. Innerhalb jeder Reduktion wurden die Indianer zu mehreren Gemeinschaften zusammengefasst, die genauso organisiert waren wie spanische Gemeinden. Der Grundbesitz war weder teilbar noch übertragbar und umfasste das zu Beginn eines jeden Landwirtschaftsjahrs unter den Familien neu aufgeteilte Ackerland.

Für die Volksstämme von einst, die mit ihren Stammesgebieten und heiligen Stätten von alters her verwurzelt waren, bedeuteten diese Veränderungen einen traumatisierenden Einschnitt in ihre Lebensgewohnheiten. Für die Ausbeutung der Minen führte Toledo die Einrichtung der *mita* wieder ein: Jedes Jahr mussten die Reduktionen ein Siebtel aller Männer im Alter von 18–50 Jahren für die Arbeit in den Minen bereitstellen, wo sie weit weniger als den marktüblichen Lohn erhielten. Die *mita* war die schwerste Bürde, die den Indianern auferlegt wurde, doch war sie nicht die einzige. Alle Mitglieder der Dorfgemeinschaften zwischen 18 und 50 Jahren mussten eine Geldabgabe leisten und waren deshalb gezwungen, jedes Jahr eine zeitlich begrenzte Tätigkeit in den Textilwerkstätten, den Minen oder auf den Haciendas anzunehmen. Auf dieser Grundlage baute sich die Wirtschaft des Vizekönigtums auf.

alte und die neue Kultur zusammenzuführen. Obwohl die Untertanen Manco Cápacs in einer der unzugänglichsten Andenregionen isoliert waren, unterlagen sie in vielerlei Hinsicht stärker dem Einfluss ihrer Feinde als viele Indianer, die täglichen Kontakt mit den spanischen Kolonisten hatten.

Von Vitcos aus griff Manco Cápac die Spanier in allen Himmelsrichtungen an. Er begann die Verbindungsstraßen so erfolgreich zu unterbrechen, dass Pizarro gezwungen war, die Stadt Ayacucho zu gründen, um die Straße zwischen Lima und Cuzco offen zu halten. Manco Cápac stachelte die Indianer heimlich zur Revolte an. Kollaborateure bestrafte er hart. Er versuchte auch, die Spanier auszuhungern, indem er die Ernten seiner eigenen Untertanen zerstörte. Manchmal verhandelte er, um Zeit zu gewinnen oder seinen Kopf aus der Schlinge zu ziehen. Seine Spione informierten ihn über die Bewegungen der Spanier und über alle Ereignisse, die sich in der Kolonie abspielten. Sieben Jahre lang vereitelte er im Süden Perus jede Niederlassung. Auf den Küstenstreifen hatte er jedoch keinen Einfluss.

Manco Cápac hatte aufmerksam die Auseinandersetzungen der Konquistadoren untereinander beobachtet. Während der Bürgerkriege zwischen Pizarro- und Almagro-Anhängern hatte er gehofft, dass die Banditen sich gegenseitig töten würden und er dann Herr der Lage wäre. Doch war sein Hass auf Pizarro so groß, dass er für Almagro den Jüngeren Partei nahm, der Francisco Pizarro ermordet hatte, um seinen Vater zu rächen. Der besiegte junge Almagro wollte nach Vitcos flüchten, wurde aber auf dem Weg gefangen. Diego Mendez und einigen anderen seiner Anhänger gelang es, zu Manco Cápac zu flüchten, der sie mit offenen Armen empfing. Diese Männer, deren Leben der Inka gerettet hatte, bezahlten ihre Schuld, indem sie ihn ermordeten, wohl um die Gunst des Vizekönigs wiederzuerlangen. Doch Manco Cápacs Leibgarde tötete sie, bevor sie auf den von ihrem Wohltäter gestohlenen Pferden flüchten konnten. Der Leichnam Manco Cápacs wurde einbalsamiert und im Sonnentempel neben seinen Ahnen niedergelegt.

MANCO CÁPAC
1533 zum Herrscher erhoben, rebellierte Manco drei Jahre später gegen seine lästigen spanischen Verbündeten und floh mit den Seinen in die Wildnis der Kordillere von Vilcabamba. Dort wurde er 1544 ermordet, und zwar von Spaniern, die mit der Kolonialmacht in Konflikt geraten waren und denen er Asyl gewährt hatte.

Auf Manco Cápac folgte der 10-jährige Sayri Túpac. Der Augenblick schien den Spaniern günstig, die Unterwerfung zu erreichen, ohne eine kostspielige Expedition durchzuführen, deren Ausgang unsicher war. Sie bedienten sich bei den Verhandlungen mit dem Hof des jungen Inka der zahlreichen, in Cuzco verbliebenen Verwandten. Diese zeigten durch ihren Lebensstil und die Privilegien, derer sie sich erfreuten, welche Vergünstigungen die Kollaboration mit den Eroberern einbrachte. Die Sayri Túpac unterbreiteten Vorschläge waren verlockend: der Respekt seiner Person, zwei Paläste in Cuzco, reiche Einkünfte und den Titel *adelantado*. Sayri Túpac nahm die Angebote trotz des Misstrauens seiner Berater an. Diese Kapitulation wurde als eine Entscheidung dargestellt, die frei getroffen und von der Sonne und der Mutter Erde, die die Priester konsultiert hatten, gutgeheißen wurde. 1555 machte sich Sayri Túpac mit seiner Purpurquaste und in seinem von 300 Kriegern eskortierten prachtvollen Tragsessel auf den Weg nach Lima, wo der Vizekönig ihn mit Ehrerbietung empfing. Sayri Túpac starb 1560 im Yucay-Tal, wie man sagt durch Vergiftung. Seine Tochter, Doña Beatrice, heiratete einen Neffen des heiligen Ignatius von Loyola, und seine Enkelin wurde eine Marquesa Oropesa.

Tito Cusi

Nach Sayri Túpacs Tod ließ sich ein weiterer Sohn Manco Cápacs, Tito Cusi, Hohepriester der Sonne, zum Inka erklären. Der legitime Erbe, sein jüngerer Bruder Túpac Amaru, wurde in einem Konvent der Sonnenjungfrauen eingesperrt, „wie es die Sitte bei den Herrschern dieses Landes vor der Ankunft der Spanier war“.

INKA-KRIEGER
Diese Holztruhe aus der Kolonialzeit zeigt zwei mit Lanze und Schild bewaffnete Inka-Krieger, umgeben von Blumen und Vögeln, die für die Gegend um Cuzco charakteristisch sind.

Tito Cusi, der dem Inka-Staat einen letzten Anschein von Leben geben sollte, hatte allen Grund, die Spanier zu hassen. Als Kind war er ihr Gefangener gewesen und nur mit Mühe dem Schicksal des vor seinen Augen ermordeten Vaters entgangen. Er nahm die Feindseligkeiten wieder auf, aber eher als Bandenchef und weniger als Herrscher. Seine Krieger begnügten sich damit, die Bauernhöfe in den befriedeten Territorien zu plündern. Sie brachten von diesen Raubzügen Beute und Gefangene mit, die den kleinen Personalbestand des Inka vergrößerten.

Der Widerstand Tito Cusis gegen die Spanier war weniger hartnäckig als der seines Vaters. Während er sie bekämpfte, verhandelte er gleichzeitig. Unklar ist, ob er versuchte, das Beste aus seiner Lage herauszuholen, um ein sehr wohlhabender Kollaborateur zu werden, oder nur in aussichtslosen Verhandlungen Zeit gewinnen wollte.

Im Lauf der sich zehn Jahre hinziehenden geheimen Verhandlungen durften einige Spanier das Territorium des Inka betreten. Einer von ihnen, Diego Rodriguez de Figueroa, hat einen Bericht über seine Mission hinterlassen. Er ist voll von Details über das Militärlager, in das sich der Hof des Inka gewandelt hatte. Figueroa hatte kaum das linke Ufer des Urubamba erreicht, als ihn eine Angst einflößende Indianergruppe mit Federn und Masken umzingelte und ihm riet: Wenn er kein mutiger Mann sei, solle er lieber zurückkehren und nicht vor dem Inka erscheinen, denn der dulde keine Feiglinge um sich. Einige Tage später wurde der Abgesandte vom Inka in Bambacona empfangen, wo eine Art Bühne, mit roter Erde bedeckt, errichtet worden war. Tito Cusi trug eine Maske und auf dem Kopf eine große Krone aus verschiedenfarbigen Federn; auf der Brust trug er eine Silberscheibe. An seinen Strumpfbändern aus Federn hingen Holzglöckchen. In der Hand hielt er einen Schild und eine goldene Hellebarde und war nach spanischer Art mit einem goldenen Dolch bewaffnet. Er wurde von Leibgarden mit Federn auf dem Kopf, Gold- und Silberschmuck und Hellebarden umringt. Die Adligen grüßten erst die Sonne, dann den Herrscher mit den Worten: „Sohn der Sonne, du bist der Lebensspender."

Tito Cusi machte aus seinen Gefühlen gegenüber den Spaniern kein Hehl. Nach einem Zechgelage, bei dem die Soldaten Kriegertänze darboten, nahm er eine Lanze und einen Schild, wandte sich an Figueroa und rief: „Kehre zurück und bring mir alle, die hinter den Bergen sind; ich möchte gegen die Spanier kämpfen, sie alle töten und ihre Leichname den wilden Indianern geben, damit sie sie verschlingen!" Dann ließ er 600 bis 700 mit Pfeil und Bogen bewaffnete Waldindianer an Figueroa vorbeiziehen. „Er schwenkte die Lanze und sagte, er könne alle Indianer in einen Aufstand führen, die auf seinen Befehl zu den Waffen greifen würden." Die Adligen stießen Drohungen aus: „Die Bärtigen sind unsere Feinde."

Trotzdem blieb Tito Cusis Haltung zwiespältig. Er gab seinem Gast zu verstehen, dass er den Katholizismus nicht ablehne, und besann sich darauf, dass er getauft war. Er bestritt heftig, die Brandanschläge auf Kapellen gebilligt zu haben. Schließlich war er bereit, sich mit einem spanischen Beamten zu treffen, um die Bedingungen seiner Unterwerfung zu besprechen; aber als es so weit war, gewann sein Misstrauen die Oberhand, und er verweigerte jede Begegnung.

Am Ende seiner Herrschaft gab Tito Cusi Zeichen seines Friedenswillens. Er nahm den Namen Felipe an und erlaubte zwei Augustinern, in seinem Staat zu predigen. Diese nutzten jedoch die Toleranz und die Geduld des Inka aus. Sie machten ihm ständig Vorhaltungen und steckten ein Heiligtum des Sonnengottes in Brand. Er verjagte nur einen der beiden Unruhestifter, behielt aber den anderen, Pater Diego Ortiz, bei sich.

Als der Inka plötzlich erkrankte, baten die Indianer den Missionar, ihren Herrn zu retten, weil sie Vertrauen in seine Kräfte hatten, die, wie er beteuerte, von Gott kamen. Pater Diego Ortiz war so unvorsichtig einzuwilligen und gab dem Inka sogar eine Medizin, die sich als ebenso unwirksam herausstellte wie seine Gebete. Die Indianer waren enttäuscht, stürzten sich verzweifelt auf den Missionar und folterten ihn zu Tode.

Das Begräbnis Tito Cusis wurde nach den traditionellen Riten gefeiert. Zum letzten Mal wurden die herrschaftlichen Insignien – die Purpurquaste, die Waffen, der Schirm, der Goldschmuck – mit großem Prunk vorgeführt. Dann holte man den jungen Túpac Amaru aus dem Konvent der Sonnenjungfrauen, in dem er immer noch eingesperrt war.

Túpac Amaru

Die Herrschaft Túpac Amarus war sehr kurz. Der unversöhnliche Vizekönig Francisco de Toledo war entschlossen, das Inka-Schattenreich zu vernichten. Er sah in ihm nur eine Räuber- und Rebellenhöhle. Den Vorwand lieferten ihm der Mord an einem Abgesandten und der Tod Pater Diego Ortiz', den man zum Märtyrer erhob. Die Einwohner Cuzcos wurden gezwungen, ein Kontingent zu stellen, das mit Cañaris-Hilfstruppen zur Eroberung der Region Vilcabamba aufbrach. Aus mysteriösen Gründen (Calancha behauptet, dass das Territorium des Inka durch eine Epidemie und eine Hungersnot verwüstet war) bewachten die Indianer nicht nur nicht die Engpässe, sondern versäumten es auch, die Seile der Hängebrücke über den Río Urubamba zu kappen, die direkt in ihr Territorium führte. Die Spanier hatten deshalb keine Mühe, Vitcos einzunehmen. Der von allen Seiten umstellte Inka wurde gefangen genommen.

Wenn Túpac Amaru geglaubt hatte, dass die Spanier in ihm das Blut, von dem er abstammte, und den Titel, den er gerade erhalten hatte, respektieren würden, wurde er schwer enttäuscht. Die Ketten, die man ihm anlegte, ließen die Herrschaftsinsignien, die er noch trug, lächerlich erscheinen, als er zu Fuß die Hauptstadt seiner Vorfahren betrat, inmitten von Gefangenen und der Beute, die die siegreichen Weißen mit sich führten. Der Prozess gegen den Inka verlief genauso ungerecht wie der gegen seinen Onkel Atahualpa.

Die indianischen Anführer wurden als erste hingerichtet. Sie wurden so grausam gefoltert, dass die meisten starben, bevor sie das Schafott erreicht hatten. Ein Augenzeuge erzählt die Augenblicke vor dem Tod des letzten Inka, der die *mascapaicha* trug: „Er wurde durch die Straßen Cuzcos geführt, an seiner Seite liefen Pater Alonso de Barzana, ein Jesuit, und Pater Molina, ein Indianerprediger. Sie unterwiesen ihn und versuchten seine Seele zu trösten. Das Schafott stand in der Mitte des Hauptplatzes von Cuzco, der Kathedrale gegenüber. Vierhundert Indianer, Feinde der Vorfahren des Inka, folgten ihm; sie trugen Lanzen.

Der ganze Platz war gefüllt, auch auf den Dächern und an den Fenstern der Gemeinden Carmenca und San Cristóbal standen so viele Menschen, dass eine Orange, hätte man sie fallen lassen, den Boden nicht erreicht hätte, denn die Menge war dicht gedrängt. Als der Henker, ein Cañari-Indianer, mit den großen Messern, mit denen Túpac Amaru enthauptet werden sollte, ankam, geschah etwas Wundersames. Die Indianer stießen einen derartigen Schmerzensschrei aus, dass man denken konnte, der Jüngste Tag sei angebrochen. Die spanischen Zuschauer zeigten mit Tränen ihren Kummer und Schmerz. Als der Inka diese Szene sah, hob er langsam die rechte Hand und ließ sie wieder sinken. Er allein war ruhig. Auf diesen Lärm folgte eine Totenstille, dass sich keiner der auf dem Platz oder andernorts befindlichen Menschen zu rühren wagte. Der Inka sprach mit einer Beredsamkeit, die für einen zum Tode Verurteilten ungewöhnlich war. Er sagte, dass er am Ende seines Lebenswegs angekommen sei und sein Schicksal verdient habe. Er flehte alle an, die Kinder haben, sie niemals für ihr schlechtes Benehmen zu verfluchen, sondern sie nur zu bestrafen; denn er habe als Kind seine Mutter verärgert. Diese habe ihn verflucht und vorausgesagt, dass er hingerichtet und keines natürlichen Todes sterben werde. Das werde nun eintreten. Pater Carrera und Pater Fernández widersprachen ihm und erklärten, dass sein Schicksal von Gottes Willen abhinge und nicht von der Verwünschung der Mutter. Diese Pater, die die Beredsamkeit des heiligen Paulus hatten, konnten ihn überzeugen. Der Inka bereute seine Worte. Er bat alle um Vergebung und sagte dem Vizekönig und dem Magistrat, dass er für sie beten werde. Der Bischof von Popayan, Don Augustín de la Coruña, und andere Priester liefen zum Vizekönig, flehten für den Inka um Gnade. Sie baten, ihn nach Spanien zu schicken, wo der König selbst das Urteil über ihn sprechen sollte. Keine Bitten erweichten Don Francisco de Toledo. Juan de Soto, Hofrichter und Diener des Vizekönigs, ritt mit einem Stock in der Hand und bahnte sich einen Weg. Er galoppierte wütend durch die Menge und zertrampelte mit dem Pferd viele Menschen. Er gab den Befehl, den Inka unverzüglich zu enthaupten. Nachdem der Inka von den bei ihm gebliebenen Patern den letzten Trost empfangen hatte, legte er seinen Kopf auf den Richtblock wie ein Schaf. Der Henker trat vor, ergriff die Haare mit der linken Hand, trennte mit einem Hieb den Kopf ab und hob ihn hoch, damit alle ihn sehen konnten. Als das Haupt fiel, läuteten alle Glocken der Kathedrale, der Klöster und aller Kirchen in der Stadt. Die Hinrichtung verursachte tiefen Schmerz, und alle brachen in Tränen aus. Den Kopf steckte man auf die Spitze einer Pike neben dem Schafott. Er wurde mit jedem Tag schöner, denn der Inka hatte zu Lebzeiten ein hübsches Gesicht gehabt. In der Nacht kamen die Indianer und beteten ihn bis zum Morgen an. Bei Sonnenaufgang trat Juan de Sierra zufällig ans Fenster und sah die Abgötterei des Volkes. Man informierte den Vizekönig. Er ließ

Túpac Amaru in Ketten *(Gemälde aus dem 18. Jh.) Der letzte Inka, der in die Region von Vilcabamba geflohen war, wurde 1572 von den Spaniern gefangen genommen. Seine Hinrichtung bedeutet das Ende des fast 40-jährigen Widerstands der Ureinwohner gegen die Kolonisierung.*

den Kopf und den Körper in einer Kapelle der Kathedrale bestatten. Dann wurde eine Pontifikalmesse für den Seelenfrieden des Inka gesungen, und alle Mönche der Stadt wohnten der Bestattung bei. Zahlreiche Messen mit Orgelmusik wurden ihm zu Ehren abgehalten, weil er ein großer Herr und ein Inka gewesen war."

Die Entvölkerung Perus

Die Eroberung des Inka-Reiches durch die Spanier und das Kolonialregime, das sich daraus ergab, endeten für die Indianer mit der Zerstörung ihrer Güter, dem Verlust ihrer heiligsten Traditionen, der fanatischsten Ausbeutung, mit Sklaverei und sehr häufig mit Folter und Massakern. Die erste Folge war deshalb eine drastische Abnahme der Bevölkerung, die bis 1796, kurz vor den Unabhängigkeitskriegen, anhielt. Nach offiziellen spanischen Angaben soll die Zahl der Indianer, die zum Gerichtsbezirk von Lima und Charcas gehörten – etwa dem Gebiet des heutigen Peru und Bolivien –, zwischen 1561 und 1796 von 1 490 137 Indianern auf 608 894 gesunken sein.

Man nimmt an, dass sich die Bevölkerung des Inka-Reiches in den 30 Jahren nach der Eroberung um 50 Prozent reduzierte; manche gehen sogar von 75 Prozent aus. Die Infektionskrankheiten, beispielsweise die Windpocken, die die Spanier mitgebracht hatten, waren für die erschreckende Sterberate verantwortlich. Für Europäer harmlose Erkrankungen dezimierten die Menschen rasch, weil sie gegen die Bazillen nicht immun waren. Viele Stämme Amazoniens wurden infolge einer banalen Grippe- oder Masernepidemie ausgerottet. Außerdem wurden viele Indianer bei Manco Cápacs letztem Versuch getötet, die Eindringlinge zu vertreiben. Die Bürgerkriege zwischen den Spaniern waren für die Indianer ebenfalls verheerend. Zu den Hungersnöten nach dem Zusammenbruch des sozialen und wirtschaftlichen Lebens kamen die Schrecken des Krieges und die Kolonisierung.

DIE SCHWARZE LEGENDE *Diese Zeichnung von Théodore de Bry zeigt versklavte Indianer. Den mit Spanien rivalisierenden europäischen Mächten fiel es nicht schwer, den so deutlich sichtbaren Machtmissbrauch der Spanier in Peru für antispanische Propaganda auszuschlachten.*

Viel später wurden die Silberminen von Potosí und die Quecksilberminen von Huancavelica, nach Aussage der Spanier selbst, große Menschenfresser. Die Zwangsarbeit in den Minen trug zur Entvölkerung Perus bei, einerseits direkt, denn die Zahl der Arbeiter, die das Elend und die Überarbeitung nicht überlebten, war hoch; andererseits indirekt durch den Schrecken, den sie einflößte. Tausende Indianer flohen aus den Provinzen, die dem Arbeitsdienst in den Minen unterworfen waren, und siedelten sich in anderen an. Die Provinz Chucuito, die ein beträchtliches Kontingent von Bergarbeitern stellen musste, verlor zwischen 1628 und 1754 zwei Drittel ihrer Bevölkerung.

Die spanische Herrschaft

Entscheidenden Einfluss nahmen die Spanier auf die Indianer über die *encomienda*. In diesen Siedlungen höriger Indianer oder Tributbezirken wurde ein Konquistador, der sich im Dienst der spanischen Krone ausgezeichnet hatte, für die Überwachung und den Schutz der indianischen Dörfer vorgeschlagen. Er konnte von ihnen Tribut oder Arbeitsdienste fordern. Ein Teil des Tributs stand den Priestern zu, die die Indianer missionieren sollten. Um zu verhindern, dass die Besitzer der *encomiendas* ihre Stellung missbrauchten, wurden vom spanischen König ernannte Beamte, die den Vögten vergleichbaren *corregidores*, mit der Verwaltung der *encomiendas* betraut. Die *corregidores* nahmen keineswegs die Interessen der Eingeborenen wahr, sondern wurden unverzüglich ihre schlimmsten Unterdrücker.

Die Eroberung zerstörte die wirtschaftliche und soziale Ordnung des Inka-Reiches. Sogar die Verteilung des Volkes wurde verändert. Der Vizekönig Francisco de Toledo zwang die Indianer Perus, sich in Dörfern oder Weilern zusammenzuschließen, wo sie leichter zu überwachen waren und sich schnell anpassten. Tausende Indianer mussten ihre Häuser und Heiligtümer aufgeben, um sich in diesen künstlichen Siedlungen niederzulassen. Das führte zur Vernichtung all dessen, was die Gemeinden zusammengehalten hatte. Die Schutzgötter und Ahnen wurden vergessen, die Eigentumstitel abgeschafft und den alten Autoritäten die Macht genommen, die alten *ayllu* verschwanden vollständig. Die zahlreichen von ihrem Boden und aus ihren Gemeinden vertriebenen Bauern bildeten eine im Umbruch begriffene Bevölkerung: Die einen arbeiteten als Dienstboten oder Handwerker in der Stadt, die anderen verdingten sich bei den neuen Landbesitzern und wurden schnell zu Leibeigenen.

Die *mita* war der Arbeitsdienst, den die Untertanen dem Inka schuldig waren. Die Spanier nutzten dies, als sie den Vorteil erkannt hatten, zu ihren Gunsten aus. Sie verlangten von den Indianern die Dienste, die ihre alten Herrscher gefordert hatten, nahmen aber keine Rücksicht wie letztere. Unter der Inka-Herrschaft wurden die Dienstverpflichteten aus den Lagerhäusern des Staates versorgt und mussten sich nicht allzu lange Zeit außerhalb der Dörfer aufhalten. Die Spanier nutzten die indianischen Arbeiter ständig aus – ohne Gegenleistung.

ANTONIO LÓPEZ DE QUIROGA
Um 1660 war dieser Mann einer der reichsten Perus. Der Staat stellte einflussreichen Unternehmern wie ihm Arbeitstruppen zur Verfügung, die zum Frondienst in den Minen von Potosí verpflichtet waren.

Die schrecklichste *mita* war für die Indianer der Dienst in den Minen. Die Bergwerke wurden für sie zum Symbol des Schreckens unter der Fremdherrschaft. Ein Siebtel der Gesamtbevölkerung Perus von Cuzco bis Tarija arbeitete abwechselnd in den Silberminen von Potosí in 4800 Meter Höhe und in den Quecksilberminen von Huancavelica. Die Gesetze sollten eigentlich die Bergleute schützen: Die Arbeitszeit betrug theoretisch nur zwölf Stunden am Tag, und dem Arbeiter stand es frei, am Sonntag und in den Ruhewochen, die ihm im Prinzip zustanden, zu arbeiten. Das Schicksal der Arbeiter wäre allenfalls akzeptabel gewesen, wenn die erlassenen Gesetze zu ihrem Schutz eingehalten worden wären. Aber sie wurden nicht nur nicht beachtet, sondern auch gegen diejenigen gekehrt, die den Indianern helfen wollten. So beschloss man, den Indianern die ihnen zustehenden Summen nicht zu bezahlen und von ihnen sogar noch Geld in Form von Geschenken und Abgaben zu erpressen.

DIE MINEN VON POTOSÍ
Die 1545 entdeckten Silberminen von Potosí bildeten das wirtschaftliche Rückgrat des Vizekönigtums in Peru. Jedes Jahr leisteten unzählige Indianer hier ihre mita *für die spanische Krone ab. Im 17. Jh. zählte Potosí zu den größten Städten der Welt.*

Der Leidensweg der Dienstverpflichteten, ihrer Frauen und Kinder begann mit der Reise zum Dorf am Bergwerk, die manchmal zwei oder drei Monate dauerte. Viele starben auf dem Weg. Die Arbeiter blieben fünf Tage und fünf Nächte ununterbrochen im Bergwerk. Sie wurden in Dreiergruppen eingeteilt, zwei von ihnen aßen oder schliefen, während der dritte nach Erz grub oder es abtransportierte. Man verlangte von jedem Mann 25 Säcke mit 50 Kilogramm Erz in zwölf Stunden. Um das Erz abzubauen, mussten die Männer in engen Stollen vorwärts kriechen und auf schlecht gesicherte Leitern klettern. Um diese Normen zu erfüllen, mieteten die Indianer Helfer von ihrem mageren Lohn, der gekürzt wurde, wenn die Quote nicht erreicht wurde. Der Kauf von Kerzen, mit denen sie die schmalen Stollen der Mine erhellten, war Sache der Arbeiter. Die Mehrzahl der Indianer, die unvermeidlich verschuldet waren, wurde faktisch zu Sklaven und blieb an das Bergwerk gebunden. Die Indianer versuchten sich der *mita* durch Flucht zu entziehen. Sie flüchteten in die Provinzen, die dieser Art von Tribut entronnen waren, und ließen sich als Pächter auf einer Hazienda nieder. Sie hatten Land und Freiheit verloren, aber zumindest ihr Leben behalten. Der von den Flüchtlingen hinterlassene Besitz wurde von den Gemeinden verkauft oder von der Krone konfisziert. Auf diese Weise entstanden einige der großen Haziendas im heutigen Peru.

Die Autoritäten ihrerseits setzten alles daran, die benötigten Kontingente zu liefern. Wenn die Gruppen aufbrachen, sah man überall Indianer in Ketten und mit einem Eisenring um den Hals. Frauen und Kinder begleiteten diese Reihen unglücklicher Deportierter mit Geschrei und Gejammer, sie rauften sich die Haare und sangen Todes- und düstere Klagelieder. Die aufbrechenden Unglücklichen verabschiedeten sich von den

Ihren ohne Hoffnung auf eine Rückkehr. Wer konnte, veräußerte sein ganzes Gut, um sich freizukaufen. Viele zögerten nicht, ihre Frauen und Kinder für 60 oder gar nur 50 Pesos zu vermieten, mit dem einzigen Ziel, sich von der Mine zu befreien.

Die Häuptlinge der Eingeborenen wurden gefoltert, wenn sie nicht die geforderten Arbeitskräfte lieferten. Ein aus dem Bergwerk zurückgekehrter Indianer fand seine Frau tot und seine beiden Kinder verlassen vor. Der Häuptling steckte ihn gewaltsam in einen Trupp, der zur Hölle von Potosí aufbrach. Auf die Bitten des Unglücklichen erwiderte der Häuptling: „Wenn ich nicht mit dir mein Kontingent auffülle, verbrennen die Spanier mich, peitschen mich aus und trinken mein Blut." In seiner Verzweiflung erhängte der Mann seine Kinder, „damit sie niemals im Bergwerk arbeiten müssen", und schnitt sich selbst die Kehle mit einem Messer durch.

Nach der Arbeit in den Minen wurde die in den *obrajes* eingeführt, den Web- und Zurichtungswerkstätten. Diese Fabriken waren für die Epoche nicht schlecht ausgerüstet. Indessen waren die Bedingungen dort so schrecklich, dass zu dieser Arbeit Indianer verdammt wurden, die ein Verbrechen begangen hatten; viele zogen es vor, in die Minen oder auf die Galeeren zu gehen, statt in den *obrajes* zu arbeiten. Die Besitzer der *obrajes* holten gern Kinder als Arbeitskräfte. Die Unglücklichen waren gezwungen, mehr als die vorgeschriebenen Stunden zu arbeiten, sie waren unterernährt und wurden von den Aufsehern gequält. Die Poststationen, die in der Verwaltung der Inka so nützlich gewesen waren, wurden ebenfalls zu einer Quelle des Missbrauchs. Die in der Nähe lebenden Dorfbewohner waren gezwungen, den durchreisenden Spaniern Unterkunft und Essen zu geben. Als Dank dafür bekamen sie Beleidigungen. Wenn sie die verlangten Lasttiere nicht geben konnten, mussten sie die Güter selbst auf dem Rücken tragen.

Die Missionierung

Die militärische Eroberung war unlösbar mit der geistlichen verbunden. Der Vertrag, den Francisco Pizarro mit der Krone vor seinem Aufbruch nach Peru unterzeichnete, erwähnt ausdrücklich die Bekehrung der Eingeborenen. Zu Beginn leisteten Letztere wenig Widerstand gegen die Religion, die ihnen aufgezwungen wurde. Da die Mitglieder der Herrscherfamilie erkannten, dass sie nie die Unterstützung der Spanier bekommen oder ihre Privilegien retten konnten, wenn sie nicht ihren „Teufelsirrtümern" abschworen, nahmen sie eifrig den katholischen Glauben an. Die Messe, die Anbetung des Kreuzes und andere Bräuche galten in den Augen der Masse als Bekundungen einer neuen offiziellen Religion, die sie mit der gleichen Fügsamkeit annahmen wie einst den Sonnenkult. Etwa 40 Jahre lang glaubte die katholische Geistlichkeit, einen leichten Sieg davongetragen zu haben. Deshalb war die Überraschung groß, als sie in der ersten Hälfte des 17. Jh. erkannte, dass die Indianer unter einer dünnen christlichen Schicht Heiden geblieben waren. Zur Ausrottung des Götzendienstes setzte die Kirche Kirchenrichter ein. Diese führten in den Dörfern sehr strenge Untersuchungen über die abergläubischen Praktiken durch, forderten die Bauern zur Beichte und zur Denunzierung der Götzendiener auf. Wenn nötig unterzogen sie die Verdächtigen einem Verhör. Das Maß der Reue bestimmte die Strenge der Bestrafung: Die verstockten Heiden wurden ausgepeitscht oder verbannt, die Rückfälligen auf die Galeeren geschickt; Tausende von Götzenbildern wurden zerstört, Heiligtümer dem Erdboden gleichgemacht, der Besitz der *huaca* versteigert und die Ländereien ihres Kultes einer Kirche oder katholischen Kapelle zugeteilt.

Die spanischen Priester taten ihr Bestes, die Tänze der Eingeborenen zu verbieten, in denen sie „Wollust und Idolatrie" witterten. Guamán Poma de Ayala prangerte in seiner Chronik die spanische Unterdrückung in Wort und Bild an. Er bat die Obrigkeit,

EIN ENGEL MIT GEWEHR
Die indianischen Maler im kolonialen Peru entwickelten nach und nach eine eigene Ikonographie. Der Engel mit der Arkebuse, einer alten Handfeuerwaffe, ist ein in Europa gänzlich unbekanntes Motiv, das man aber in den Anden als beliebtes Thema der dortigen Künstler sehr häufig antrifft.

nicht die Volksmusik des Landes zu zerstören oder „den armen Leuten Angst einzuflößen und sie zu kränken, die nach Beendigung ihrer Arbeit Feste feiern, auf denen sie in ihrer Armut singen, tanzen und essen, ohne jemandem etwas Böses zu tun". Die Bitte war gerechtfertigt. Die *Constituciones* des Bistums Lima forderten „die Unterdrückung der alten Tänze, Gesänge oder *taquis* und die Verbrennung aller Musikinstrumente".

Die Furcht erregenden Besuche setzten sich bis ins 18. Jh. fort. Die Kirchenrichter gaben die Nutzlosigkeit ihrer Bemühungen zu und verbargen nicht ihre Bestürzung angesichts des passiven, aber hartnäckigen Widerstands, den die Indianer ihnen entgegensetzten.

KAPITEL 10

Untergang und Renaissance der Inka

In den Augen der Spanier setzte das Vizekönigreich Peru unter einem neuen Gott und einem neuen Herrscher das Tahuantinsuyo, das Reich der vier Viertel, fort. Die alten Provinzen, *huamani,* blieben in ihren Grenzen bestehen. Die Peru genannten Territorien umfassten das in den Grenzen des alten Inka-Reiches befindliche Gebiet. Erst nach der Besetzung Spaniens durch eine französische Dynastie mit abstrakteren Verwaltungsvorstellungen wurde ein Versuch unternommen, die Integrität des Inka-Erbes wiederherzustellen. 1717 wurde Ecuador vom Vizekönigreich Peru abgetrennt und mit Kolumbien vereinigt.

Die spanische Krone respektierte die Stellungen und Titel der Inka-Häuptlinge, in denen sie Edelleute sah, die mit denen in ihrem Vaterland vergleichbar waren. Sie bestätigte ihren Rang und erkannte jenen große Privilegien zu, die ihre königliche Abstammung beweisen oder sich auf die *curaca*-Linie berufen konnten. Adlige, deren Titel bestritten wurden, konnten noch im 18. Jh. ihre Ansprüche bei der Justiz vorbringen. Es war sozial so vorteilhaft, in den Adern einen Tropfen Inka-Blut zu haben, dass die Kreolenfamilien sich Stammbäume anfertigen ließen, um mit den alten Königen verwandt zu sein.

Die Provinzhäuptlinge regierten weiterhin über das Territorium, dessen Rechtsprechung ihnen der Inka anvertraut hatte. Einige wurden zu harten Unterdrückern ihres Volkes. Sie selbst waren von jedem Tribut ausgenommen, aber sie trieben die Summe ein und saugten ihre Untertanen aus, die bereits mit den Forderungen der *encomiendas* schwer belastet waren.

DIE HELDENTAT VON CHAÑAN CORI COCA
Die im kolonialen Cuzco heimischen Maler hatten eine Vorliebe für Motive aus der Geschichte der Inka. Dem Bericht eines Ureinwohners zufolge enthauptete die Prinzessin Chañan Cori Coca einen feindlichen Anführer und überbrachte seinen Kopf dem Inka.

Wenn es unter den Inka Rebellen und Widerstandskämpfer gab wie Manco Cápac und Tito Cusi, so befand sich unter ihnen eine noch größere Anzahl von Kollaborateuren. Der berühmteste war Paullu Inka, der immer ein Freund der Spanier war, trotz der Ohrfeige, die ihm Pizarro verpasste. Aufgrund seiner Unterwürfigkeit billigte man ihm *encomiendas* und den Palast Colcampata zu, dessen Ruinen heute noch oberhalb von Cuzco aufragen. Während der Inka und seine Begleiter in Vilcabamba als Vogelfreie lebten, passten sich seine Brüder und Cousins in der Hauptstadt dem neuen Regime an und ahmten den spanischen Adel nach.

Die Jesuiten gründeten Kollegien für Kinder der indianischen Aristokratie. Sie bemühten sich, aus ihnen Ritter zu machen, die mit Latein ihren Schliff erhalten hatten und elegantes oder gar gespreiztes Spanisch sprachen. Diese neue indianische Elite mit kastilianischer Erziehung war natürlich katholisch und kannte den Aberglauben des niedrigen Volkes nicht.

Am Ende des 16. und Anfang des 17. Jh. war der Inka-Adel fast vollständig assimiliert und gehörte zur herrschenden Klasse. Deshalb überrascht es nicht, dass man in der zweiten Hälfte des 17. Jh. ein verändertes Verhalten der Adligen gegenüber ihrem Volk feststellt. Die indianischen Edelleute wagten nun, gegen die Ungerechtigkeiten zu protestieren, denen ihre Untertanen ausgesetzt waren, und machten sogar Anstalten für eine Revolte. Dieses Bewusstwerden ging einher mit einem wiederkehrenden Interesse an der Vergangenheit ihres Volkes, die ihnen ruhmreich erschien. Häufig zeigte sich in einfachen Details die Rückkehr zur einheimischen Tradition. Die indianischen Edelfrauen ließen sich in den Kostümen der Inka-Prinzessinnen malen, und die lackierten Holzbecher, *quero*, wurden mit alten Motiven oder der Inka-Tradition entnommenen Szenen verziert.

Die Revolte Túpac Amarus II.

Genau zu diesem Zeitpunkt, als der noch folkloristische und sentimentale Nationalismus aufkam, brachen in Peru die ersten Eingeborenenrevolten aus. Die einen waren einfache Wutausbrüche angesichts des Machtmissbrauchs der *corregidores*, andere waren geplante und lange gereifte Erhebungen. Die *curaca*, die in den Augen ihres Volkes als Verräter und Kollaborateure gelten mussten, waren häufig die Urheber und Anführer.

DER INKAISCHE NATIONALISMUS IM 18. JH.

Indem sie sich mit dem Adel von Cuzco verbündeten, gewannen die Spanier allmählich die Kontrolle über das Inka-Reich. Der Inka-Elite räumten sie eine wichtige Rolle im Kolonialsystem ein und versahen ihre Angehörigen mit Titeln und Vorrechten. Ungebrochen im Stolz auf ihre präkolumbischen Vorfahren umgab sich die Oberschicht jedoch auch weiterhin mit inkaischen Symbolen. Angesichts der so gepflegten Erinnerungen entwickelten auch viele einfache Indianer einen gewissen Stolz auf die eigene Herkunft. Im 18. Jh. entstand hieraus eine fordernde Haltung: Der Eingeborenenadel verlangte nach mehr Rechten und erhob sich mit der gesamten Bevölkerung gegen den wachsenden Abgabendruck. Auf Schritt und Tritt stieß man nun auf Manifestationen inkaischer Kultur: Theaterstücke in Quechua über die Inka-Zeit, Porträts von Kaziken in Inka-Tracht, bemalte Holzfiguren oder -gefäße mit Darstellungen von Inka, Verbreitung der Lektüre *Wahrhaftige Kommentare* von Garcilaso. Einige Patrioten traten sogar für eine Neuerschaffung des Inka-Reiches ein. Aber auch viele in Peru geborene Nachkommen der spanischen Eroberer identifizierten sich mit diesen Symbolen, die ihrem Land eine starke kulturelle Identität verliehen.

Einige Rebellen waren gemäßigt und wollten nur geringfügige Reformen erreichen: das Beschwerderecht gegen die Kolonialobrigkeit, den Zugang zu Orden und kirchlichen Würden, die Erziehung der Indianer, die Abschaffung der persönlichen Dienstleistungen, das Verbot von Zwangskäufen unnützer Dinge. Andere waren kühner und träumten von einem neuen Inka-Reich um die Hauptstadt Cuzco. Das erste Zeichen der allgemeinen Unzufriedenheit und der Solidarität des Adels mit dem Volk ist ein Memorandum, das ein Nachfahre der Chimú-Könige, Vincente Mora Chimú, verfasst hatte, dem man erlaubt hatte, nach Spanien zu fahren, um dort als Sprachrohr für die Klagen und Beschwerden seines Volkes aufzutreten.

Die erste ernsthafte Revolte flackerte 1737 auf und breitete sich auf 17 Provinzen aus. Sie wurde brutal niedergeworfen. Im folgenden Jahr wurde die Verschwörung in Oruro denunziert. Ein Mestize, angeblich ein Nachfahre der Inka, führte sie mit der Absicht an, das Reich wiederherzustellen. Mitte des 18. Jh. gelang es dem Jesuitenschüler Santos, der versicherte, Europa und Afrika bereist zu haben, die Indianerstämme Campas und Amueshas aufzuwiegeln, bei denen die Franziskaner blühende Missionen errichtet hatten. Aber die Spanier fühlten sich erst von einer Revolte (1780/81) ernsthaft bedroht, die ein *curaca*, José Gabriel Condorcanqui, auslöste. Er war besser bekannt unter dem Namen Túpac Amaru II., den er als Erinnerung an den 1572 enthaupteten Inka angenommen und dessen Tochter einen seiner Ahnen geheiratet hatte.

José Gabriel, der den Anspruch auf den Titel des Marqués Oropesa erhob, war ein typischer Vertreter der privilegiertesten Indianerklasse. Er war verhältnismäßig reich, hatte eine gute Erziehung genossen und unterhielt ausgezeichnete Beziehungen zur

Kolonialobrigkeit. Kein persönliches Motiv, sondern Mitleid und Wut scheinen ihn dazu getrieben zu haben, sich an die Spitze des größten Bauernaufstands zu stellen, mit dem die Spanier nach der Erhebung Manco Cápacs konfrontiert waren. José Gabriel hatte sich schon lange für das Schicksal seiner indianischen Untertanen interessiert und versucht, die Missstände zu beseitigen, unter denen sie litten. Er gab das Signal für die Revolte, als er einen besonders verhassten spanischen *corregidor* hängen ließ. 60 000 indianische Bauern schlossen sich ihm an, aber Túpac Amaru war weder ein Stratege noch ein Politiker. Er konnte keinen Nutzen aus seiner zahlenmäßigen Überlegenheit und dem Überraschungseffekt ziehen, die ihm anfänglich einige Siege einbrachten. Er wurde letztlich von den besser ausgerüsteten spanischen Truppen besiegt, gefangen genommen, zur Folter verurteilt und dann auf dem Hauptplatz von Cuzco gevierteilt.

Zu viel Hass hatte sich in den Herzen der Indianer angesammelt, sodass die Hinrichtung Túpac Amarus und seiner Anhänger die Revolte nicht stoppen konnte. Die Aymara-Indianer aus der Region Titicaca setzten den Kampf fort. Ihr Häuptling Julian Apasa belagerte sogar La Paz. Dieser Aymara von bescheidener Abstammung war ein bemerkenswerter Mann, beharrlich und intelligent. Als geschickter Taktiker versuchte er, aus den Bauern eine richtige Armee zu machen, die Musketen und Kanonen handhaben konnte. Es fehlte ihm jedoch die Zeit, seine großen Pläne auszuführen.

In weniger als zwei Jahren hatte sich Túpac Amaru in der Volkseinbildung in eine Fabelgestalt verwandelt, um die sich messianische Träume rankten. Ein Indianer, der sich als ein Cousin ausgab, wiegelte die Provinz Huarochiri auf, indem er verkündete, Túpac Amaru sei auf dem Hauptplatz von Cuzco den Märtyrertod gestorben, auferstanden und wundersamerweise in das Königreich Eldorado mitten im Amazonaswald gebracht worden und nun dort König. Auch diese Erhebung dauerte nicht lange an.

DIE VERKÜNDIGUNG DER UNABHÄNGIGKEIT
Am 28. Juli 1821 rief General San Martín, der mit seiner Armee vom Río de la Plata gekommen war, in Lima die Unabhängigkeit Perus aus.

Die Unterdrückung

Als die spanische Obrigkeit in diesen zahlreichen Revolten ein Erwachen des alten inkaischen Nationalismus erkannte, ergriff sie eine Reihe von Maßnahmen, die die Natur ihrer Ängste bezeugten. Die Genealogie der wahren oder falschen Nachkommen der „heidnischen Könige“ wurde von nun an dem spanischen König zur Genehmigung vorgelegt; die Titel und Ämter der Kaziken wurden abgeschafft; das Tragen ihrer alten Kleidung und der *mascapaicha*, der Purpurquaste, verboten. Die Porträts der Inka, „die in Hülle und

Fülle in den Häusern der sich als Adlige ausgebenden Indianer hingen, um ihre Herkunft zu bezeugen", wurden konfisziert; die Meeresschnecken, „deren eigenartiger und klagender Ton die Trauer und die traurige Erinnerung an die Vergangenheit" verkündeten, durften nicht mehr benutzt werden. Es war verboten, dunkle Kleidung zu tragen, die die Indianer „in einigen Provinzen als Zeichen der Trauer um ihre toten Herrscher trugen, um die Eroberung, die für sie verhängnisvoll und für uns glücklich war". Der an einen Namen angehängte Titel Inka wurde nicht mehr geduldet, denn er „machte einen maßlosen Eindruck auf die Menschen ihrer Klasse". Schließlich ermunterte man die Pfarrer, den Indianern Spanisch beizubringen, um jeden Unterschied zwischen ihnen und den Spaniern zu beseitigen. Alle Nachfahren der Inka wurden verfolgt und viele hingerichtet. Eine Gruppe von 90 Personen, darunter Frauen und Kinder, deren einziges Verbrechen es war, Inka-Blut in ihren Adern zu haben, wurden nach Spanien deportiert, wo die Mehrzahl im Gefängnis starb.

General José de Sucre
Trotz der Verkündigung der Unabhängigkeit in Lima beherrschten die spanischen Truppen noch immer das Innere des Landes. Erst am 9. Dezember 1824 wurden sie durch den venezolanischen General José de Sucre bei Ayacucho geschlagen.

1815, neun Jahre vor der Schlacht von Ayacucho, in der Peru seine Unabhängigkeit erhielt, zettelten die indianischen Kaziken einen neuen Aufstand an. Da dieser verfrüht war, wurden die Kaziken geschlagen und niedergemetzelt. Als dann über das Schicksal der neuen Republik entschieden wurde, konnten sich die indianischen Massen kein Gehör verschaffen, da es ihnen an Häuptlingen mangelte.

Einige geistige Urheber der Unabhängigkeit der spanischen Kolonien Südamerikas träumten von der Wiederherstellung des Sonnenreiches. 1801 schlug Miranda eine Übergabe der Macht an zwei Inka vor, von denen der eine seine Residenz in Cuzco haben und der andere durch das Land ziehen sollte. Diese beiden Herrscher sollten von Zensoren, Ädilen und Quästoren ernannt werden.

Auf dem Kongress von Tucumán (1816) empfahl General Belgrano die Einführung einer Übergangsmonarchie mit den Inka als Herrschern, denn er hielt es für gerecht, „dieses auf ungerechte Weise seines Throns beraubte Haus wieder einzusetzen". So könne man eine blutige Revolution vermeiden, weil die Wiederherstellung des Reiches begeistert aufgenommen würde. Der lateinamerikanische Staatsmann und General Simon de Bolívar empfahl, die monarchische Regierung anzunehmen, und fragte sich, ob es nicht besser sei, den Königstitel, den er verabscheute, durch den Titel Inka zu ersetzen, „an dem sie sehr hängen". Anlässlich des Sieges von Junín schrieb eine peruanische Zeitung: „Das Blut der Inka wird gerächt", und die peruanische Hymne beschwor „den Hass und die Rache, die sie von ihrem Inka und Herrscher geerbt haben".

Tatsächlich waren das nur sentimentale und romantische Träumereien. Die kreolische Aristokratie ergriff genauso schnell die Macht, wie sie ihre Privilegien verteidigte. Sie wollte sich vom „spanischen Joch“ befreien, widersetzte sich aber jeder Änderung der Lage der indianischen Massen. Die Großgrundbesitzer, die im Land geboren waren, verachteten die Eingeborenen mehr als die Spanier aus dem Mutterland und schätzten die Gefahr von Revolten besser ab. Die Kolonialregierung hatte die Indianer ausgebeutet und gedemütigt, aber das Eigentum des Gemeindebodens garantiert. Trotz der hehren Prinzipien Freiheit, Gleichheit und Brüderlichkeit, von denen sich die neuen Verfassungen der Andenländer leiten ließen, verschlechterte sich das Los der Indianer im 19. Jh. weiter.

Bolívars Dekret über „die Verteilung des Gemeindebodens“ (8. April 1824) blieb ein Beispiel für eine gesetzgeberische Maßnahme, deren reale Auswirkung im krassen Gegensatz zu dem Ziel stand, das sein Urheber angestrebt hatte. Bolívar lag es am Herzen, eine Bauernschaft zu bilden, und er sorgte für die Aufteilung des Gemeindebodens, weil er die Indianer zu Landbesitzern machen wollte. Darauf verloren die Eingeborenengemeinden ihre Rechtsfähigkeit und Rechtsexistenz und die einzelnen Menschen ihre letzten Sicherheiten gegen die Willkür der Weißen. Das ist für die Indianer der Ursprung des *gamonalismo*, des betrügerischen Aufkaufs von Boden der Eingeborenen. Die Kleinbauern kannten ihr Recht nicht und waren nicht imstande, ihr Eigentum gegen die Richter zu verteidigen. Es war ein Spiel, einen Analphabeten Papiere „unterzeichnen“ zu lassen, mit denen er auf seine Rechte verzichtete oder sein Land unter einem Vorwand konfiszieren ließ. Wenn die Indianer aufbegehrten, war die Armee des Landes für eine Unterdrückung stets einsatzbereit, bei der Plünderung und Vergewaltigung erlaubt war. Die Rädelsführer wurden erbarmungslos zu Tode gegeißelt. Viele große andine Haziendas, deren Besitzer in Paris in Saus und Braus lebten, entstanden mithilfe dieser Methoden. Die ihres Bodens beraubten Indianer wurden zu *colonos* (Pächtern) auf den großen Haziendas.

Der *colono* ist durch einen stillschweigenden Vertrag an den Herrn gebunden. Er verpflichtete ihn und seine Familie, für den Herrn zu arbeiten, im Tausch für das Recht, eine Hütte auf dem Grund der Hazienda zu bauen, magere Parzellen zu bestellen und seine Tiere weiden zu lassen. Die Einzelheiten dieser Absprachen waren von Region zu Region verschieden. Sie sahen im Allgemeinen vier Tage Arbeit in der Woche für den Herrn vor, neben zusätzlichen Aufgaben wie Diensten im Haus.

Der Transport der Produkte von der Hazienda oblag den Indianern, die dazu ihre Lasttiere nahmen oder die Waren auf dem Rücken trugen. Als Lastwagen auf der Hazienda verkehrten, ersetzte man diesen Arbeitsdienst durch eine Geldabgabe. Eine Aufgabe, über die sich die Indianer beklagten, war die Erledigung von Besorgungen. Für eine Bagatelle wie eine Schachtel Zigaretten wurde der *pongo*, der Knecht, in die Stadt geschickt und musste bei jedem Wetter Bergketten überqueren. Doch die bei den Indianern gefürchtetsten Besorgungen waren jene, bei denen

SPRACHEN UND IDENTITÄTEN

Die sprachliche Vielfalt im Inka-Reich war für die Spanier überraschend: In einem einzigen Tal sprach man nicht selten mehrere Sprachen. Zwischen diesen Sprachen ließ sich durchaus eine Verwandtschaft erkennen wie bei den unterschiedlichen Quechua-Dialekten; dies bedeutete aber nicht, dass sich die Sprecher immer untereinander verstanden. Die Auflösung der ehemaligen Stammesgebiete und die von den Inka veranlasste Umsiedlung der einheimischen Bevölkerung haben sicherlich zu dieser Zersplitterung beigetragen, doch besaß jeder Stamm schon von alters her seine eigene Sprache, auch wenn sich viele seiner Mitglieder noch einer weiteren Sprache zur regionalen Verständigung bedienten. Im Zentrum und im Süden Perus gehörten die meisten Dialekte zwei Sprachfamilien an, dem Quechua und dem Aymara. Diese Sprachen besaßen übrigens keinen eigenen Namen, sondern wurden immer mit dem Namen der jeweiligen Volksgruppe bezeichnet, die sie sprach. Die Sprache der Chincha, Inka oder Huanca waren Spielarten des Quechua. Unter der spanischen Herrschaft verblassten die Eigenheiten der Volksgruppen, und viele lokale Sprachen wurden zugunsten eines allgemein verständlichen Quechua verdrängt.

sie in die heißen Täler gehen mussten. Diese Menschen aus den großen Höhen befürchteten zu Recht, sich als Belohnung für ihre Mühe mit Tropenkrankheiten anzustecken.

Außerdem lasteten auf den Menschen noch „Geschenke“ an ihre Herren, die Zehnten und die Kasualien der Pfarrer und die Abgabe an den Staat. Angesichts dieser schweren Belastungen waren die Löhne der Indianer lächerlich. Doch auch diese erbarmungslose Ausbeutung schützte den Indianer nicht. Wenn dem Patron dessen Felder gefielen, konfiszierte er sie und verjagte den Pächter. Wenn dessen Herden gediehen, wurde er gezwungen, sie zu einem Schleuderpreis zu verkaufen.

Die Inka heute

Hat die erloschene Inka-Kultur keine weiteren Spuren hinterlassen als die Ruinen ihrer Städte, ihre Gräber und die Texte der alten spanischen Chroniken, die sie beschrieben haben? Sind die Institutionen und ihr Glaube für immer verschwunden oder prägen sie weiterhin das Leben der Menschen, die ihre Erben sind?

So paradox es auch klingen mag, ist die Sprache der Indianer, das Quechua, vermutlich heute weiter verbreitet als zur Zeit der Inka. Dank der katholischen Kirche ist das Quechua, das die Inka ihren Untertanen aufgezwungen hatten, die Verkehrssprache des Hochlands, Nordecuadors und Nordargentiniens geworden. Da die Missionare es bei der Bekehrung der wilden Stämme benutzten, gewann es im Amazonasbecken jeden Tag mehr an Boden.

INKA-MOTIV
Das Motiv auf dieser französischen Tapete von 1826 zeigt Inka, die Dankesgebete an die aufgehende Sonne richten.

Die Andenindianer, die nicht zur Knechtschaft auf den Haziendas gezwungen wurden, haben sich in *comunidades,* Gemeinden, zusammengeschlossen, die in vielerlei Hinsicht die inkaischen *ayllu* fortsetzen. Zu den gemeinsamen Merkmalen gehören vor allem die kollektive Verwaltung einiger Äcker und die Unveräußerlichkeit der anderen. Die Parzellen, die jede Familie allein besitzt, können in keinem Fall an einen „Fremden“, also einen Weißen, Mestizen oder Indianer veräußert werden, der nicht zur *comunidad* gehört. Die Notwendigkeit, sich den Übergriffen der Großgrundbesitzer und heute der Weißen und der Mestizen aus den Städten zu widersetzen, hat die *comunidades* zusammengeschweißt und unter ihnen ein tiefes Gefühl der Zusammengehörigkeit geschaffen. Dank dieses Zusammenhalts haben sie überlebt – ungeachtet aller zu ihrer Zerstörung getroffenen Maßnahmen.

Trotz der erbarmungslosen Jagd auf die Götzenbilder und -diener richten die modernen Indianer, auch wenn sie sich als Katholiken ausgeben, weiterhin ihre Gebete und Opfer an die alten andinen Gottheiten. Der Sonnenkult ist nicht gänzlich vergessen. Gott und Christus werden oft mit der Sonne verglichen, die noch unter dem Titel *Inti-huayna Cápac,* „der junge Sonnenhäuptling“, begrüßt wird. Er spendet Kraft und Gesundheit. Wenn er selbst unter einer Krankheit leidet, kann er es über den Regenbogen den Heilquellen mitteilen. In Bolivien und im Süden Perus ist die heidnische Gottheit, die am meisten verehrt wird, Pachamama, die Mutter Erde, Beschützerin der Ernte und der Herden. Als gütige und großherzige Mutter wird sie mit der Jungfrau verglichen. Die ganz genau eingehaltenen bäuerlichen Riten wurden ihrer Anrufung unterstellt.

Es gibt keine Kirche oder Kapelle, sei sie auch noch so bescheiden, in der keine Statuette Santiagos (des heiligen Jakobus) steht, der Schutzheilige der Konquistadoren mit den Zügen eines Ritters aus dem 17. Jh., der sein Schwert schwingt und den Teufel unter den Pferdehufen zermalmt. Für die Nachfahren der Inka ist Santiago der Wettergott

STRASSE IN CUZCO
Cuzco ist heute eine Stadt im typisch spanischen Stil. Dennoch orientiert sich das Stadtzentrum größtenteils an den Umrissen der alten Inka-Stadt, und in den Straßen oder im Innern der Häuser stößt man noch häufig auf die Mauern der präkolumbischen Paläste.

Apuillampu. Man opfert ihm Lamas an Stellen, wo ein Blitz einschlug. Menschen, die geboren wurden, als ein Blitz über den Himmel zuckte, oder die einen Blitzschlag überlebt haben, schreibt man geheime Kräfte zu und macht sie zu Zauberern. Tatsächlich kann keiner Magie ausüben, der nicht die Taufe vom himmlischen Feuer erhalten hat.

Neben den großen, aus der prähispanischen Mythologie ererbten Gottheiten beten die Indianer zahlreiche Geister an, *auki, apu, mallcu,* die die Berge, die Flüsse, die Weiler und Seen bevölkern. Es sind die alten *huaca.* Die Dörfer werden unter den Schutz der in Höhlen verborgenen oder in der Erde versteckten, durch Steine symbolisierten Geister gestellt. Die Familienhütten werden von einem Geist bewacht, der in Form einer Katze oder eines Falken Blutopfer empfängt.

Auf dem Markt in den Städten wie auch in Dörfern bieten Verkäuferinnen Objekte an, die für die traditionellen Gaben an die Pachamama und die Geister bestimmt sind. Wollbüschel, silber- oder goldfarbenes Papier ersetzen jetzt Gold und Silber, auf das die Götter einst versessen waren. Sehr gefragt sind auch Lama-, Schafs- und Schweinsföten, die, zu einem niedrigen Preis erworben, die Opfertiere ersetzen. Die verarmten Indianer haben sich davon überzeugt, dass die Gottheiten bereitwillig Trugbilder von Gaben annehmen, die sie sich nicht mehr leisten können.

Kürzlich haben Volkskundler in entlegenen Andendörfern einen sicherlich alten Mythos gefunden, der die Sehnsucht nach der Vergangenheit und die Hoffnung auf bessere Zeiten ausdrückt. Einst gründete ein Fabelmensch mit dem Namen Inka-ri die Stadt Cuzco an der Stelle, wo ein Goldstab eingedrungen war. Er wurde vor langer Zeit von einem weißen Häuptling getötet und sein Kopf in der Nähe von Lima begraben. Seitdem ist er ständig gewachsen und kommt mit einem Körper wieder. Das wird das Jüngste Gericht sein … Das Reich der Inka wird auferstehen und das Glück wieder im alten Peru herrschen.

ALFRED MÉTRAUX

Meisterwerke des alten Peru

GEFÄSS IN PYRAMIDENFORM *(Chavín-Kultur)*
Dieses um 500 v. Chr. entstandene Gefäß ist typisch für die Kunst von Chavín. An der Art, wie die Motive herausgearbeitet wurden, lässt sich der Einfluss der Webkunst auf die Keramik erkennen. Häufig arbeiteten die Künstler mit Kontrasten zwischen einem strukturierten Untergrund und erhabenen, polierten Figuren.

FLASCHE IN MENSCHENGESTALT
(Cajamarca, Ende 1. Jt. v. Chr.)
Im Norden Perus entwickelte sich eine Töpfertradition, die sich dem Einfluss der Chavín-Kultur entzog. Ebenso wie die Bildhauer hatten auch die Keramikkünstler eine Vorliebe für mehrfarbige Objekte.

BESTATTUNGSTUCH

(Paracas-Kultur, 400 v. Chr.–200 n. Chr.) Die prunkvollen Stoffe, die man in den Totenstädten von Paracas fand, bestehen aus einer Mischung von Baumwolle und Wolle. Die eingewebten Motive wiederholen sich ständig – hier ein mythisches Wesen, das ein Zepter und einen abgetrennten Kopf in der Hand hält.

INNIGE UMARMUNG

Die Keramiker der Nazca-Kultur (200 v. Chr.–600 n. Chr.) trugen die Farben vor dem Brennen auf; anschließend wurden die Oberflächen sorgfältig poliert, wodurch die Leuchtkraft der Farben lange erhalten blieb. Die Gefäße sind meist kugelförmig mit wenig ausgeprägten Details.

PORTRÄTFLASCHE

Die keramischen Porträts aus den Fürstengräbern der Moche-Kultur (200 v. Chr.–600 n. Chr.) sind in der Kunst des alten Peru einzigartig. Der steigbügelförmige Schnabelhenkel wurde aus der Chavín-Tradition übernommen.

GÖTTERBILDNIS AUS VERGOLDETER BRONZE

Dieses mit Muscheln und Türkis eingelegte Bildnis eines Gottes (Moche-Kultur) wurde in einem Herrschergrab in der Pyramide von Sipán gefunden. Der Gott hat mandelförmige Augen und ein markantes Gebiss. Um den Hals trägt er eine Kette aus Eulenköpfen, während sich eine doppelköpfige Schlange aus seinem Schädel windet.

KOSTBARER OHRSCHMUCK

Dieser Schmuck aus Lapislazuli und Edelsteinen zierte die Ohren eines Würdenträgers oder Priesters der Mochica. Das hier dargestellte Fabelwesen, der Kopfabschläger, ist in der Ikonographie des alten Peru überall anzutreffen.

GÖTTERMASKE
Ein viereckiges Gesicht, Ohren mit doppelten Ohrläppchen, hervortretende Augen, ein Mund mit spitzen Reißzähnen: So stellten sich die Mochica ihre höchste Gottheit vor. Diese goldene Maske entstammt einem königlichen Grabmal.

DER ANGRIFF DER RAUBKATZE
(Recuay-Kultur, 200 v. Chr.–700 n. Chr.)
Charakteristisch für die Keramikkunst im Tal des Flusses Santa (nördliche Zentralkordillere) ist die steife Formgebung, die von der Bildhauerkunst inspiriert wurde. Bemalt sind die Töpferwaren mit geometrischen Motiven auf dunklem Grund.

Mumie aus der Huari-Kultur *(500–900 n. Chr.)*
Die Mumien wurden mit mehreren Stofflagen umwickelt, wodurch ein dickes Bündel entstand, das man als fardo *bezeichnete. Die hier gezeigte Mumie eines Adligen war mit einem falschen Kopf versehen und mit einer Tunika bekleidet, deren Motive nicht von jedermann gedeutet werden konnten. Darin drückte sich die kulturelle Distanz zwischen dem Volk und dem Adel aus.*

Urne mit Götterfigur
Der Körper dieses Gottes aus der Huari-Kultur (500–900 n. Chr.) ist gemalt, sein Kopf jedoch als Hochrelief gearbeitet. Die glänzenden Oberflächen der Huari-Keramik und ihre Farbenpracht stellen ein Erbe der Nazca-Kultur dar.

Kultgefäss
(Recuay-Kultur, 200 v. Chr. bis 700 n. Chr.) Dieses Behältnis mit doppelter Öffnung hat die Form einer Schlange mit Raubkatzenkopf. In der altperuanischen Ikonographie symbolisieren diese beiden Tiere die Gottheit des Wassers. Dabei steht die Schlange für das Wasser, der Jaguar- oder Pumakopf für die Unberechenbarkeit dieses Elements.

Prachtvoll gearbeitetes Opfermesser
(Sicán-Kultur, 700–1400 n. Chr.) Die nördlichsten Mochica-Städte entzogen sich dem Druck des Huari-Reiches und entwickelten die schönste Goldschmiedekunst des alten Peru. Das Heft dieses Opfermessers stellt einen Fürsten mit aufwändig gearbeitetem Kopfschmuck dar.

Goldener Kultbecher mit Türkiseinlagen
(Sicán-Kultur, 700–1400 n. Chr.) In den Königsgräbern der nördlichen Mochica-Städte wurden zahlreiche Goldbecher entdeckt. Ihre sich nach oben verbreiternde Form erinnert an Keramiken aus Tiahuanaco und Huari, die den Inka als Vorbilder für ihre bemalten Holzgefäße dienten.

Totenmaske
(Sicán-Kultur, 700–1400 n. Chr.)
Diese Platte aus gepunztem Gold, die das Gesicht eines Verstorbenen zierte, weist noch Spuren von roter, weißer und grüner Bemalung auf. Die mandelförmigen Augen sind in dieser Epoche typisch für die Herrscher- und Götterdarstellungen der Nordküste.

Königliche Sänfte
(Chimú-Kultur, 1000–1450 n. Chr.) Die aus Chan-Chán stammenden Holzkassetten dieser Sänfte waren mit Gold- und Silberplatten besetzt. Eingearbeitete Muscheln und Türkise sowie Federn vervollkommneten den Schmuck. Die Holzkassetten zeigen Edelleute der Chimú.

Goldene Krone
(1000–1450 n. Chr.) Diese Krone aus Goldplatten gehörte vermutlich einem Chimú-Fürsten. An der Stirnseite ist das Bildnis eines Herrschers zu sehen, der dem Betrachter das Gesicht zuwendet.

Goldene Zeremonienhandschuhe
(Chimú-Kultur, 1000 –1450 n. Chr.) Die Herrscher der Mochica und der Chimú zeigten sich ihren Untertanen stets reich geschmückt. Nachdem die Inka das Gebiet erobert hatten, siedelten sie zahlreiche Chimú-Goldschmiede nach Cuzco um.

Mythisches Tier
(Sicán-Kultur, 700–1400 n. Chr.) Dieses goldene Fabelwesen schmückte wahrscheinlich ein Kleidungsstück. Es setzt sich aus mehreren Teilen zusammen: Sein Kopf ähnelt dem einer Raubkatze, Schwanz und Körper erinnern an einen Affen, während der Rückenkamm von einem Reptil stammt. Aus seinem Mund ragt eine Spirale hervor, Symbol des Wassers, das den Menschen vom Jenseits gespendet wird.

Brustschmuck eines Adligen
(Sicán-Kultur, 700–1400 n. Chr.) Dieser mit Perlen, Muscheln, Türkisen und Lapislazuli besetzte Brustschmuck wurde von einer hoch gestellten Persönlichkeit oder einem Herrscher getragen. Er ist mit Fabelwesen verziert, die dem auf der Abbildung oben dargestellten Tier ähneln. Aufwändig gearbeiteter Schmuck von der Nordküste zeugt durchweg von einer starken religiösen Inspiration.

Federkopfschmuck *(Chancay-Kultur, 1000 bis 1450 n. Chr.) Die Federn, die den Schmuck der Adligen an der Küste und im Gebirge zierten, stammten oft aus dem Amazonastiefland. Diese exotischen Produkte waren Ausdruck des Reichtums dessen, der sie trug. Außerdem wohnten in ihnen nach indianischer Vorstellung heilige Kräfte, denn der Urwald Amazoniens galt als Pforte zum Jenseits.*

Alpaka aus Silber *(Inka-Kultur, 1450 bis 1532) In den Bergen trug man gewöhnlich Kleider aus Alpaka-Wolle. Dieses Tier wurde auf Geheiß der Inka oft von Kunsthandwerkern als Motiv gewählt. Es verkörpert die Bedeutung, die die Inka den Stoffen beimaßen.*

Detailansicht eines Ponchos
(Chancay-Kultur, 1000–1450 n. Chr.) Die Stoffe aus den Totenstädten von Chancay zählen neben denen von Paracas zu den am feinsten verarbeiteten Geweben des alten Peru – vielleicht weil sie vorrangig für die Toten bestimmt waren. Dieser Baumwollponcho mit geometrischen Motiven ist mit Goldplättchen verziert.

Hölzernes Kultgefäss
(Kolonialzeit) Auf diesem von zwei kauernden Figuren gehaltenen Gefäß ist ein Inka-Krieger dargestellt, der einen Feind vernichtet. Dieses Gefäß zeugt vom Fortbestand einer ursprünglichen Tradition unter den Kunsthandwerkern des kolonialen Cuzco.

Weibliche Statuette
(Chancay-Kultur, 1000–1450 n. Chr.) Diese kleine, schwarz und beige bemalte Figur war früher bekleidet und gehörte zur Ausstattung eines Grabes. Obwohl sie aus grobem Ton gearbeitet wurde und dadurch recht plump wirkt, besticht sie doch durch ihre ausgeprägte Stilisierung.

Fortschritte der Archäologie

Alfred Métraux ist es in seinem Buch *Die Inka* gelungen, ein angemessenes und verständliches Bild einer in vieler Hinsicht noch wenig bekannten Zivilisation zu entwerfen. Aus diesem Grund ist sein Buch sowohl für das breite Publikum als auch für die renommiertesten Amerikanisten zu einem Standardwerk geworden. Allerdings entwickeln sich alle Wissenschaften weiter. Die Archäologie von Peru ist weit jünger als die Europas und des Orients und fängt gerade erst an, uns den Reichtum und die Komplexität der Kulturen der Neuen Welt zu eröffnen. Seit etwa 30 Jahren betreibt eine neue Forschergeneration das Studium der amerikanischen Vergangenheit vor der Ankunft der Spanier. Mittlerweile gewinnen die Grundzüge dieser Vergangenheit endlich für uns an Kontur. Die Forscher stützen sich ebenso auf die Wissenschaften der materiellen Gegebenheiten – Archäologie, Geologie, Topologie, Anthropologie, Ethnologie usw. – wie auf die Analyse der überlieferten Texte. Ihre zahlreichen Entdeckungen widerlegten unsere Annahmen und lieferten auf unerwartete Weise Antworten auf Fragen, die sich Wissenschaftler, Neugierige und Gelehrte seit Jahrhunderten gestellt haben.

Warum stehen die monumentalen Bauwerke von Machu Picchu mitten im tropischen Regenwald? Vielleicht weil dort Koka wuchs, nach der es alle Andenvölker gelüstete. Warum neigten die Inka weniger als die Azteken zum abscheulichen Brauch der Menschenopfer? Vielleicht weil sie Lamas und Alpakas besaßen, die sehr wertvoll und ein würdiger Ersatz für zu opfernde Menschen waren. Warum hatten die Spanier mit dem Inka-Reich so leichtes Spiel? Vielleicht weil es ein Riese auf tönernen Füßen war.

Ausgehend von einigen fragmentarisch erhaltenen und von der Natur überwucherten Bauwerken hat sich eine immer leistungsfähigere Wissenschaft an die Aufgabe gewagt, das Leben des verschwundenen Volkes zu rekonstruieren: seine soziale Organisation, seine Religion, aber auch die wichtige Rolle, die der Gebrauch von Koka spielte.

Selbst wenn einige Legenden über die ersten Bewohner Südamerikas entkräftet wurden, schwand nicht die Faszination, die versunkene Welten und jene „zivilisierten Heiden" ausüben. Die Verbindung von Einbildung und Unwissenheit verwandelt ihre Welt für uns oft in ein verlorenes Paradies. Die Eroberer konnten nicht umhin, die hoch entwickelte Kultur der Inka zu bewundern, doch sie war ihnen zu fremd, als dass sie sie verstanden. Daher befanden sich die Inka in der schlechtesten aller denkbaren Positionen: Sie reizten die Gier der Spanier, ohne ihr Mitgefühl zu wecken. Die daraus resultierende extreme Haltung führte dazu, dass die Spanier verteufelt wurden, während die durch ihr Leiden geheiligten Inka als Sühneopfer eines degenerierten Christentums erschienen.

Heute ist unser Geschichtsbild etwas weniger deutlich nach Gut und Böse geordnet, und wir erkennen wieder einmal, dass die Dinge komplexer und nuancenreicher sind als zuerst angenommen. Um einen Teil des Mysteriums zu lüften, das noch über dem mächtigsten Andenvolk liegt, mit dem die Spanier je in Berührung kamen, ist es sinnvoll, die Zeit vor seiner Entstehung zu untersuchen.

KAPITEL 11

Die Ursprünge

Vorgeschichte und Frühzeit

Mehrere Ausgrabungsstätten in der Sierra bezeugen, dass Gruppen von Großwildjägern ab etwa 20 000 v. Chr. in den Zentralanden lebten. Auf die erste Besiedlung folgte die Periode, in der man Jagd auf Kameliden und Hirsche machte. Die ältesten Darstellungen, die wir aus dieser Zeit besitzen, sind Wandmalereien wie die von Toquepala (um 8000 v. Chr.).

Der Übergang von der Jagd zur Sesshaftigkeit vollzog sich in der Sierra ab dem Ende des 5. Jt. v. Chr. Man begann mit dem Anbau von Pflanzen, die bis heute die Grundlage für die Ernährung der Andenvölker bilden. Im hochandinen Guitarrero fand man bei Ausgrabungen zwei Arten von Bohnen, die noch älter sind: Die eine stammt aus der Zeit zwischen 6800 und 6200 v. Chr., die andere aus der um 5700 v. Chr. Der Anbau von Kürbissen und Kalebassen ist im Ayacucho-Becken für die Spanne zwischen 5500 und 4300 v. Chr. belegt, während der Mais, das amerikanische Hauptnahrungsmittel, an verschiedenen Orten der Sierra zwischen 5500 und 4000 v. Chr. auftauchte. Lamas wurden womöglich schon im 6. Jt. gezähmt, ab 4000 v. Chr. wurden sie gezüchtet.

An der Küste entwickelte sich die Landwirtschaft laut jüngsten Entdeckungen etwas später. Verschiedene Gruppen züchteten Kürbisse, Kalebassen und Schafe um 3000 v. Chr., etwas später dann Mais. Gegen 3250 v. Chr. wurden in Chilca Bohnen angebaut. An anderen Grabungsstätten des Küstenstreifens tauchten sie jedoch erst ab 2500 v. Chr. auf. Mit der Entwicklung der Landwirtschaft ging die Entstehung der ersten städtischen Zentren an der Küste einher. Einige, beispielsweise Culebras, blieben bloße Ansammlungen mehrerer Dörfer, während es in anderen wie Aspero, Río Seco, El Paraíso, Bandurría und Los Gavilanes regelrechte öffentliche oder zeremonielle Zentren gab.

In der Sierra entstanden städtische Siedlungen erst später. Die Zentren von Kotosh, Shillacoto, Huaricoto, La Galgada und Pirurú wurden zwischen 2000 und 1500 v. Chr. erbaut. Die ersten Bauwerke weisen auf politische und religiöse Machthaber hin, die über eine noch undifferenzierte Bauernschaft herrschten.

FELSMALEREIEN
In Vilcunya fand man rund 8000 Jahre alte Spuren künstlerischen Schaffens. Die Felsmalereien stammen von den Ureinwohnern der peruanischen Anden, die von der Jagd lebten.

Die Formative Periode

Der Beginn der Formativen Periode – auch Früher Horizont genannt – wird um 2000 v. Chr. angesetzt, als zahlreiche Gruppen bereits sesshaft waren. Sie lebten nicht mehr vom Jagen und Sammeln, sondern von der Landwirtschaft, und entwickelten Techniken im Bereich von Ackerbau, Viehzucht, Weberei und Töpferei. Im Lauf der Zeit verbesserten die Ackerbauern ihre Methoden und wählten immer widerstandsfähigere und ertragreichere Pflanzen aus. Auf diese Weise passten sie ihre Pflanzungen den rauen Bedingungen der Hochlagen in den Anden und der Trockenheit im wüstenartigen Küstenstreifen an. Sie verbesserten die Methoden, mit denen sie das Land urbar machten: Bewässerungskanäle wurden gebaut und die Anbauflächen vergrößert. Die Bevölkerung wurde durch den Ackerbau besser ernährt als durch das Jagen und Sammeln und wuchs dementsprechend.

Bereits vor dem Auftauchen der Töpferei wurden die ersten Stoffe gewebt. Die Verwendung des Webstuhls begünstigte die spätere Entstehung eines der wichtigsten Handwerkszweige Perus.

Die ältesten künstlerischen Spuren dieser Epoche sind jedoch geschnitzte Kalebassen, die in Huaca Prieta an der zentralen Küste entdeckt wurden. Ihre Verzierung ähnelt sehr derjenigen, die sich auf der alten Keramik der Kultur von Valdivia, südlich des Äquators an der Küste gelegen, findet.

Gegen 1800 v. Chr. breitete sich die Keramik über die Zentralanden aus. Die Phase Wayra Jirka von Kotosh hat Tonwaren von der gleichen Form hervorgebracht, wie man sie von manchen Korbwaren kennt. Das war in Amerika und an anderen Orten während der Formativen Periode nicht selten der Fall.

Zwischen 1800 und 800 v. Chr. entwickelten sich regionale Stile dieser frühen Keramik. Zunächst tauchte sie in den Ruinen der hoch gelegenen Gebiete des Nordens auf – in Pacopampa, Huacaloma, Vesopampa und Urabarriu –, dann im Süden in Waywaka, Marcavalle und Chiripa. An der nördlichen und der zentralen Küste finden sich die frühen Keramikstile oft in der Nähe von Tempeln wie in Guanape, Las Haldas, Caballo Muerto, Garagay und Curayacu. Nach den ersten regionalen Stilen tauchten im Norden Perus die etwas späteren Stile von Cupisnique und vor allem von Chavín auf. Letzterer markiert den Übergang zur letzten Stufe der Formativen Periode.

Cupisnique (2000–400 v. Chr.) ist eine der ältesten Kulturen der Nordküste Perus. Sie entwickelte sich im Tal des Flusses Cupisnique, einem der vielen peruanischen Flüsse, die auf der Westseite der Anden entspringen und in den Pazifik fließen, und bereitete mit dem im nördlichen Hochland gelegenen Kotosh den Boden für die Chavín-Kultur. Das Land wurde in Cupisnique durch Bewässerung fruchtbar gemacht und brachte Mais, Bohnen, Kürbisse, Kalebassen und Süßmaniok hervor.

In Cupisnique entstand eine eigene Monumentalarchitektur mit Gruppen von Tempeln, die in U-Form angeordnet und aus Stein sowie aus Adobe, den in der Sonne getrockneten Ziegeln, gebaut wurden. Ihre Mauern waren oft mit großen Reliefs aus bemalter Erde verziert. Der Tempel von Cerro Sechín an der Nordküste ist besonders eindrucksvoll. Seine Außenmauer ist mit einem großen Fries aus gemeißelten Stelen geschmückt, die Krieger und verstümmelte Gefangene darstellen (Köpfe, Leiber, abgeschlagene Gliedmaßen). Sie erinnern an rituelle Opfer, die mit dem Kult verbunden waren.

Die Keramik von Cupisnique umfasst vor allem schwarze Töpferwaren mit einem Dekor, das Menschen und Tiere darstellt. Die Gefäße haben oft einen geraden, langen oder konischen Hals oder einen bügelförmigen Henkel, der einen vertikalen Hals überragt. Oft verstärken Einkerbungen und farbige Motive ihre Wirkung. In der letzten Phase von Cupisnique wuchs der Einfluss der Chavín-Kultur, vor allem in der Ikonographie.

KERAMIK AUS CUPISNIQUE
In Cupisnique wurden erstmals Kunstgegenstände aus Ton hergestellt – hier ein glänzend schwarzes Gefäß in Form eines brüllenden Affen. Später entwickelte sich die Töpferei zum Lieblingskind der Kunsthandwerker des präkolumbischen Peru.

El Lanzon
Dieser große Monolith stand im Alten Tempel von Chavín an der Kreuzung zweier unterirdischer Gänge. Auf seinen beiden Hauptseiten ist der „alte Gott" von Chavín im Profil dargestellt: Seine unteren Gliedmaßen sind mit Krallen bewehrt, sein Raubtiermaul entblößt einen Kiefer mit bedrohlichen Reißzähnen, aus seinem Haarschopf winden sich Schlangen. In diesem Kunstwerk zeigen sich die Einflüsse des Amazonas-Regenwaldes auf die Ikonographie im alten Peru.

Die Vorherrschaft von Chavín

Chavín de Huántar liegt in der weißen Gebirgskette der peruanischen Anden, 3180 Meter hoch, im Tal eines Flusses, der in den Amazonas mündet. Um die Wende zum 1. Jt. v. Chr. wurde es zu einem bedeutenden kulturellen Zentrum. Während der ersten Phase der Formativen Periode vereinte diese Kultur die gesamten Zentralanden zum ersten Mal unter einem mächtigen theokratischen System.

In Chavín selbst bewirkte der religiöse Kult die Entstehung eines riesigen Tempelkomplexes, der fast während des ganzen 1. Jt. v. Chr. genutzt wurde. Etwa zwischen 400 und 200 v. Chr. wurde der Haupttempel zum Teil zerstört. In dieser Zeit verlor der Kult wahrscheinlich an Bedeutung. Die Menschen verließen zunehmend das große Zentrum und gaben es schließlich ganz auf. Der Niedergang der Kunststile von Chavín ging mit dem Machtverfall seiner Priester einher.

Chavín war die erste wichtige Kultur in den Zentralanden und ist als solche Gegenstand einer Debatte um die Komplexität der wissenschaftlichen Kontroversen über das alte Amerika, die noch heute die Archäologen in zwei Lager spaltet. Seit den 20er-Jahren des 20. Jh. hat der peruanische Archäologe J.-C. Tello die Originalität der Chavín-Kultur hervorgehoben. Seiner Ansicht nach markiert ihre Verbreitung den Beginn einer kulturellen, religiösen und politischen Vorherrschaft, die den Großteil Perus bis zur Ankunft der Spanier unter einer allmächtigen Priesterschaft vereinte.

1945 wurde die Stätte unter riesigen Flussablagerungen begraben, doch zwischen 1954 und 1966 unter der Leitung von González Moreno wieder freigelegt. Von 1966 bis 1975 fanden intensive Grabungen statt, an denen mehrere peruanische Archäologen beteiligt waren, darunter Luis G. Lumbreras, Hernan Amat und Rosa Fung. Daraus erwuchs eine so genannte „lange“ Chronologie, die Chavín und seiner Vorherrschaft eine lange Dauer zuschrieb. Nach 1975 wurden weitere Ausgrabungen unternommen. Die von Richard L. Burger konzentrierten sich auf die Wohnbereiche, die keine religiöse Bedeutung hatten. Die verschiedenen Forscher gelangten zu unterschiedlichen Hypothesen über die chronologische und kulturelle Entwicklung der Siedlung und der Kultur von Chavín. So ordnete Burger die Keramik in eine Folge ein, die sich auf eine kurze Chronologie stützt und der langen Chronologie von Lumbreras widerspricht. Während letzterer die ersten Bauten des Alten Tempels auf 1300 v. Chr. datiert, setzt Burger den Baubeginn nicht vor 850 v. Chr. an. Dementsprechend lag die Blütezeit von Chavín nach Lumbreras um 800 v. Chr., nach Burger dagegen um 500 v. Chr. Die Aufgabe der Tempel wird auf 400 bzw. 200 v. Chr. datiert. Danach wich der religiöse und künstlerische Einfluss von Chavín regionalen Kleinstaaten.

Der Raimondi-Stein
Auf dieser großen, rechteckigen Steinplatte ist das Bildnis der obersten Gottheit des Chavín-Kultes eingraviert, der „Stabgott“. Der Mund dieses Wesens, das weder einem Menschen noch einem Tier gleicht, ist mit Fangzähnen gespickt; sein Haar besteht aus sich aufbäumenden Schlangen. In der Kunst von Chavín ist dieser Gott ein allgegenwärtiges Motiv, zuweilen kommt er auch in weiblicher Form vor.

Die Meinungsverschiedenheiten sind alles andere als bloße Schulstreitigkeiten. Sie haben wichtige Folgen. Nach der langen Chronologie übte Chavín seinen Einfluss auf die bereits bestehenden religiösen Zentren aus. Die kurze Chronologie geht hingegen davon aus, dass Chavín Modelle von anderen Orten übernommen hat, vor allem von der Küste. Der zweiten Annahme schließt sich auch der deutsche Archäologe Henning Bischof an, der sich auf eine ikonographische und stilistische Analyse verschiedener künstlerischer Ausdrucksformen der Periode von Chavín und der Zeit davor stützt. Er kommt zu dem Ergebnis, dass die Kulturen an der Küste wie Cerro Sechín bedeutend älter sind als Chavín. Das politisch-religiöse System von Chavín soll ein Gemisch aus den künstlerischen und kulturellen Traditionen der Küstenstädte gebildet haben. Demnach müssten die alten und neuen Thesen revidiert werden, nach denen Chavín in gewisser Weise die Wiege der Hochkulturen des alten Peru gewesen ist.

War Chavín von Anfang an ein schöpferischer und ausstrahlender Ort? Oder war es ein empfänglicher Schmelztiegel, bevor es seine ausstrahlende Wirkung entfaltete? Die Frage ist immer noch offen. Wenn man den jüngsten Forschungen glauben darf, war Chavín eher ein Ort, an dem Einflüsse verschiedener Regionen Perus zusammenliefen und zu jener bedeutenden Kultur verschmolzen, die nicht ausschließlich aus Chavín stammt.

Die Kunst von Chavín nahm vor allem in Töpferwaren und Skulpturen Gestalt an. Sie blieb im Wesentlichen grafisch: Ihre immer noch präsenten stilisierten oder realistischen Zeichnungen beherrschen in gewisser Weise Formgebung und Dekor. Die stark vom Amazonasgebiet beeinflusste Ikonographie von Chavín ist oft von den Tieren des Waldes, der Selva, bestimmt. Die drei wichtigsten – Jaguar, Kaiman und Harpyienadler – sind große Raubtiere des Regenwalds. Dort beherrschen sie die drei Welten, die Erde, das Wasser und die Luft. Zweitrangige Gottheiten mit tierischen und menschlichen Zügen, Fangzähnen, Raubtierklauen, schlangenförmigen Schneckenhäusern oder Raubvogelschnäbeln stehen den mythischen Tieren zur Seite. Die Kunst von Chavín verwendet daher oft die Schlange, die Erde und Wasser bewohnt, aber auch Zugang zur Unterwelt hat.

Der starke Einfluss Amazoniens auf die Ikonographie legt die Vermutung nahe, dass die drei Welten „Küste/Sierra/Selva“ schon früh miteinander in Kontakt und häufigem

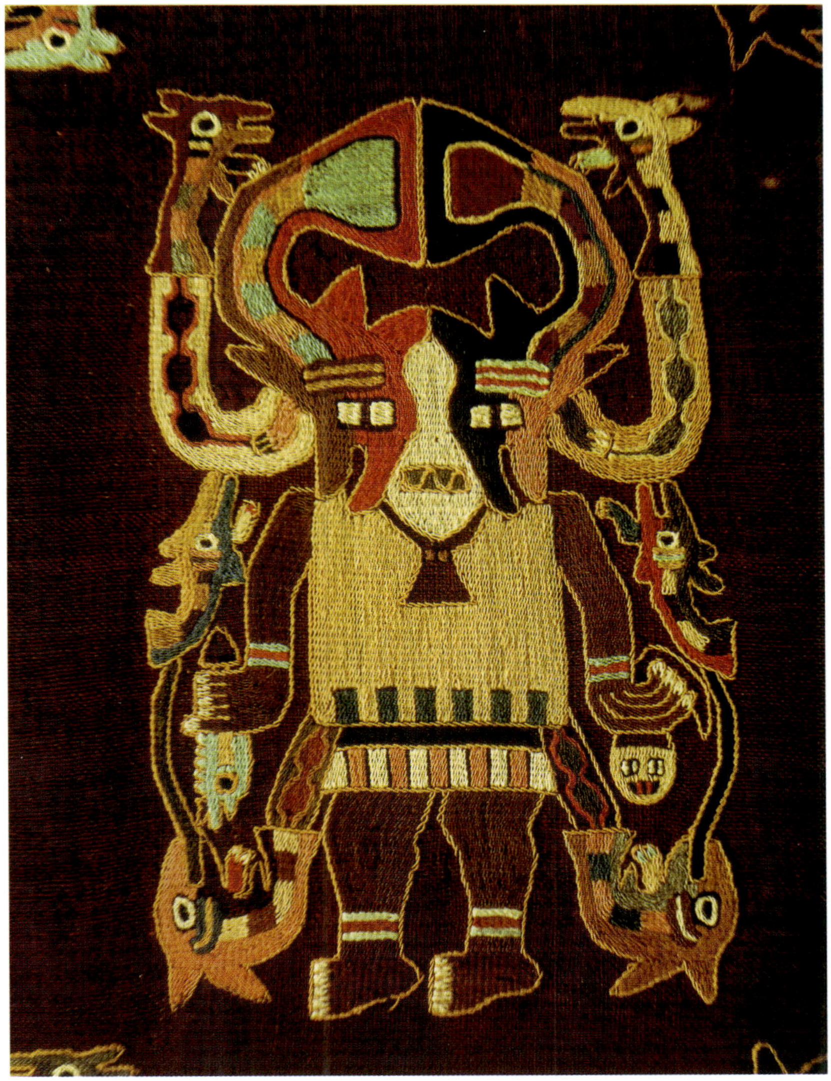

Austausch standen, trotz der Unterschiede der natürlichen Umgebung. Die Einflüsse der Niederungen des tropischen Waldes auf die Andengebiete hat man während der vergangenen 25 Jahre verstärkt betont, vor allem der amerikanische Gelehrte Donald Lathrap. Indem er herausarbeitete, welch bedeutenden Beitrag die Selva für die Andengesellschaften hatte, wurde unser Bild der prähispanischen Gesellschaften beträchtlich erweitert.

Die Ikonographie vereinigt Themen, die mit metaphysischen Motiven verknüpft sind. Diese Kunst brachte ein reiches Repertoire an Bildern hervor, die viele Jahrhunderte lang in der Kunst des alten Peru auftauchten. Eines ihrer frühesten Zeugnisse ist El Lanzón, ein großer behauener Monolith. Man hat ihn in einem unterirdischen Gang des Alten Tempels von Chavín entdeckt. Er stellt die älteste Gottheit des Ortes mit den Zügen eines monströsen Wesens dar, das halb Mensch, halb Raubkatze ist. Die dreieckige Skulptur verfügt über zwei große senkrechte Flächen, die in einem spitzen Winkel aneinander stoßen. Beide haben im Relief ein anderes Profil. Wenn man jedoch direkt vor der Kante steht, an der sie zusammenstoßen, erkennt man ein stehendes Mischwesen mit katzenartigen Zügen, Raubtierzähnen, klauenbesetzten Händen und Füßen sowie einem aufgerichteten Schlangenkopf. Dieser „alte Gott" erlebte in den folgenden Jahrhunderten einen Aufschwung und wurde zum Archetypus des „Stabgottes", der beispielsweise auf dem berühmten Raimondi-Stein dargestellt wird. Das Thema wurde von der prähispanischen Kunst in Peru jahrhundertelang variiert. Ab der Epoche von Chavín existierte sogar eine weibliche Version auf bemalter Leinwand, deren Vagina von Fangzähnen eingerahmt ist. So haben die Andenvölker über 2000 Jahre vor Sigmund Freud auf die Bedeutung der „gezahnten Vagina" hingewiesen.

Eine andere Skulptur, der Tello-Obelisk, stellt auf geheimnisvolle Weise einen Mohrenkaiman dar, gleichzeitig gefürchtetes Reptil der Flüsse Amazoniens und Wohltäter der Menschen. Man schrieb ihm zu, den Menschen Nutzpflanzen wie Maniok, Kalebasse und Paprika gebracht zu haben.

Aus dieser Epoche sind außerdem Trophäen in Gestalt abgeschlagener Köpfe erhalten. Dieses alte Motiv findet sich auch auf den Friesen des Tempels von Cerro Sechín. Es scheint darauf hinzudeuten, dass Kriegsgefangene in Siegesritualen geopfert wurden, die ohne Zweifel dazu dienten, die religiöse und politische Macht zu ehren und zu unterstreichen. Dieses Thema wurde ebenfalls in der gesamten Ikonographie der aufeinander folgenden Kulturen Perus bis zu den Inka wiederholt.

DETAILANSICHT EINES PARACAS-STOFFES
Alle Stilelemente der Webkunst von Paracas sind in diesem Motiv vereint. Das als „Manta" bezeichnete Tuch, das zum Einwickeln von Mumien diente, ist mit einem mythischen Wesen bestickt. Die Kopftrophäe, die es in der Hand hält, erinnert an die im alten Peru übliche Praxis der Enthauptung.

Man nimmt an, dass die Macht Chavíns im Wesentlichen religiös war: Vielleicht diente die Priesterschaft einem „Orakelgott", der seinen Hauptsitz in Chavín selbst hatte. Den Gott mit seinen Priestern gab es zweifellos auch an anderen Orten der Anden. Die Priester besaßen ein großes astronomisches Wissen und sagten die günstigsten Zeiten für das Umpflügen des Bodens und die Aussaat vorher. Sie verfügten über einen genauen Kalender, der auf der Basis von Himmelsbeobachtungen angefertigt worden war. Warum Chavín die Vorherrschaft verlor, ist allerdings immer noch unbekannt. Nur eines ist sicher: Sein Einheit stiftender Einfluss schwand zugunsten verschiedener lokaler Kulturen.

Nicht alle Regionen Perus waren unmittelbar dem Einfluss Chavíns ausgesetzt. An der Südküste gab es teilweise unabhängige Entwicklungen, die von der Wüste des Küstenstreifens bis zu den Hochebenen der Anden wirksam waren. Auf der Halbinsel von Paracas hat man in unterirdischen Grabkammern zahlreiche Mumien aus der Phase von Paracas-Cavernas (400–300 v. Chr.) entdeckt, die infolge des trockenen Klimas erhalten geblieben sind. Die Grabkammern enthielten Krüge, Schalen und Figuren, die nach dem Brand bunt bemalt worden waren. Auch die folgende Phase von Paracas-Nekropolis (um 200 v. Chr.) ist für ihre Gräber bekannt. Am bemerkenswertesten sind jedoch die bestickten Tücher der mumifizierten Leichname. Man setzte sie in Hockstellung und hüllte sie in große Tücher, sodass sie ein „Grabpaket" bildeten, das man als *fardo* bezeichnet. Auf den bestickten Stoffen aus Leinen oder Baumwolle waren Gottheiten und mythische, oft menschenähnliche Wesen abgebildet. Einige Textilien von Paracas zeigen, dass bestimmte Themen des Kultes von Chavín bis zur Südküste gelangten.

MOCHICA-GEFÄSS
Dieses Behältnis stellt einen Gefangenen dar, der mit einem Strick um den Hals nackt und in kniender Haltung auf seine Hinrichtung wartet. Im alten Peru wurden Gefangene im Verlauf eines Rituals erdrosselt und ihr Blut den Göttern geopfert.

Die Kultur von Pucará (4.–1. Jh. v. Chr.) beherrschte die Völker im südlichen Hochland, einem für die Entstehung einer Gesellschaft von Bauern und Viehzüchtern ungünstigen Gebiet. Die Ausgrabungsstätte von Pucará, die etwas nördlich vom Titicacasee liegt, ist das beeindruckendste Beispiel für die Architektur aus behauenen Steinen, die von dieser Kultur entwickelt wurde. Einige Statuen, die aus dunkelgrauem, hartem Stein geschlagen sind, bezeugen eine Kunst, die sich stark von den üblichen Statuen der Anden unterscheidet: Sie sind in der prähispanischen Kunst größtenteils ohne Nachfolger geblieben.

Die Nordküste: die Moche-Kultur

An der Nordküste Perus entwickelten Gruppen um das Moche-Tal und seine Nebenflüsse zwischen 200 und 100 v. Chr. homogene Kulturen. Aus ihnen, Gallinazo, Vicús und Moche genannt, bildete sich später unter dem Anstoß des mächtigsten der Volksstämme, den Mochica, eine der glänzendsten Zivilisationen des präkolumbischen Peru. Ihre Kultur beherrschte die Region bis etwa 600 n. Chr. Die Periode der Vorherrschaft der Moche-Kultur wird in fünf Phasen unterteilt, in Moche I, II, III, IV und V. Die Keramik,

von der man große Mengen in den Gräbern entdeckt hat, bezeugt die Fortschritte, die die künstlerische Entwicklung in dieser Epoche erreichte. Die Darstellungen sind äußerst realistisch: Gefäße in Menschen-, Tier- oder Pflanzenform, auf die mit größter Genauigkeit die Menschen und ihre Umgebung gemalt wurden.

Neben den modellierten Darstellungen gab es komplexe Abbildungen, die auf Töpferwaren von einer einfacheren Form gemalt wurden. Diese sind geradezu ikonographische Sammlungen und offenbaren uns zahlreiche Aspekte jener Gesellschaft. Aufgrund der „Lektüre“ der Zeichnungen konnte man einen großen Teil der Rituale und Mythen von Moche rekonstruieren. Insbesondere die Gefangenenopfer, die zur Feier des Sieges sowie zur Verherrlichung der Machthaber und Götter dienten, sind auf ihnen mit einem Detailreichtum dargestellt. Er zeigt, wie sehr die Mochica-Gesellschaft von diesen wiederholten Massakern besessen war. Allerdings regten auch viele andere Themen die Keramiker an; vor allem die Sexualität war von großer Bedeutung. Oft sind Extreme vereinigt: Leben und Tod, Schmerz und Genuss. Zu den anderen Kunstgegenständen der Mochica, die man in den vergangenen Jahren entdeckt hat, zählen unter anderem große Mengen von Goldschmiedearbeiten, die den Verstorbenen in ihre Gräber mitgegeben

DIE GRÄBER VON SIPÁN
Die von dem peruanischen Archäologen Walter Alva in Sipán durchgeführten Ausgrabungen förderten Aufsehen erregende Grabstätten von Mochica-Herrschern zutage. Hier sieht man einen dieser „Fürsten von Sipán“, umgeben von großzügigen Grabbeigaben. Daneben fand man Skelette von Personen, die bei seinem Tod geopfert wurden.

wurden. Die Feinheit der Arbeiten lässt vermuten, dass die Würdenträger der Mochica in großem Prunk lebten. Die Pracht entsprach ihrer politischen und religiösen Macht.

Die Mochica entfalteten auch eine rege Bautätigkeit. Sie errichteten Kultstätten, die mit den Sitzen der Macht zusammenhingen, den *huaca*. Ferner machten sie die Wüste des Küstenstreifens urbar, indem sie Bewässerungskanäle zogen und Wasser in die niedrig gelegenen Küstentäler leiteten. Die zeremoniellen Zentren der Mochica wurden aus Adobeziegeln erbaut. Die Huaca del Sol und die Huaca de la Luna im Moche-Tal sind die bemerkenswertesten Bauten der religiösen Mochica-Architektur. Erstere, ein Sonnenheiligtum, ist eine große Stufenpyramide mit fünf Ebenen. Ursprünglich war sie etwa 50 Meter hoch. Zu ihrer Errichtung waren mehr als 40 Millionen Ziegel erforderlich. Ein Teil der Pyramide wurde zerstört, als moderne Plünderer versuchten, den Fluss um die Pyramide zu leiten. Sie hofften dort Schätze zu finden.

Die kleinere Huaca de la Luna, die dem Mond geweiht war, hat eine etwas andere Form: Eine Seite ist nahezu senkrecht, während die drei anderen aus Terrassen bestehen. Seit 1991 gibt es ein großes internationales Projekt zur Erforschung der Huaca de la Luna. Es wurden bereits sehr reich ausgestattete Gräber ausgegraben, die zeigen, dass die Zentren auch als Nekropole dienten.

Die interessantesten Entdeckungen wurden jedoch in Sipán gemacht, wo ein Team unter der Leitung von Walter Alva zwischen 1987 und 1991 verschiedene Mochica-Gräber freigelegt hat. Einige der Gräber von Würdenträgern und Priestern, die in einer *huaca* bestattet waren, wiesen einen bis dahin ungekannten Reichtum auf. Den hoch stehenden Persönlichkeiten hatte man mit Edelsteinen, Korallen und Perlmutt besetzte Opfergaben und Schmuckstücke mitgegeben. In den vergangenen 15 Jahren haben uns die archäologischen Arbeiten und ikonographischen Studien ein vollständigeres Bild von der Moche-Kultur verschafft, das sich früher im Wesentlichen nur auf eine Ansammlung tausender Töpferwaren aus heimlichen Grabungen stützte.

Die mittlere Küste: die Kultur von Lima

Am mittleren Küstenabschnitt Perus entstanden in dieser Epoche wichtige religiöse Zentren, beispielsweise Pachacámac, und ausgedehnte Städte mit einer hohen Bevölkerungsdichte. Der Lima-Kultur, die verschiedene Stilarten umfasst, schreibt man Orte zu, deren Keramik dem Stil von Playa Grande oder Nievería entspricht. Letzterer ist auch als Maranga-Stil bekannt. Zeitlich ist die Lima-Kultur etwa zwischen 200 v. Chr. und 600 n. Chr. anzusiedeln. Die Funde aus Cerro Trinidad im Chancay-Tal und Cerro Culebra im Chillón-Tal zeigen den Playa-Grande-Stil, dessen Name von einem Ausgrabungsort am Strand von Ancón herrührt. Der Maranga-Stil ist in der Huaca Juliana und der Huaca Trujillo allgegenwärtig. Diese riesigen Kultplätze, deren Spuren noch heute in der schnell wachsenden peruanischen Hauptstadt Lima zu finden sind, wurden ebenfalls nach dem Prinzip der Stufenpyramiden aus Adobeziegeln erbaut.

Die Südküste: die Nazca-Kultur

Als Gegenpol zur Vorherrschaft der Mochica im Norden entwickelte sich zwischen 200 v. Chr. und 600 n. Chr. an der Südküste die Kultur von Nazca. Sie brachte eine Keramik hervor, die durch ihren Farbenreichtum hervorsticht. Eine neue Technik erlaubte es, die Farben vor dem Brennen aufzutragen und dadurch zu fixieren. Sie verleihen den Töpferwaren einen lackartigen Glanz. Anfangs ließen sich die Töpfer von Nazca vor allem von der Natur anregen, wobei Tiere und Pflanzen sehr wirklichkeitsnah gezeigt wurden. In die reichhaltige Ikonographie gingen einige Motive von Paracas ein. Daneben finden sich Darstellungen monströser und menschen- oder tiergestaltiger Gottheiten sowie von Zeremonien und Ritualen. Das Thema der Menschenopfer ist ausgiebig vertreten, in erster Linie durch Trophäen in Gestalt abgeschlagener Köpfe.

Die Bauten von Nazca sind kleiner als die der Mochica. Der Ort Cahuachi im Río-Grande-Tal war möglicherweise Sitz der Herrscher. Hier befand sich ein großes Kultzentrum. Von einem ausgedehnten Gebäude, wohl einem Tempel, zeugen noch Pfostengruben, in denen Pfeiler aus steinhartem Algarobbo-Holz standen. Auch Bauten aus Adobeziegeln sind bekannt. In den vergangenen Jahren haben italienische Archäologen dort Grabungen durchgeführt. Dabei sind sie auf städtische Strukturen gestoßen, die zu bestätigen scheinen, dass es sich um eine Metropole handelte. Die Bevölkerung Nazcas verstand es, die Trockenheit ihres Klimas zu meistern. Um der Verdunstung des Wassers auf dem trockenen Boden vorzubeugen, leiteten sie das kostbare Nass durch unterirdische Kanäle zu den Äckern.

In der Nähe der heutigen Stadt Ica liegt die Grabungsstätte von Pampa del Ingenio, die für ihre großen Scharrbilder oder Geoglyphen bekannt ist. Die alten Bewohner zeichneten Tiergestalten und gerade Linien, indem sie die mineralhaltigen Schichten der Erdoberfläche entfernten. Die Geoglyphen wurden 1939 von Paul Kosok entdeckt und von der deutschen Gelehrten Maria Reiche erforscht, die ihr ganzes Leben der Erhaltung der Scharrbilder gewidmet hat. Manche von ihnen hatten vielleicht mit astronomischen Beobachtungen zu tun, andere scheinen als Wege zeremonieller Prozessionen gedient zu haben.

Gefäss *(Nazca-Kultur)*
Dieses bemerkenswerte Gefäß in Menschengestalt zeigt eine sitzende Person, die mit einem kurzen, karierten Umhang bekleidet ist. Im Gesicht erkennt man mit Farbe aufgetragene Zeichen.

Das Hochland der Anden

Während dieser Periode, der Frühen Zwischenzeit, lebte die in kleinen Häuptlingstümern organisierte Bevölkerung der Täler und Hochebenen der Anden wie seit Generationen von der Viehzucht und dem Anbau von Getreide und Rüben. Archäologen haben entdeckt, dass diese Bevölkerungsgruppen in den meisten Regionen Perus verbreitet waren. Manche waren bedeutender als andere, weil sie den Übergang in ein neues Zeitalter vorbereiteten, das um die Mitte des 1. Jt. n. Chr. begann. Unter ihnen sticht die Recuay-Kultur hervor, die sich zwischen 200 und 300 n. Chr. am Oberlauf des Río Santa ausbreitete. Die Skulpturen bestehen aus monolithischen Menschenbildern, die in der Kunst der Anden insgesamt sehr selten vorkommen. Auf der vielfarbigen Keramik sind oft Szenen dargestellt, in denen kleine Personen höher Gestellten, die bedeutend größer sind, ihren Respekt erweisen.

In den nördlichen Anden entwickelte sich die vom französischen Archäologen Henry Reichlen erforschte Kultur von Cajamarca, die sehr feine Keramik hervorbrachte. Eine neue Bewegung, die abermals die Völker der Anden vereinte, entstand jedoch in den Sierras in der Mitte und im Süden Perus. Vor allem in der Gegend um Ayacucho organisierte sich der Stamm der Huarpa. Er perfektionierte ein Ackerbausystem, das sich auf Terrassen an den Berghängen und Umleitungen von Bergbächen zu Bewässerungszwecken stützte. Als eine längere Trockenzeit hereinbrach, die alle Kulturen ohne Bewässerungssysteme in den Anden hart traf, waren die von natürlichen Niederschlägen unabhängigen Huarpa im Vorteil.

In der Region von Cuzco hat man zahlreiche Spuren von Gruppen gefunden, die vor den Inka dort lebten und den Kulturen von Chanapata und Marcavalle zuzurechnen sind. Die Meinung der Archäologen geht dahin, dass diese Menschen zwar vor den Inka in diesem Gebiet lebten, aber nicht ihre Vorfahren waren.

PIQUILLACTA
Diese Stadt ist beispielhaft für die Besiedlung des südlichen Huari-Reiches im 7.–10. Jh.: Die meist rechteckigen Bauten säumten schnurgerade Straßen, die von Querstraßen im rechten Winkel gekreuzt wurden. Im Schutz hoher Befestigungsmauern lagen Wohnhäuser, Vorratsspeicher und Werkstätten.

Der Mittlere Horizont: die Vorherrschaft von Tiahuanaco und Huaro

In den Zentralanden organisierte sich um 600 n. Chr. die Bevölkerung von Tiahuanaco, nahe dem Titicacasee, und Huari, in der Nähe von Ayacucho, um einen religiösen Machthaber. In Tiahuanaco entstand ein riesiges zeremonielles Zentrum, das eine starke kulturelle Vorherrschaft ausübte. Die ersten Gebäude, wie der halb unterirdische Tempel Kalasasaya, wurden bereits zu Beginn der ersten Besiedlungsphase gebaut, darunter riesige Steinbauten mit monolithischen Skulpturen, die Gottheiten eines sich rasch über die Anden ausbreitenden Kultes darstellten. Untersuchungen in jüngster Zeit haben diese Kultur ein wenig erhellt, die lange zu den rätselhaftesten der Anden gehörte.

Die Bevölkerung der Hochebene schaffte es, mit einer sehr feindseligen Umwelt in teilweise über 4000 Meter Höhe fertig zu werden, indem sie zwischen schmalen, bepflanzten Erdwällen ein Netz von Bewässerungskanälen zog. Eine intensive Zucht sicherte den Bestand an Lamaherden, die die Menschen wiederum mit großen Mengen von Wolle für Kleidung versorgten. Außerdem holten Lamakarawanen Güter herbei, die in weit entfernten, klimatisch andersartigen Kolonien angebaut wurden. Dadurch entwickelte sich die Bevölkerung der Hochebene und erlebte eine neue kulturelle Blüte, die bis in die Küstenregionen ausstrahlte, unter anderem nach Nazca.

Die Menschen von Tiahuanaco brachten eine vielfarbige Keramik hervor, die ihre Ikonographie ebenso transportierte wie die großen monolithischen Skulpturen. Deren bekannteste ist das Sonnentor, das einen Gott mit menschlichem Gesicht zeigt, den Stabgott, eingerahmt von einem Fries aus geflügelten Gottheiten. Diese Darstellung wurde durch die Töpferwaren und Skulpturen in den Anden verbreitet und von der Huari-Kultur übernommen.

Die Bedeutung Huaris in den Zentralanden scheint auf der von den Huarpa stammenden Wirtschaftsform zu beruhen, die zuvor in dieser Region gesiedelt hatten. Doch die Art der Besiedlung änderte sich stark: Viele kleine Orte der Huarpa wurden verlassen, und die Landbevölkerung zog in städtische Zentren wie Huari und Conchopata nahe der heutigen Stadt Ayacucho. Zur selben Zeit vermischte sich die von den Huarpa entwickelte Keramikform mit Elementen des Nazca-Stils an der Küste.

Während die Vorherrschaft Tiahuanacos einen wesentlich religiösen Charakter hatte, scheint die Huaris auf einer militärischen Expansion zu beruhen, in deren Verlauf der größte Teil der Anden erobert wurde. Huari, das zu einer Metropole geworden war, diente als Modell für die städtischen Zentren in den von der Elite beherrschten Landstrichen. Ein neuer Typus von Siedlungen entstand. Diese Städte waren geplant, durch hohe Mauern geschützt und umfassten Wohnviertel für die Beamten, Politiker und Soldaten. Außerdem gab es große Lagerplätze für die Ernten und andere Güter. Die Anlagen wirken sehr geschlossen, und die Vorgänge in der Stadt wurden wohl systematisch kontrolliert. Darin spiegelt sich zweifellos die Macht über die Bevölkerung wider. Mit einem großen Bevölkerungswachstum ging eine bedeutende Vergrößerung des Ackerlands durch Bewässerung und Terrassierung der Hänge einher.

DAS SONNENTOR
Die auf dem Sonnentor von Tiahuanaco verewigte Figur, die in jeder Hand eine Art Zepter hält, wirkt wie eine Nachbildung des berühmten „Stabgottes“ aus der Chavín-Kultur. Später findet man ihn auch in der Huari-Kultur wieder.

Nach einigen Jahrhunderten nahezu unangefochtener Dominanz verschwand der Einfluss von Huari und Tiahuanaco zwischen 1000 und 1100 n. Chr. aus bislang unbekannten Gründen. Einige Regionen Perus scheinen jedoch unabhängig geblieben zu sein. Insbesondere an der Nordküste hat sich die mächtige Moche-Kultur erhalten und im Sicán-Stil zwischen 700 und 1400 n. Chr. entfaltet. Dieser Stil ist vor allem im Tal des Río La Leche vertreten, wo sich die große Grabungsstätte von Batán Grande befindet, die zwischen 1980 und 1990 erforscht wurde. Im Sicán-Stil liegen uns prächtige Beispiele von Keramik und Goldschmiedearbeiten vor, Erben des hohen technischen und künstlerischen Niveaus der Moche-Handwerker.

Die Späte Zwischenzeit

EIN *TUMI* DER CHIMÚ
Tumis *sind Zeremonialmesser aus Edelmetall, die bei Opferhandlungen benutzt wurden. Die Inka übernahmen später das Prinzip der halbmondförmigen Schneide zur Herstellung kleiner und weniger aufwändig verzierter Bronzemesser.*

Nach dem Zusammenbruch von Huari und Tiahuanaco kam es in den Zentralanden wieder zu einer regionalen Entwicklung, die drei bis vier Jahrhunderte andauerte. Die Periode begann mit einer kulturellen Zersplitterung und der Entstehung zahlreicher politischer Mächte. Ihre bedeutendste, die der Inka, einigte das präkolumbische Peru ein letztes Mal, bevor sie selbst unter den Angriffen der spanischen Konquistadoren zusammenbrach.

In der Wüste der Nordküste entstand um 1000 n. Chr. die Kultur von Lambayeque. Sie erstreckte sich über das Gebiet zwischen dem La-Leche-Tal und dem Chicama-Tal. Diese Kultur zeichnet sich durch intensiven Ackerbau aus, der auf der Bewässerung der Wüste beruht. Des Weiteren brachte sie erstaunliche Metallarbeiten hervor, etwa Behälter aus Edelmetallen, die nach dem Vorbild der Keramikgefäße modelliert waren. Ihre zeremoniellen Zentren waren stufenförmige Pyramiden aus Adobeziegeln.

Wohl noch im 11. Jh. wurde Lambayeque von den expandierenden Chimú erobert und einem größeren Königreich an der peruanischen Nordküste eingegliedert. Die Chimú schufen im früheren Territorium der Mochica einen mächtigen Staat, dessen Grenzen durch die Eroberung der Küstentäler ständig erweitert wurden. In ihrem Reich errichteten sie überall Festungen sowie öffentliche und religiöse Bauwerke. Außerdem ließen sie oft gigantische Bewässerungssysteme anlegen. Das Wasser war der Schlüssel zu ihrer Entwicklung. Um ihre Wasserversorgung zu sichern, hatten sich die Chimú mit der Konföderation von Cajamarca der nördlichen Sierra verbündet, wo die von ihnen beherrschten Flüsse entsprangen.

Ihre Hauptstadt Chan-Chán bedeckte eine Fläche von mehr als 20 Quadratkilometern. Sie wurde ab etwa 850 n. Chr. aus Adobeziegeln erbaut. Während des gesamten Bestehens des Königreichs wuchs sie weiter; jeder Herrscher ließ einen eigenen Palast oder eine Zitadelle errichten, und der Bau des Vorgängers wurde in eine Grabstätte umgewandelt. Um die herrschaftlichen Bauten standen Verwaltungsgebäude, Lagerhäuser, Wohnhäuser für die Beamten und Würdenträger sowie die Werkstätten der Künstler.

Die fast immer schwarze Keramik der Chimú wurde mithilfe von Formschüsseln in Serie produziert. Sie erreichte zwar selten ein hohes künstlerisches Niveau, bietet aber eine erstaunliche Dokumentation des Alltagslebens und der Umgebung. Hingegen entwickelten die Chimú durch die Aneignung verschiedener metallurgischer Techniken aus Lambayeque eine äußerst raffinierte Goldschmiedekunst. Sie verwendeten mehrere Arten von Metallen und Legierungen, aus denen sie Schmuck und Herrschaftsinsignien herstellten. Die kunstfertigen Chimú-Goldschmiede schufen die wichtigsten Schätze, die den Ruf und später den Untergang der Inka begründeten, nachdem die Inka das Chimú-Reich erobert hatten.

An der mittleren Küste kam es zu weiteren Zusammenschlüssen der Volksstämme, die im Flachland um Lima siedelten. Die nördlich von Lima entstandene Chancay-Kultur hat großartige Nekropolen hinterlassen; Plünderer haben dort Belege für eine herausragende Grabkunst zutage gefördert. Die Kultur gliederte sich in drei Regionen: Cuismancu im Norden, Chuquimancu im Süden und Chincha im äußersten Süden. Die Töpferwaren aus den Gräbern sind mit einer cremefarbenen Engobe und schwarzen Verzierungen bedeckt. Neben großen Figuren in Menschengestalt und bemalten Krügen wurden Tierdarstellungen und Gebrauchsgegenstände aus Ton gefunden. Außerdem enthielten die Gräber Stoffpuppen, Behältnisse und Statuetten aus hellbeiger Keramik mit schwarzen Verzierungen. Mit diesen Grabbeigaben wurden die Toten in *fardos*, „Grabpaketen" aus wertvollen Stoffen – feinster Baumwollgaze mit edlen Stickereien, bemalter Leinwand und Stoffen mit menschen- oder tiergestaltigen Motiven – bestattet.

Weiter im Süden bewohnten die Ichma die Täler von Rimac und Lurin. Die Täler führten zum großen Orakel- und Tempelzentrum von Pachacámac, das für fast ganz Peru von Bedeutung gewesen zu sein scheint. Noch weiter im Süden fand auch in den Tälern von Cañete und Ica Chincha eine stürmische Entwicklung statt. Vor allem in Ica Chincha scheint ein Seehandel bis zur Nordgrenze Perus aufgebaut worden zu sein, das heißt bis zum Äquator.

In der Sierra gab es gleichzeitig verschiedene Häuptlingstümer und Konföderationen. Im Norden blühte die Konföderation von Cajamarca. Etwas weiter im Süden bewohnten die Huanca die Gegend um den Junínsee und den Río Tarma. Südlich von ihnen, auf dem früheren Huari-Gebiet um Ayacucho, bildeten die Chanca ein sehr kriegerisches und mächtiges Häuptlingstum. Schließlich gab es die Konföderation von Cuzco, der die noch nicht expandierenden Inka angehörten.

Die Häuptlingstümer um den Titicacasee scheinen erstmals in Staatsform organisiert gewesen zu sein, etwa das bei Puno gelegene Königtum der Colla und das der etwas weiter südlich ansässigen Lupaqa. Sie betrieben Ackerbau und Viehzucht, beuteten aber auch die heißen Gebiete aus, die mehrere hundert Kilometer von der Hochebene entfernt waren.

Die meisten dieser Gruppen hatten die gleiche soziopolitische Struktur, die auf der für das Andengebiet charakteristischen Vorstellung des *ayllu* beruhte. Der *ayllu* vereinigt die Gesamtheit der Individuen einer Region, die eine gemeinsame Herkunft und Kultur haben, in einer Gemeinschaft. Sein Anführer, der *curaca,* herrscht über das Gebiet und die Menschen. Er übertrug jedem Einzelnen das Nutzungsrecht für eine kultivierbare Parzelle, organisierte die gemeinschaftlichen Arbeiten und regelte Streitfälle. Sowohl die Häuptlingstümer als auch die Königreiche und Konföderationen scheinen diesem Modell gefolgt zu sein. Dabei erhielt der politische Herrscher eine administrative Rolle, denn er sprach und handelte im Namen der von ihm geführten Gemeinschaft. In einem größeren Maßstab verwendete auch das Inka-Reich dieses Modell des Souveräns, der sich um das Wohlergehen der Gruppe kümmerte.

Die Mehrzahl der Machthaber dieser Periode tendierte zu einer expansionistischen Politik. Sie garantierte die innere Ordnung, nahm jedoch äußere Konflikte in Kauf, wenn man sich Ernten, Güter oder Gebiete der Nachbarn aneignete. Manchmal gelang es durch politische Bündnisse, die von einem kriegerischen Nachbarn ausgehende Gefahr zu beseitigen, in anderen Fällen führten die Spannungen jedoch zu Plünderungen, Invasionen oder gar Eroberungen von Gebieten.

In der Späten Zwischenzeit scheint es viele Konflikte gegeben zu haben. Darauf deutet unter anderem die Tatsache hin, dass die Städte in dieser Zeit auf natürlich geschützten Erhebungen gebaut wurden. Nach der offiziellen Geschichtsschreibung der Inka ist ihr Reich aus einem Konflikt hervorgegangen und hat die letzte prähispanische Periode der Zentralanden eingeleitet.

SCHNITZKUNST
(Ica-Chincha-Kultur)
Niemand weiß, ob dieser kunstvoll gearbeitete Gegenstand ausschließlich bei Kulthandlungen zum Einsatz kam. Rätselhaft bleibt auch seine Form.

Die erwählten Frauen
In jeder Inka-Stadt gab es Frauen, die dem Herrscher zur Verfügung standen und die er auch nach Belieben verschenken konnte. Die Hauptaufgabe dieser Frauen bestand im Weben von Kleidungsstücken und in der Zubereitung von Maisbier. Hier sind sie als Schmuckband auf einem Gefäß abgebildet.

Versunkene Städte

Bis ungefähr zur Mitte des 1. Jt. v. Chr. waren die Städte im alten Peru fast ausschließlich Kultstätten, die von einer kleinen Anzahl Priester bewohnt wurden. Zur Zeit der Chavín-Kultur, ab etwa 900 v. Chr., bildete sich dort auch eine Handwerkerschicht sowie eine immer reicher und mächtiger werdende Oberschicht heraus.

Während des Huari-Reiches, das bis ins 10. Jh. n. Chr. Bestand hatte, entstanden größere Städte mit einer breiter gefächerten Bevölkerungsstruktur. Doch das Leben dieser Städte hing noch immer stark von den religiösen oder militärischen Machthabern ab, die Kunsthandwerk und Handel weitgehend kontrollierten. Wurde die Macht dieser Herrscher schwächer, verschwand auch die städtische Siedlung. So wurde die Stadt Huari, eine der bevölkerungsreichsten Städte des präkolumbischen Peru, nach dem Zusammenbruch des gleichnamigen Reiches um das Jahr 1000 innerhalb kürzester Zeit aufgegeben.

Die bedeutende Chimú-Stadt Chan-Chán entvölkerte sich unmittelbar, nachdem die Inka die Macht der Chimú-Herrscher um 1450 zerschlagen hatten. Ein Teil der dort ansässigen Handwerker wurde nach Cuzco verschleppt, das rasch zur einzigen wirklich großen Stadt des Inka-Staates heranwuchs. Bei der Stadtplanung gingen die Inka ganz anders vor als die Völker vor ihrer Zeit. Um Aufstände niederzuschlagen bzw. von vornherein zu vermeiden, erzwangen sie die Abwanderung aus bestimmten Städten und verteilten deren Bevölkerung auf verschiedene Dörfer. So entstanden kleine Enklaven, in denen die Handwerker zusammengefasst wurden und direkt für den Staat arbeiten mussten. Die hier gefertigten Erzeugnisse waren von einheitlichem Stil und hoher Qualität.

Neben diesen kleinen Handwerkersiedlungen, in denen ein großer Teil der Bevölkerung lebte, entwickelten sich große Verwaltungszentren, die jedoch nur zu bestimmten Zeiten im Jahr anlässlich besonderer Ereignisse bewohnt wurden. Im Gegensatz dazu waren Städte wie Písac, Huchuy-Cuzco oder Ollantaytambo in der Region von Cuzco reine Palaststädte, die einem zahlreichen Dienstpersonal als Wohnstätte dienten. Von dort aus verwalteten die Inka die ertragreichen Maisfelder des Vilcanota-Tales. Diese Städte blieben von ihrer Ausdehnung her bescheiden, entwickelten aber eine überaus anspruchsvolle Baukunst.

Die Sonnenpyramide in Moche
Seit dem 3. Jt. v. Chr. wurden fast alle Küstenstädte von Pyramiden aus ungebrannten Ziegeln überragt. Auf ihrem höchsten Punkt standen Kultgebäude.

Machu Picchu
Machu Picchu lag in einer Region, in der die Inka Koka und Chili anbauten. Die bäuerliche Bevölkerung lebte in soliden, aus Stein gefertigten Häusern und widmete sich voll und ganz der Landwirtschaft.

Der Drachentempel in Chan-Chán
In den Küstenstädten waren die Tempelanlagen – wie hier der Huaca del Dragón – oft mit Flachreliefs geschmückt, die man mit leuchtenden Farben bemalt hatte.

Die Festung von Sacsahuamán
Die Architektur der Inka zeichnet sich durch Mauern aus, deren fest zusammengefügte Steine sich leicht nach außen wölben.

Die Skulpturen von Tiahuanaco
Die Skulpturen, die den Hauptplatz von Tiahuanaco säumten, sollten den Menschen die Allgegenwart der Götter ins Gedächtnis rufen.

DAS VERWALTUNGSZENTRUM TAMBO COLORADO

In mehreren eroberten Provinzen haben die Inka eindrucksvolle Städte errichtet, in denen aber nur wenig Menschen ständig wohnten – vor allem Verwalter und Frauen, die als Weberinnen und Köchinnen arbeiteten. In regelmäßigen Zeitabständen strömten die Bauern der umliegenden Dörfer in die Stadt, um dort als Anerkennung für die Gemeinschaftsarbeit an einem Festmahl teilzunehmen. Wie andere Inka-Städte war Tambo Colorado um einen großen Platz herum angelegt, auf dem sich eine erhöhte Freifläche befand. Hier nahmen die Priester Opferhandlungen vor und vollzogen Bündnisrituale zwischen dem Herrscher und seinen Untertanen. Um den Platz gruppierten sich rot gestrichene Wohnhäuser aus ungebrannten Ziegeln, an die sich zahlreiche Vorratsspeicher anschlossen.

KAPITEL 12

Die Gesellschaftsordnung

Das Volk

Zu dem Zeitpunkt, als die Spanier das Inka-Reich eroberten, gliederte sich die Bevölkerung in mehrere Kategorien. Die Inka-Herrscher hatten nicht einfach die früheren Organisationsformen übernommen, sondern eine dezimale Einteilung der Bevölkerung des Reiches entwickelt, die zur traditionellen ethnischen Einteilung der andinen Gesellschaften hinzukam. Sie war eine Erfindung, die dem Inka Túpac Yupanqui zugeschrieben wird. Die Einteilung definierte sich durch die Familienoberhäupter, die *purej*. Zehn *purej* bildeten eine Grundeinheit namens *chunga*, hundert *purej* waren eine *pachaca*, die ungefähr einem *ayllu* entsprach.

HÖLZERNER BECHER
Betrachtet man diesen kunstvoll verzierten Becher genau, erkennt man einen Mann in der für die Andenregion typischen Tracht.

Die Inka unterteilten die Einheiten auch in Hälften. Eine Gruppe von fünf *chungas* wurde *pisca chunga* genannt. Zwei *pisca chungas* bildeten also eine *pachaca*, während zehn *pachacas* eine *guaranga* waren bzw. zwei *pisca pachacas*. Jede *guaranga* wurde von einem unteren *curaca* geleitet. Zehn *guarangas* (also 10 000 *purej*) bildeten eine Großeinheit namens *hunu*, der ein oberer *curaca* vorstand. Die Funktion der *curacas* war komplex.

Es ist schwer zu schätzen, wie groß die Bevölkerung des Inka-Reiches zu seiner Blütezeit war, also zu Beginn des 16. Jh. Die Schätzungen variieren zwischen vier und zehn Millionen Einwohnern. Nur eines ist sicher: Als Pizarro in Peru ankam, war das Andenvolk bereits dem Kontakt mit der Alten Welt zum Opfer gefallen. Schon vor der ersten bewaffneten Auseinandersetzung waren Tausende von Indianern an den aus Europa eingeschleppten Krankheiten gestorben, da sie nicht gegen sie immun waren.

Die Inka-Bevölkerung wurde außerdem in Altersklassen eingeteilt, die sich nach der biologischen Arbeitsfähigkeit richteten. So zerfiel das Leben jedes Menschen zuerst in mehrere Stadien vom Säuglings- bis zum Erwachsenenalter. Erwachsene Männer bezeichnete man als *auca camayoc*, die Frauen als *auca camayoc warmi*. Von den Angehörigen beider Geschlechter wurde erwartet, dass sie sich verheirateten und die Arbeiten der *mita* verrichteten. Diese umfasste alle Leistungen, die Männer und Frauen während des gesamten Erwachsenenalters, etwa zwischen 25 und 50 Jahren, dem Staat schuldeten. Danach begannen die Stadien des Alters, die bis 80 Jahre reichten. Allerdings lag dieses Alter weit jenseits der Lebenserwartung, die ein Mensch damals normalerweise hatte. Außer in der Kindheit und im Alter war das

ARCHITEKTUR ALS SYMBOL DER MACHT

Die Architektur der Inka beeindruckte die spanischen Konquistadoren und versetzt uns auch heute noch in Erstaunen. Die Inka haben im ganzen Reich unvergleichliche Spuren einer monumentalen Baukunst hinterlassen, die Ausdruck ihrer politischen und religiösen Macht war. In Cuzco und dem heiligen Tal des Urubamba konzentrierte sich eine große Zahl eindrucksvoller Gebäude. In den Provinzen befanden sich große Verwaltungszentren, die durch Festungen und Wachhäuser miteinander verbunden waren.

Das Reich hatte seine eigenen Architekten, Bauleiter, Steinbruchmeister und Maurer. Die übrigen Arbeiter wurden im Rahmen der *mita* bereitgestellt. Hierdurch erklärt sich der rasche Fortschritt der Bauarbeiten, die durch die Anlage von Kulturterrassen und Bewässerungssystemen noch an Umfang zunahmen.

Indem sie die Kultstätten der Inka zerstörten, vernichteten die Konquistadoren die offenkundigsten Symbole der besiegten Macht. Durch die Umsiedlung der ländlichen Bevölkerung in so genannte „Reduktionen" griff der Vizekönig Francisco de Toledo tiefgreifend in das Leben der alten Peruaner ein. Überall in den Anden führten Eroberung und Kolonisation zu einer Lebensweise, die den Traditionen der Ureinwohner fundamental entgegenstand.

Leben der Männer und Frauen in den Anden durch die Arbeit strukturiert, auf die sie vom zarten Säuglingsalter an vorbereitet wurden.

Die große Mehrheit der Bevölkerung des Reiches gehörte Volksstämmen an, die keine Inka waren, sondern freiwillig oder unfreiwillig angegliedert wurden. Bei ihnen handelte es sich vor allem um Ackerbauern und Viehzüchter, sei es aus dem Hochland, sei es von der Küste. Je nachdem, aus welchem der beiden Gebiete sie stammten, erhielten sie von den Inka bestimmte Aufgaben. Beispielsweise wurden die Bewohner der Küste im Gegensatz zu denen des Hochlands nicht zum Militärdienst herangezogen. Diese Maßnahme scheint ergriffen worden zu sein, nachdem ein Chimú-Würdenträger einen bedrohlichen Aufstand gegen die Inka angeführt hatte. Nach dem Sieg der Inka wurde angeordnet, dass ein *yunga,* ein Küstenbewohner, weder Waffen besitzen noch in die Inka-Armee eintreten dürfte. Wahrscheinlich wollte man so weitere Revolten verhindern.

BEMALTER HOLZBECHER
Ein liebevoll gestaltetes Detail auf diesem Becher zeigt einen Mann bei der Ernte von Chilischoten, die an einem Strauch wachsen.

Alle Bauern mussten den Herrschern im Rahmen der *mita* dienen. Bei ihren Diensten konnte es sich darum handeln, landwirtschaftliche Arbeiten auf den Staatsgütern zu verrichten, den Staatsbesitz wie Straßen, Brücken oder Gebäude instand zu halten oder handwerkliche Arbeiten zu leisten, beispielsweise Stoffe zu weben. Der Arbeiter stellte dabei seine Dienste zur Verfügung, während der Arbeitgeber für seine Versorgung aufkam. Diese Bauern waren meist freie Männer und Frauen, die einem *ayllu* angehörten. Der *ayllu* wurde von einem lokalen Machthaber, dem *curaca,* angeführt, der selbst der Herrschaft des Inka unterworfen war. Der einfache Mann musste beiden Mächten gehorchen und profitierte im Gegenzug von beiden. Natürlich bekamen die Anführer mehr, als sie gaben, sodass sie einen beträchtlichen Reichtum ansammelten. Jeder Erwachsene war zu Abgaben an den Staat in Form von Arbeit verpflichtet. Die Menschen, die das Erwachsenenalter noch nicht erreicht hatten, wurden an die Arbeit gewöhnt, indem man sie ständig zu häuslichen und landwirtschaftlichen Arbeiten heranzog. Die älteren Menschen mussten sich ebenfalls für die Gemeinschaft nützlich machen, die für sie sorgte.

Das Volk wurde in Klassen eingeteilt, die nicht landwirtschaftliche Tätigkeiten ausübten. Dazu zählten unter anderem das Handwerk, die Fischerei und der Handel.

Kunstvolle Bauweise
Hoch über dem Tal des Vilcanota liegen mehrere Häusergruppen neben landwirtschaftlich genutzten Hangterrassen. Eines der Viertel von Písac fällt durch seine perfekt behauenen Steinblöcke auf.

Die Fischer bildeten eigene Gruppen, die neben den Bauern am Küstenstreifen lebten. Sie hatten eigene Dörfer, heirateten untereinander und sprachen eine besondere Sprache, die von den Spaniern La Pescadera genannt und anscheinend allen peruanischen Fischern gemeinsam war.

Die Händler, die man im Norden als *mindalaes* bezeichnete, wurden ebenfalls als besondere Klasse angesehen. Sie konnten sich als einzige Bevölkerungsgruppe im Inka-Reich frei bewegen. Dennoch standen sie unter der Kontrolle der Inka-Herrscher und leisteten ihnen wahrscheinlich bestimmte Dienste, beispielsweise indem sie sie über alles informierten, was sie sahen und hörten. Eine Volkswirtschaft ohne Geld beruhte auf

dem Tauschhandel. Unter anderem wurde Kupfer gegen farbige, als sehr wertvoll geltende Muscheln getauscht, etwa Klappmuscheln oder *mullu*, die von den Inka mehr geschätzt wurden als Perlen oder Korallen, die man als echte Wertgegenstände den Göttern darbot.

Auch die Handwerker bildeten eine eigene Klasse, die von Militärdienst und Ackerbau befreit war. Zu ihnen zählten die Töpfer, Goldschmiede, Salzarbeiter, Seiler, Stoffmaler und viele andere.

Es gab verschiedene rechtliche Bestimmungen, die den individuellen und kollektiven Freiheitsgrad festlegten. Wenn man den Bauern, der auf dem Land seines *ayllu* lebte, als frei definiert, so verfügten einige Menschen nicht über diesen Status. Das war zum Beispiel der Fall bei den Handwerkern, die der Inka-Staat aus den eroberten Volksstämmen verpflichtete, indem er sie verschleppte und mit Aufgaben zu seinem eigenen Nutzen betraute.

Manche Untergruppen dieser Menschen, die von ihrem Volksstamm und Herkunftsgebiet getrennt lebten, bildeten eine Klasse, die man als *mitima* (Siedler) bezeichnete. Sie behielten auch an ihrem neuen Wohnort ihre ethnische Zugehörigkeit, ihre Kleidung, Sprache und Rituale bei. Nicht alle *mitima* hatten in der Inka-Gesellschaft den gleichen Rang. Manche waren selbst Inka, die für die Akkulturation der eroberten Volksstämme sorgen sollten. Einen anderen Rang hatten die verschleppten Handwerker im Staatsdienst, beispielsweise die Chimú-Goldschmiede, die in der Hauptstadt Cuzco angesiedelt wurden, um den Schmuck herzustellen, den nur sie anfertigen konnten.

DIE SONNENJUNGFRAUEN
Die Sonnenjungfrauen wurden vom Inka ausserwählt und nach Cuzco gebracht. Dort lebten sie, abgeschnitten von der Außenwelt, in Tempelklöstern und bereiteten sich auf ein Leben im Dienst der Religion vor. Die schönsten der Sonnenjungfrauen verschenkte der Inka als Ehefrauen an Würdenträger oder Fürsten, deren Gunst er gewinnen wollte.

Auch durch verschiedene politische Entscheidungen konnten Menschen zu *mitima* werden: Wenn ein Volksstamm der Eroberung ernsthaften Widerstand leistete, verteilten die Inka die Bevölkerung und zerstörten auf diese Weise eine Einheit, die für sie bedrohlich war und in naher Zukunft Aufstände provozieren konnte. Die Häuptlinge wurden hingerichtet und die restlichen Bewohner dezimiert und deportiert. Die gefährlichen Gruppen wurden in andere Provinzen gebracht und ihr entvölkertes Herkunftsgebiet mit loyalen Gruppen besiedelt. Nach einem Aufstand wurden die *mitima* fern von ihrer Heimatregion in Trockengebieten angesiedelt, die sie urbar machen mussten. Andere Gruppen wurden aus religiösen Gründen umgesiedelt, etwa um in den großen Heiligtümern des Reiches zu arbeiten. Einige *mitima* wurden zur Strafe verbannt.

Es gab andere Klassen, die noch weniger Freiheit genossen: Die *yana* oder *yanacona* hatten etwa den gleichen Status wie ein Leibeigener im mittelalterlichen Europa. Sie waren von einem Herrn abhängig und gehörten keinem *ayllu* und keinem Stamm mehr an. Ihr Status war unveränderlich. Selbst das Kind eines *yana* blieb Zeit seines Lebens ein *yana*. Trotz der Freiheitsberaubung konnten sie jedoch aufgrund ihrer Verantwortlichkeit, Geschicklichkeit oder Qualifikation in einen hohen Rang aufsteigen.

Ein *pina* oder *pinacuna* hatte den Status eines Sklaven. Er konnte nur einem Inka-Herrscher gehören, niemand sonst hatte Rechte über ihn. Es gab also auch keine

Sklavenmärkte. Die einzige Aufgabe eines *pina* war es, in den Niederungen des Urwalds Kokapflanzungen anzulegen und zu bestellen. In diesen Gegenden herrschten die schlechtesten Lebensbedingungen. Es bestand etwa die Gefahr, an der *uta,* der Leishmaniase, zu erkranken. Diese Parasitenkrankheit zerfrisst wie die Lepra das Fleisch.

Auch bei den Frauen gab es Statusunterschiede. In der Mehrzahl waren sie Bäuerinnen. Sie waren dazu verpflichtet, so rasch wie möglich einen Mann aus ihrer Gruppe zu heiraten, um eine Familie zu gründen. Einige Frauen waren „Auserwählte", *aqlla.* Sie wurden schon in ihrer Kindheit der Familie entrissen und in *aqllahuasi* (Haus der Auserwählten) erzogen. Dort erlernten sie Hausarbeiten und die Durchführung der religiösen Rituale. Später wurden die schönsten von ihnen als Konkubinen des Inka-Herrschers ausgewählt oder mit den höchsten Würdenträgern und anderen Persönlichkeiten vermählt, die der Herrscher belohnen wollte.

Die anderen *aqlla* blieben ihr Leben lang in den *aqllahuasi* eingeschlossen, wo sie im Dienst der Kulte und des Herrschers arbeiteten. Manchmal wurden sie auch „Jungfrauen der Sonne" genannt. Ihrem Status nach waren sie hoch geachtet, standen aber am Rand der Gesellschaft. Sie hatten kaum am öffentlichen Leben teil, und es war unter Androhung der schlimmsten Strafen verboten, sich ihnen zu nähern und sie anzusprechen. Sie wurden vom Staat versorgt und waren höchst qualifizierte Arbeitskräfte. Im Alter wurden sie zu *mamacona,* die ihr Wissen an die jungen *aqlla* weitergaben.

Am entgegengesetzten Ende der sozialen Rangfolge stand eine Klasse von Frauen, die selten erwähnt wird und von der Gesellschaft missbilligt wurde, die der Prostituierten. Diese Frauen waren im Krieg gefangen genommen worden und lebten am Rande der Dörfer. Wenn ihre Kinder erwachsen waren, teilten sie das traurige Los der *pinacuna:* Sie mussten auf den Kokaplantagen arbeiten.

Die Bevölkerung des Inka-Reiches war größtenteils in Klassen eingeteilt, die allesamt eine Arbeit leisten mussten, die sie einerseits ernährte und andererseits zum Teil Tribut für die Machthaber war. Die unmittelbar mit dem Staat und der Religion verknüpften Klassen wuchsen im Lauf der Jahre in ihrer Bedeutung und Zahl. Daher eigneten sich die Geistlichkeit und der Staat die Arbeitskraft einiger Teile der Bevölkerung an, die sie von klein auf gefangen hielten und ihr Leben lang für sich arbeiten ließen.

TECHNISCH AUSGEREIFT: DIE BAUKUNST DER INKA

Die Architektur der Inka repräsentiert die letzte Entwicklungsstufe der jahrhundertealten Bautradition im alten Peru. Ihre Schönheit ist das Ergebnis einer bis ins Detail ausgefeilten und dem rauen Lebensraum der Anden angepassten Bautechnik.

Von den Steinbrüchen wurden große Blöcke zu den Baustellen transportiert. Bei der Einschätzung der dabei zurückgelegten Entfernungen ist oftmals übertrieben worden: 35 km zwischen Rumiqolqa, einem Andesit-Steinbruch, und Cuzco scheint die längste Strecke gewesen zu sein. Die auf einem Hügel über Cuzco gelegene Festung Sacsahuamán wurde mit Blöcken aus den nur wenige hundert Meter entfernten Steinbrüchen von Huacaypata erbaut. Auch in Machu Picchu lag der Granitsteinbruch sozusagen vor der Haustür. Er existiert noch heute: Halb behauene Steinquader zeugen hier von der einstigen Betriebsamkeit. Einer von ihnen weist Spuren der geradlinigen Bohrungen auf, mit deren Hilfe man damals Felsen sprengte. Von den Steinbrüchen wurden die Blöcke zu den Baustellen transportiert, indem man sie über Rampen aus feuchter Erde oder über Rundstämme gleiten ließ. Um sie in die gewünschte Höhe zu bringen, legte man schiefe Ebenen an, die man nach Beendigung der Bauarbeiten wieder entfernte.

In jüngerer Zeit hat der Forscher J.-P. Protzen eine Reihe experimenteller Versuche angestellt: Durch den Einsatz derselben Werkzeuge, die einst die Inka benutzten, konnte er ihre Arbeitsweise rekonstruieren. Um einen Steinblock mittlerer Größe zu behauen, brauchte er unter Verwendung von Schlagsteinen als Hammer etwa eineinhalb Stunden. Zur Errichtung eines Mauerverbunds wurden die Steine durch ständiges Nachbessern schrittweise einander angepasst, bis sie fast lückenlos ineinander griffen.

Die oberste Staatsmacht

Der Inka war der Souverän, der unumschränkt über das Reich herrschte. Damit hatte er die Rolle des obersten Häuptlings inne, die Manco Cápac nach den Ursprungsmythen definiert hatte. Allerdings war die Macht des Inka äußerst vielschichtig. Zweifellos entwickelte sich die Rolle des Inka, genauer gesagt des Sapa Inka, von der des mythischen Begründers zu der des absoluten Monarchen weiter, auf den Pizarro in Cajamarca traf. Den Chroniken zufolge musste der Thronprätendent über bestimmte Eigenschaften verfügen. In erster Linie sollte er über die Gabe verfügen weiszusagen, was ihm Scharfblick verschaffte.

So sah der Inka Pachacutec Yupanqui – kurz bevor er die Führung des Widerstands gegen die Chanca übernahm – die Erscheinung des Sonnengottes. Dieser legitimierte ihn für den Aufstand gegen den amtierenden Inka Viracocha, der sodann mit seinem Lieblingssohn Urco aus Cuzco floh. Nach seinem Sieg rief sich Pachacutec Yupanqui zum Befehlshaber des Militärs und zum *Hanan Pacha* aus, das heißt „derjenige, der mit der jenseitigen Welt kommuniziert hat". Das waren „offensichtliche" Zeichen dafür, dass er zum Herrscher „bestimmt" war. Er setzte die Göttin Huanacauri ab und ließ den Sonnengott als Schutzgottheit mit einer neuen Geistlichkeit und der *Coricancha* an ihre Stelle treten. Dieser neue Sonnentempel in Cuzco enthielt das Sonnenbildnis des *punchao,* eine Statue aus Gold von der Größe eines Kindes.

PACHACUTEC YUPANQUI
Anhand von Beschreibungen und Überlieferungen konnten die Maler nach der spanischen Eroberung die verschiedenen Inka, die sich im Lauf der Zeit an der Spitze des Reiches abgelöst hatten, bildlich darstellen. Von allen in der Kolonialzeit gemalten Porträts scheint die im Musée de l'Homme in Paris ausgestellte Bilderserie der Wirklichkeit am nächsten zu kommen.

Zu den radikalen Veränderungen, die Pachacutec einläutete, gehörte auch, dass er Illapa, den Wettergott, zum Beschützer und Garanten der militärischen Unbesiegbarkeit des Herrschers machte. Die Zurückdrängung des Kultes von Viracocha und Huanacauri sowie die Entlassung der alten Priesterschaft waren äußere Zeichen für diesen bedeutenden Wandel.

Die Macht des Inka konnte infrage gestellt werden, wenn der Herrscher auf einem oder mehreren Gebieten scheiterte, in denen er zu hervorragenden Leistungen verpflichtet war. Es gab keine festen Regeln, nach denen man den Nachfolger eines verstorbenen Inka bestimmte. Wahrscheinlich hatte das Beispiel Urcos – der Lieblingssohn von Viracocha, der zwar der naheliegendste Thronerbe gewesen wäre, aber nicht über besondere Qualitäten verfügte – zur Folge, dass vorbeugende Maßnahmen ergriffen wurden. Um zu verhindern, dass ein Inka auf den Thron gelangte, der zwar die Unterstützung seines herrschenden Vaters besaß, aber der Macht unwürdig war, erzwang das System der Inka fortan die Bestätigung des neuen Souveräns durch die Würdenträger von Cuzco und den Hohepriester der Sonne.

Auch die Einführung der Doppelherrschaft, die Pachacutec Yupanqui mit seinem Sohn Túpac Yupanqui praktizierte, konnte einem Nachfolgestreit vorbeugen. Da Túpac Yupanqui seine Fähigkeiten zu Lebzeiten des herrschenden Inka unter Beweis stellte, sicherte er seine problemlose Machtübernahme.

Danach wurde die Heirat des Inka mit seiner Schwester (oder Halbschwester) eingeführt. Diese wurde zur *Coya*, zur Hauptfrau. Auf diese Weise machte man sich einen alten Andenbrauch zunutze, nach dem der Sohn der Schwester gegenüber den Kindern von anderen Frauen privilegiert war. Damit war die Wahl eines Nachfolgers im Wesentlichen auf die gemeinsamen Kinder des Inka und der *Coya* eingeschränkt. Schließlich maßte sich der Inka das Recht an, den Hohepriester der Sonne zu ernennen. Dieser musste die göttlichen Zeichen erkennen, die auf den späteren Inka hinwiesen.

Die Macht der Würdenträger von Cuzco blieb dagegen unantastbar. So verlor Huáscar, der designierte Nachfolger von Huayna Capác, die Unterstützung der *panaca,* der Nachkommen früherer Herrscher und Besitzer von deren Reichtümern, als er eine Reform vorschlug, durch die sie einen Teil ihrer ererbten Güter hätten abtreten müssen.

Die Zweiteilung der Inka-Herrschaft

Die spanischen Chronisten waren unfähig, die Aufteilung von Raum, Welt und Macht zu begreifen, die dem Denken der Andenbewohner zugrunde lag. Es stützte sich auf eine spiegelbildliche Sichtweise, nach der alles sein „symmetrisches" Gegenstück hat, das gleichzeitig verschieden und untrennbar von ihm ist. So stellt man oben und unten, rechts und links einander gegenüber. Oben ist nur oben, weil es ein Unten gibt, das wiederum durch den Gegensatz und die Entsprechung zum Oben definiert ist.

Dieses Verhältnis kennzeichnet auch die Zweiteilung der Inka-Herrschaft bei regionalen Machthabern. Jede Gruppe wurde dabei gemäß dem traditionellen Dualismus der Andenvölker (oben/unten oder Hurin/Hanan) in Hälften geteilt. Jede Hälfte hatte einen Anführer oder *curaca.* In der Hierarchie stand einer der beiden höher als der andere und fungierte als Häuptling des gesamten Stammes. Jedem Anführer stand ein Assistent zur Seite, der *yanapac* genannt wurde. In Wahrheit hatte der Stamm also vier Häuptlinge. Diese Aufteilung war sehr häufig, vor allem bei der Leitung des Militärs. Die Inka-Armeen besaßen zwei Anführer.

Die Vierteilung, die durch die erste Verdoppelung der Herrschaft in zwei Hälften und die zweite in einen Anführer und seinen Stellvertreter erzielt wurde, findet sich in der Organisation des Reiches in vier Teile wieder. Das Wort Tahuantinsuyo, das Quechua-Wort für das Inka-Reich, setzt sich aus drei Wörtern zusammen: *tahua* (vier), *ntin* (zeigt eine Mehrzahl an, die eine Einheit bildet) und *suyo* (Teil oder Region). In den Anden begriff man das Reich lieber als Nachbildung des Modells der vier Anführer, weniger als ein Gebilde mit so vielen Teilen, wie es ethnische oder politische Gruppen im Reich gab.

Die Vierteilung des Tahuantinsuyo scheint durch Túpac Yupanqui begründet worden zu sein. Das Modell entspricht Beschreibungen, nach denen sich der Inka auf dem *usnu,* dem Sitz der Macht in den Inka-Städten, mit drei anderen Würdenträgern abbilden ließ. Das Reich und die Macht waren zugleich eine Einheit und eine Vierheit, was sich in der Existenz eines einzigen Souveräns sowie von vier regionalen Anführern widerspiegelte.

DIE VERWALTUNGSZENTREN DER INKA

Die Inka schufen außerhalb der alten Städte große Verwaltungszentren, die jeweils den Mittelpunkt einer bestimmten Region darstellten. So wurde Tumibamba in Ecuador die zweite Hauptstadt des Reiches, wobei sie Cuzco fast von seinem Platz verdrängte. In den peruanischen Anden sind besonders Vilcashuáman, Jauja, Cajamarca, Huaytara und Huanuco Viejo hervorzuheben; in Bolivien kommt noch Incallacta hinzu. Das Verwaltungszentrum Huanuco ist wohl das bekannteste und gilt als repräsentatives Beispiel für den Aufbau eines solchen Zentrums: Inmitten des großen, rechteckigen Platzes im Zentrum erhob sich der *usnu,* der wichtigste Sonnentempel und die Residenz des Inka. Rings um den Platz gruppierten sich Kultbauten und Verwaltungsgebäude, etwas weiter entfernt lagen Webereien, Unterkünfte für das Verwaltungspersonal und Kasernen. Jenseits davon schlossen sich unzählige Speicher an, in denen die Vorräte des Staates gelagert wurden.

Ein Netz breiter, geschotterter Straßen verband die Provinzzentren mit der Hauptstadt Cuzco. In regelmäßigen Abständen traf der Reisende auf staatliche Herbergen, die so genannten *tambos,* denen die Kontrolle des Waren- und Personenverkehrs innerhalb des Reiches oblag.

Kapitel 13

Glaubensvorstellungen, Mythen und Kulte

Die Religion der Inka umfasste verschiedene Kulte für Mächte oder Gottheiten, von denen einige seit „grauer Vorzeit“ zum religiösen Fundus der Anden gehörten. Über die von spanischen Chronologen zusammengetragenen Zeugnisse hinaus zeigt uns die Archäologie anhand von Überresten die noch sichtbaren Elemente der Kulte. Dagegen enthüllt die Anthropologie im heutigen Glauben der Einheimischen Vorstellungen prähistorischen Ursprungs.

Die alten Kulte aus den Anden

Die Anhänger der „volkstümlichen“ Religion, die vor allem in den ländlichen Gegenden der Anden beheimatet war, glaubten an den heiligen Charakter der Natur und schrieben besonders der Erde, der Pachamama, die Rolle der Mutter und Ernährerin der Menschheit zu. Darüber hinaus zelebrierten sie Kulte an den *huaca*-Orten, die von höheren Mächten bewohnt wurden oder zu göttlichen und geheiligten Gebieten gehörten.

Einer der ältesten Kulte galt dem höchsten Gott, der als Schöpfer der Welt und der Lebewesen angesehen und im Allgemeinen mit menschlichen Gesichtszügen dargestellt wurde. In den Chroniken wird er meist Viracocha genannt. Auch andere Andenkulturen spielen auf diesen Schöpfergott an, dem sie verschiedene prähispanische Namen gaben. Viracocha war die cuzcoische und inkaische Version des göttlichen Wesens, das seit Jahrhunderten im gesamten Andenraum verehrt worden war, lange vor der Entstehung der Inka. Dieser Schöpfer in Menschengestalt wurde allem Anschein nach nicht als einziger Gott angesehen. Die Existenz eines menschengestaltigen Gottes legt die Vermutung nahe, dass die Indianer eine Auffassung von Gott hatten, die mit der der großen monotheistischen Religionen vergleichbar war.

Felsheiligtum von Kenko *(Provinz Cuzco)*
Diese Stätte zeugt von der Bedeutung der Naturelemente in der religiösen Vorstellung der Inka. In Kenko wird ein großer, zum Himmel aufragender Felsblock von einem Halbrund aus sorgfältig gearbeitetem Mauerwerk umgeben; zur Aufnahme des geweihten Wassers haben die Inka eine umlaufende Rinne in den Felsen gemeißelt.

Vermutlich stand dieser Gott in den Augen der spanischen Chronisten über den anderen Göttern, die sie als zweitrangig oder untergeordnet betrachteten. Manchmal neigten sie bei der Interpretation der Texte dazu, die Rolle Viracochas überzubewerten.

Tatsächlich verehrten die Inka Viracocha sehr, doch schien seine Verehrung nach Ansicht heutiger Forscher zur Zeit der Eroberung weitaus unwichtiger gewesen zu sein, als die Konquistadoren annahmen. Wahrscheinlich beeinflusste der Beitrag der Inka zur Andenkultur auch die Religion, und der Kult für ihre eigenen Götter zog wohl die Übernahme neuer Riten nach sich, die sich mit den alten Glaubensvorstellungen vermengten.

So betrachtet man gegenwärtig den von den Inka zum wichtigsten Kult erhobenen Sonnenkult als richtiggehende Staatsreligion. Diese räumte Gottheiten wie Inti, der Sonne, Killa, dem Mond, oder Illapa, dem Donner und den Sternen, eine bevorzugte Stellung ein.

Inti, der Sonnengott der Inka: Mythen, Kult und Macht

Inti, die Sonne, erscheint in den Gründermythen der Inka als Schutzgottheit. Ein Gebet, das uns durch Cristóbal de Molina, einen spanischen Chronisten aus dem 16. Jh., überliefert ist, bezeugt dies:

Oh, Inka-Sonne, mein Vater! Du, der sagte:
„Die Menschen von Cuzco und Tambo werden die Sieger sein",
du, der du befiehlst und uns mit Leben erfüllst, ich verehre dich.
Die Inka, deine Söhne, sollen fröhlich und glückselig sein;
niemals sollen sie besiegt werden, noch Hab und Gut verlieren,
sie sollen immer Sieger sein,
denn dafür hast du sie auf die Welt geschickt.

Die Inka erwarteten also von Inti, dass er sie immer bevorzugte und ihnen Glück und Sieg verschaffte, da er sie zu diesem Zweck inmitten der anderen, barbarischen Völker geschaffen hatte, die die Sonne nicht verehrten und die „Zivilisation" nicht kannten.

Die Sonne war das wichtigste Element im Schöpfermythos und in der inkaischen Religion. Dieser Kult scheint in den Anden vorher sehr selten gewesen zu sein, wenn man in Betracht zieht, dass vorinkazeitliche Elemente fehlen, die sich auf das Sonnengestirn beziehen. Die Fülle von Göttern in Tier-, Menschen- oder Monstergestalt zeigt dagegen, dass das andine Pantheon sehr reich war und neben sich zahlreiche andere Gottheiten duldete.

Im Gegensatz dazu war der Sonnenkult der Inka eng mit der Geschichte und sogar dem Wesen der herrschenden Macht verknüpft. Aber das machte ein gleichzeitiges Fortbestehen anderer, älterer Kulte nicht unmöglich. Natürlich genoss Inti in der Religion der Inka eine privilegierte Stellung, aber es wurden auch andere Gottheiten akzeptiert, was manchmal an seiner totalen Oberhoheit zweifeln lässt. So war die Tatsache, dass eine einzige Wolke am Himmel die Sonne verdecken kann, für die Inka ein Zeichen einer gewissen Verwundbarkeit Intis. Daher entwickelte sich der Sonnenkult im Reich nie zu einem Monotheismus, der jeden anderen Ritus oder Glauben ausschloss. Die Inka erlaubten nicht nur, dass Bräuche überlebten – so wie sie auch politische Machthaber anderer ins Reich eingegliederter Volksgruppen anerkannten, solange sie die Oberherrschaft der Inka nicht infrage stellten. Sie billigten auch Kulte für Götter, die vor der Eingliederung verehrt worden waren. Diese Koexistenz zeugt von einer gewissen Toleranz und einer für die Inka charakteristischen politischen Strategie.

In fast allen Versionen der Ursprungslegenden, die von den Spaniern gesammelt wurden, rechtfertigten die Inka ihren Expansionismus mit der Macht, die ihnen die Sonne verliehen hatte, damit sie den anderen Andenvölkern die „wahre" Zivilisation und den Sonnenkult brächten. Die Inka betrachteten Inti dementsprechend auch als Schutzgott und Erzeuger ihrer eigenen legendären Ahnen Ayar Manco und Mama Ocllo.

In den *Wahrhaftigen Kommentaren zum Reich der Inka* berichtet Garcilaso de la Vega, Sohn eines spanischen Konquistadoren und einer Inka-Prinzessin, eine Version. Als die Sonne sah, dass die Menschen in Barbarei, Unwissenheit und Elend lebten, beschloss sie, ihnen zwei ihrer Kinder zu schicken, um sie zu zivilisieren. Aus diesen beiden gingen die Inka hervor. Das Paar predigte den Sonnenkult und erzog die Andenbewohner. Es brachte sie dazu, die Wälder zu verlassen, um in Städten zu leben, und schenkte ihnen menschliche Nahrungsmittel statt der Tiernahrung, von der sie sich bis dahin ernährt hatten. Nachdem das Paar die Wilden „zivilisiert" hatte, versammelte es sie in Cuzco. Dort lehrte der Herrscher die Menschen den Ackerbau, während die Herrscherin den Frauen die verschiedenen häuslichen Aktivitäten beibrachte, für die sie bestimmt seien.

Garcilaso schließt: „Unsere Fürsten vergaßen bei ihrer Lehre keine Angelegenheit des menschlichen Lebens, sodass der Inka-Herrscher die Männer und die Herrscherin die Frauen beherrschte, wie Inti, der Sonnengott, es gewollt hatte." Fast überall fügt Garcilaso dem Titel des Herrschers, Sapa Inka, den des „Sohnes der Sonne", Intip Churin, hinzu, den auch die Söhne des Inka trugen. Garcilaso greift zweifellos eine späte Glaubensvorstellung der Inka auf. Sie ist gleichzeitig mit der spanischen Eroberung anzusetzen, als der Sonnenkult der Inka seinen Höhepunkt erreichte, nachdem er vorher keine so vorherrschende Rolle gespielt hatte. Im Verlauf der Geschichte der Inka wurde die Sonne immer enger mit der Person des Herrschers verknüpft.

Gleichzeitig mit der Entwicklung des Inka-Reiches nahm die Bedeutung des Kultes von Viracocha ab, des Schöpfergottes in Menschengestalt, während der Sonnenkult nach dem Wunsch der Herrscher immer wichtiger wurde. Heute geht man davon aus, dass Pachacutec („derjenige, der die Ordnung der Dinge umstößt") Yupanqui nach seinem Sieg über die Chanca dem Sonnenkult die vorherrschende Stellung verschaffte, um die Priester von Cuzco dafür zu bestrafen, dass sie sich lieber ergeben wollten, als die Inka gegen die Eindringlinge zu Hilfe zu rufen.

Santo Domingo
Über den einstigen Sonnentempel von Cuzco erhebt sich heute die Apsis der Kirche Santo Domingo. So zeugen zahlreiche Bauwerke in Cuzco von der Verdrängung des alten Inka-Glaubens durch die Religion der Konquistadoren.

Derselbe Herrscher führte schließlich im gesamten Reich den Sonnenkult ein. In der *Coricancha* von Cuzco, die Pachacutec Yupanqui vergrößerte, befand sich in zentraler Position ein Bild der Sonne, zwischen dem Bild Viracochas und dem Illapas. Wenn ein neuer Inka den Thron bestieg, äußerte Inti, der als Vater der herrschenden Familien angesehen wurde, Zeichen der Zustimmung, die der Hohepriester deutete. Der letzte Inka vor der Ankunft Pizarros in Peru ging noch weiter, indem er sich zur irdischen Inkarnation Intis erklärte und damit die politische und religiöse Macht in seiner Person vereinte.

Die Macht des Schutzgottes sicherte auch die Stabilität der Herrschaft über das Reich. Denn die Verwaltungszentren waren nicht nur Sitz der politischen Gewalt, sondern auch Standort von Lagerhäusern, Garnisonen, staatlichen Werkstätten und natürlich von Tempeln, die allein dem Sonnenkult dienten. Auch in dieser Hinsicht ist die Strategie der Inka bewundernswert. In der Mitte der Städte befand sich der *usnu* – gleichzeitig Sitz der Macht, wo der Inka thronte, und Sonnentempel, sodass er die Oberhoheit Intis und des Inka über die anderen Kulte und die Lokalherrscher bekräftigte.

Inti war als göttliche Macht mit einem religiösen Apparat ausgestattet, der dem Staatskult ungeheure Macht und großen Reichtum verschaffte. Der Inka behielt sich einen Teil der eroberten Ländereien vor, um die Einkünfte des Staates zu sichern, teilte aber auch dem Sonnenkult einen bedeutenden Teil des Bodens zu. Dieser versorgte die Institutionen und die zahlreichen Geistlichen des offiziellen Kultes, die ausschließlich ihm gewidmet waren.

Der Sonnenkult, die Astronomie und der Inka-Kalender

Der Sonnenkult beruhte auf Berechnungen, mit denen ziemlich präzise Vorschriften verknüpft waren. Sie erklären sich unter anderem aus der im Wesentlichen auf Landwirtschaft beruhenden Ökonomie. Auf der Basis der astronomischen Kenntnisse der Andenvölker konnten die Inka komplexe Beobachtungen über die Bewegungen der Himmelskörper anstellen. Einige Beobachtungen fanden nachts statt, weil sie sich auf den Mond und die Sterne bezogen. Andere hatten die Sonne zum Gegenstand. Durch den Winkel ihres Auf- und Untergangs bestimmte man die Perioden des Inka-Kalenders und die Feste von *Intiraymi* zur Zeit der Sonnenwenden im Dezember und im Juni.

INTIHUATANA
(Machu Picchu) Für einige stellt der kunstvoll bearbeitete Stein eine Art Sonnenuhr dar, deren Schatten die Tageszeiten anzeigt, andere haben in ihm das Sonnengestirn erblickt, das nach jeder Morgendämmerung erneut über dem Horizont erscheint.

An zahlreichen Ausgrabungsstätten finden sich Hinweise auf Sonnenbeobachtungen. Vor allem die neuere Forschung auf dem Gebiet der Archäoastronomie hat uns eine genauere Vorstellung von den astronomischen Kenntnissen der Inka verschafft. Unlängst hat man entdeckt, dass die ersten Strahlen der zur Wintersonnenwende aufgehenden Sonne im Torreón, einem Bauwerk in Machu Picchu, auf eine Markierung im Steinfußboden fallen. Auf diese Weise konnte dieses wichtige Datum genau bestimmt werden. In der Inkastadt Ingapirca in Ecuador wirft hingegen die untergehende Sonne am 3. August einen Schatten geradewegs auf die Mitte eines Ganges und markiert damit den Beginn der Saatzeit. Daneben gab es *Intihuatana* – „Rastplätze der Sonne". Diese geometrisch behauenen Felsen, die teilweise wie runde, turmähnliche Gebäude aussehen, scheinen Schattenstäbe gewesen zu sein, so etwas wie Sonnenuhren, deren genaue Verwendung aber unbekannt ist. Leider wurden sie oft von den Konquistadoren beschädigt.

Der Torreón *(Machu Picchu) Die halbrunde, nahezu lückenlos zusammengefügte Mauer gibt diesem Gebäude ein turmähnliches Aussehen. Zur Sonnenwende fallen die ersten Strahlen bei Sonnenaufgang auf einen Vorsprung des Felsens, den der Torreón umgibt. Man nimmt an, dass die runden oder gebogenen architektonischen Formen mit dem Sonnenkult und den astronomischen Beobachtungen der Inka im Zusammenhang standen.*

Der Sonnenkult litt sehr unter der Eroberung des Inka-Reiches durch Pizarro. Die siegreichen Europäer ruhten nicht, bevor sie die Inka-Religion und die „Abgötterei" zerstört hatten, soweit diese mit den früheren politischen Machthabern zusammenhingen. In Cuzco errichteten die Spanier auf den Mauern der *Coricancha* die Kirche von Santo Domingo: Als grausames und für alle sichtbares Symbol überragt das christliche Bauwerk den alten Sonnentempel an Höhe. Zur religiösen Unterdrückung gesellte sich die Gier der Eroberer, die alle Goldgegenstände einschmolzen, deren sie habhaft werden konnten. Auch die wichtigste Darstellung Intis, der *punchao,* der in der *Coricancha* aufbewahrt wurde und die Sonne in der Gestalt eines zehnjährigen Kindes verkörperte, wurde in Goldbarren verwandelt.

Heute ist der Sonnenkult in den Anden erloschen. An seine Stelle ist das Christentum getreten, obgleich noch einige Glaubensvorstellungen fortbestehen, die aus den prähispanischen Religionen stammen. Diese Vorstellungen haben sich vor allem in ländlichen Gebieten erhalten, um den Preis, dass sie manchmal an die christlichen Riten angepasst wurden.

Die Inka-Religion und das Opfer

Einer der rituellen Aspekte der Inka-Religion, die lange Zeit im Dunkeln blieben, ist der Brauch zu opfern. Die Inka wählten dafür oft Tiere aus. Im Verlauf zahlreicher Feste des umfangreichen religiösen Kalenders wurde ein Lama oder ein Alpaka getötet. Dann wurden Trankopfer aus *chicha* und dem Blut des Tieres dargebracht, während man versuchte, durch die Untersuchung des Herzens und anderer Innereien divinatorische Zeichen zu entdecken. Es wurden auch kleinere Tiere wie Meerschweinchen geopfert oder wertvolle Produkte, darunter hochwertige Stoffe, seltene oder von weither stammende Maiskolben oder Kokablätter. Die Opfer wurden auch zu besonderen Anlässen durchgeführt, etwa um eine Bedrohung abzuwenden oder eine Pechsträhne zu beenden.

Dieser Brauch wurzelte in einer langen Tradition der Andenvölker und ist von den spanischen Chronisten beschrieben worden. Wie Archäologen entdeckt haben, existierte allerdings noch eine andere Opferart: Menschenopfer. Über sie gibt es nur wenige Zeugnisse, weil das Thema lange gleichsam tabu war. Heute wissen wir, dass sie in der prähispanischen Epoche in den Zentralanden stattfanden und auch zu den religiösen Praktiken der Inka gehörten. Die vorinkaische Kunst ist reich an Szenen, die rituelle Tötungen von Gefangenen eindeutig darstellen. Sie werden nackt, gefesselt, massakriert, zerstückelt, erwürgt oder im qualvollen Todeskampf gezeigt. Diesen Zeremonien standen politische und militärische Führer vor. Geopfert wurden Feinde, die man in Schlachten gefangen genommen hatte, und ihr Tod sollte zugleich die Macht und die Götter der Sieger verherrlichen. Das erinnert ein wenig an den Blumenkrieg der Azteken in Mexiko, der in erster Linie dazu diente, Gefangene für die religiösen Opferungen zu machen und dem Sonnengott das unerlässliche Blut darzubieten. Die Azteken schrieben dem vergossenen Blut einen symbolischen Wert zu. Sie glaubten nämlich, dass die Sonne die Erde nur erleuchten könnte, wenn man ihr Menschenopfer darbrachte. In den Anden scheint das Opfer von Kriegsgefangenen dagegen mit einer sichtbaren Verherrlichung des Siegers und einer Demütigung des Besiegten verbunden gewesen zu sein. Zu diesem Zweck wurde oft eine grausame Hinrichtung inszeniert.

VERSCHNEITER GIPFEL *(Provinz Cuzco) Den Inka waren die Lagen in großer Höhe oftmals heilig. An diesen lebensfeindlichen Orten huldigten sie den Göttern und den Toten. Erst kürzlich haben Archäologen in einer der entlegensten Gegenden des Reiches Überreste von Menschenopfern entdeckt. Diese offensichtlich noch sehr jungen Menschen waren auf den Berggipfel geführt worden, um dort geopfert und in Felsspalten begraben zu werden. Dieser als* capacocha *bezeichnete Brauch scheint nur unter außergewöhnlichen Umständen Anwendung gefunden zu haben.*

Es gibt seltene Hinweise auf Menschenopfer von etwa zehnjährigen Kindern. Diese Opfer, die im Wesentlichen auf die Inka beschränkt waren, wurden *capacocha* genannt und fanden in einem religiösen Kontext statt, der unmittelbar mit dem Herrscher verbunden war. Jährlich fand zur Wintersonnenwende in Cuzco eine große *capacocha* statt. Weitere gab es beim Tod und zur Thronbesteigung eines Herrschers. Die Kinder trugen prächtige Kleidung und kostbaren Schmuck. Sie waren von wertvollen Opfergaben umgeben und wurden sicherlich durch Betäubungsmittel bewusstlos gemacht. Priester geleiteten sie zur Opferstätte, wo sie lebendig begraben oder mit einer Keule erschlagen wurden, wobei häufig ihr Schädel zertrümmert wurde. Die *capacocha* fanden meist an

den Grenzen des Reiches statt, etwa im chilenischen El Plomo oder auf dem Gipfel des argentinischen Cerro Llullaillaco. Dort hat man unlängst im ewig gefrorenen Boden die konservierten Körper von Kindern entdeckt, die von den Inka geopfert worden waren. Solche Opfer kennt man aber auch aus den Zentren des Reiches, etwa aus der *Coricancha* in Cuzco, von der Sonneninsel im Titicacasee oder aus dem Küstentempel von Pachacámac.

Menschenopfer waren im Inka-Reich nicht so zahlreich wie bei den Azteken. Das beruht vielleicht darauf, dass die Inka große Tiere opfern konnten, weil in ihrem Herrschaftsgebiet Lamas und Alpakas vorkamen. Die Kameliden konnten aufgrund ihres großen Wertes, den sie für die Andenvölker besaßen, die Menschenopfer ersetzen.

KAPITEL 14

Das grüne Gold der Inka

DIE DROGE KOKA
Das Kauen von Koka war bei heidnischen Ritualen gang und gäbe. Während die Inka den Konsum dieses Rauschmittels streng kontrolliert hatten, verbreiteten die Spanier seinen Gebrauch auch unter der bäuerlichen und minderjährigen Bevölkerung.

Der traditionelle Genuss der Kokapflanze ist in den Anden für mehrere Jahrtausende vor den Inka belegt. Er war weit über die Grenzen ihres Reiches hinaus verbreitet und fand sich im gesamten prähispanischen Kolumbien. Die Inka übernahmen mit ihrer Verwendung von Koka also nur eine Tradition, die zu den ältesten der Anden zählt. Man konsumiert die Blätter des Kokastrauchs. Manchmal wurde aus ihnen ein Aufguss in der Art eines Kräutertees zubereitet. Die traditionelle Verwendungsweise aber war das Kauen von Tabak aus einigen getrockneten Blättern. Der traditionelle Konsum hat natürlich nichts mit der heutigen Verwendung der chemischen Derivate wie Kokain zu tun. Die Kokablätter werden vom Strauch gepflückt und in der Sonne getrocknet. Je schneller das Blatt trocknet, desto kräftiger bleibt seine grüne Farbe und desto besser ist seine Qualität. Es gibt zwar viele Arten von Koka – allein in Peru hat man 24 ausgemacht –, aber konsumiert werden vor allem zwei: die Koka von den Osthängen, die aus Peru stammt und den botanischen Namen *Erythroxylon coca* trägt, und die Koka von den niedrigen Hängen der an den Pazifik grenzenden Hügelkette, die aus den nördlichen Anden importiert wurde und *Erythroxylon Novogranatense* heißt.

Eine aus einigen Blättern bestehende Priem wird 40 bis 60 Minuten gekaut. Man fügt ihnen verschiedene Substanzen zu, sodass die Hauptwirkstoffe der Koka besser freigesetzt werden. Hierzu verwendet man meist gelöschten Kalk, der aus Muscheln gewonnen wird, und Pflanzenasche. Der beim Kauen aus dem Tabak austretende Saft wird geschluckt.

Die Wirkung ist verschiedenartig: Normalerweise schwächt oder unterdrückt der Genuss von Koka Gefühle wie Hunger, Durst, Kälte oder Müdigkeit. Koka ermöglicht dem menschlichen Körper also, die Strapazen des Lebens in großer Höhe besser zu ertragen. Außerdem hilft das Rauschmittel ein wenig gegen Angstgefühle. Des Weiteren setzten die Schamanen es oft ein, um besser mit den Geistern und den übernatürlichen Mächten kommunizieren zu können. Schließlich zählte Koka zu den rituellen Opfergaben für die Götter, die *huaca* und die Toten.

Das Kauen der Kokablätter hat in den Anden eine lange Tradition. Es scheint keine nennenswerte Abhängigkeit oder Gewöhnung zu erzeugen. Zumindest lässt sich das aus Beobachtungen schließen: Andenbauern der Sierra, die in ihrer heimatlichen Umgebung Koka konsumierten, hörten damit sofort und ohne offenkundige Schwierigkeiten auf, sobald sie in die modernen Ballungszentren an der Küste Perus zogen, wo sie die heutigen städtischen Sitten übernahmen.

Koka wächst nur in nicht allzu großer Höhe und bei ausreichender Wärme und Feuchtigkeit. Allerdings ist es zumindest unter experimentellen Umständen möglich, Kokasträucher in der Sierra anzubauen. Für die Bevölkerung der Hochebenen und -täler der Anden, die sie konsumieren, sind die Blätter also ein „exotisches“ Produkt. Wahrscheinlich gehörten sie immer zu den „tropischen“ Gütern, die vom Tiefland, wo die Sträucher eigentlich wachsen, in das Hochland der Anden geliefert wurden.

TERRASSENFELDER *(Machu Picchu) Die Ceja de Selva, der Ostabhang der Anden, in dessen Mitte Machu Picchu liegt, ist mit feuchttropischem Urwald bedeckt. Da an den Steilhängen eine starke Erosion herrscht, legten die Inka hier Terrassen an, um den Boden vor Abtragung zu schützen. Machu Picchu und die angegliederten Dörfer bildeten in der Inka-Zeit einen außergewöhnlichen Landwirtschaftskomplex, der das Reich auch mit Produkten versorgte, die normalerweise nur im tropischen Tiefland angebaut werden konnten.*

Vor den Inka baute man an der Küste die Art *Erythroxylon Novogranatense* an, die aus den nördlichen Anden (Ecuador und Kolumbien) nach Peru importiert wurde. Man weiß allerdings nicht, wann sie im Tiefland der Pazifikküste als neues Anbauprodukt eingeführt wurde. Sie wuchs zweifellos auf den Ländereien der örtlichen Kaziken oder zumindest unter ihrer Kontrolle. Über die aus Peru stammende Art und die Anbauflächen an der Ostseite der Hügelkette liegen so gut wie keine Informationen vor. Wir wissen auch nicht, ob die Bevölkerung der Sierra sich die Blätter durch Tauschhandel verschaffte oder die Sträucher selbst auf tiefer gelegenen, warmen Landstreifen zog.

Als die Inka ihre Eroberungen machten, ging jeweils ein Teil des Landes an den Staat und die Geistlichkeit, sodass sie wahrscheinlich ein Monopol auf die Kokapflanzungen erhielten. Die Verwendung von Koka war im Volk stark begrenzt, und der Staat organisierte zugleich die Herstellung und die Verteilung. Wahrscheinlich wurde ein Teil der

Ernte für die religiösen Opfer zurückgelegt, während ein anderer, großer Teil für den Konsum verteilt wurde. Wie alle anderen wertvollen Geschenke des Inka an seine Verbündeten war Koka allem Anschein nach ein wichtiges Mittel, sich Verbündete zu sichern, Freunde zu gewinnen und Dienste zu erhalten. Höchstwahrscheinlich erhielten die Inka-Soldaten von den Machthabern Koka als Belohnung für ihre Tapferkeit oder einen Sieg. Auch die Landbevölkerung dürfte sie für die *mita* erhalten haben; noch heute ist es üblich, die Mithilfe bei Gemeinschaftsarbeiten im Rahmen der gegenseitigen Hilfe in den Anden mit Koka zu belohnen.

KOKAVORRAT
Auf diesem Bild reicht einer der beiden Männer dem anderen einige Kokablätter aus seiner Mochila, einem kleinen Stoffbeutel, der über der Schulter getragen und gern zum Transport von Koka eingesetzt wurde.

Wir verfügen zwar über zuverlässige Informationen über die Kokaproduktion an der Küste, nicht aber über die an den Osthängen der Anden. Immerhin darf man für die innerhalb des Inka-Reiches gelegenen Anbaugebiete einige Hypothesen wagen, zumindest bezüglich einer nahe der Hauptstadt gelegenen Region, in der günstige klimatische Bedingungen für den Kokaanbau herrschen: das mittlere Urubamba-Tal, etwa 100 Kilometer von Cuzco entfernt. Von Chronisten wissen wir, dass es zu den ersten Gegenden zählte, die seit Pachacutec Yupanqui in das expandierende Inka-Reich integriert wurden.

Machu Picchu

Jenseits von Ollantaytambo öffnet sich das Urubamba-Tal. Hier verlässt man die Sierra und betritt die Ceja de Montaña, die Übergangszone auf mittlerer Höhe mit feuchtwarmem Klima. Der tropische Regenwald überwuchert die östlichen Ausläufer der Bergkette. Stromabwärts liegt in nicht allzu großer Entfernung Machu Picchu, das nach der spanischen Eroberung fast vier Jahrhunderte lang vergessen war und erst zu Beginn des 20. Jh. wieder entdeckt wurde. Die Inka schufen um Machu Picchu herum eine Ansammlung von abhängigen Dörfern, die eine Art Kolonie bildeten. Sie waren Stützpunkt des Widerstands gegen die Konquistadoren. Lange glaubte man, dass diese Ansiedlung vor allem dazu diente, das Hochtal und die Region von Cuzco vor Angriffen der noch nicht unterworfenen Amazonasvölker zu schützen. Diese Hypothese kann die große Besiedlungsdichte jedoch nur zum Teil erklären, zumal es sich um eine recht feindselige Gegend handelt, die sehr feucht und schwer zu bestellen ist. Allerdings muss man die warmen, fast tropischen Gebiete relativ nah bei Cuzco als vorteilhaft ansehen, denn hier konnte man die von den Inka hoch geschätzten, aber auf den höher gelegenen Sierras nicht anzubauenden Produkte kultivieren. Dafür böten sich Obst, Gemüse und Tropenhölzer an. Am Wahrscheinlichsten aber ist nach der Logik und den Aufzeichnungen über die Abgaben aus dieser Gegend, dass auf staatlichen Anbauflächen *Erythroxylon coca* angebaut

Die Terrassenanlagen von Winay Wayna
Die ausgedehnten Kulturterrassen wurden mithilfe von Bewässerungssystemen ständig mit Wasser versorgt. Wie Machu Picchu war auch diese Stätte nach der spanischen Eroberung lange Zeit verlassen und wurde erst Anfang des 20. Jh. wieder entdeckt.

wurde. Jene aus Peru stammende Art versorgte die Inka mit dem Rauschmittel, als sie noch keinen Zugang zur Koka vom Pazifik hatten.

Der amerikanische Archäologe John H. Rowe konnte beweisen, dass die Indianer der gesamten Region unterhalb von Ollantaytambo nach der Kolonialisierung ihre Abgaben ausschließlich in Gestalt von Körben mit Kokablättern leisteten. Koka aus den höher gelegenen Gebieten wird übrigens mehr geschätzt als die aus dem heißen Tiefland, weil sie weniger stark und wohlschmeckender ist. Wenn die Inka so rasch mit der Eroberung des engen Tals und der steilen Hänge begannen, die nur durch den Bau riesiger Terrassen kultivierbar gemacht werden konnten, so werden sie gute Gründe dafür gehabt haben. Die beste Erklärung für das kolossale Unternehmen, bei dem zahlreiche Orte mitten im Regenwald angelegt wurden, besteht wohl darin, dass die Inka dadurch Kokapflanzungen in unmittelbarer Reichweite ihrer Hauptstadt gewannen.

Machu Picchu

MACHU PICCHU

Die Stadt wird vom Gipfel des Huayna Picchu überragt. Im Westen (links) befinden sich Kultgebäude und religiöse Stätten, darunter auch der Intihuatana, *ein von Menschenhand bearbeiteter Fels. Unterhalb davon liegt der Tempel der drei Fenster, ein Gebäude, das durch seine raffinierte Bauweise besticht. Im Osten (rechts) erstrecken sich die Werkstätten, die Terrassenfelder sowie die Unterkünfte der Handwerker und Bauern. Insgesamt lebten in Machu Picchu nur rund 1000 Menschen, die sich auf rund 200 Gebäude verteilten.*

1. Intihuatana
2. *Tempel der drei Fenster*
3. *Zeremonienplatz*
4. *Gruppe der drei Türen*
5. *Mörserhalle*
6. *Gefängnisviertel*
7. *Volksviertel*
8. *Straße der Springbrunnen: 16 ansteigende Becken*
9. *Torreón-Viertel*
10. *Treppe zu den Quellen*
11. *Südliche Terrassenfelder*

MACHU PICCHU

Machu Picchu liegt, von Regenwald umgeben, an der Ostabdachung der Anden, der so genannten Ceja de Selva. Nicht nur das unwegsame Gelände, sondern auch die Gefahren des Urwalds erschwerten den Zugang zu dieser Stadt. Die Ceja de Selva diente den nicht unterworfenen Inka als letzte Bastion. 1572, nach der Hinrichtung des Inka-Rebellen Túpac Amaru, wurde diese Zuflucht endgültig verlassen und von Regenwald überwuchert.

Erst 1911 entdeckte der Historiker Hiram Bingham Machu Picchu wieder. Nachdem die Archäologen den Ort freigelegt und untersucht hatten, wurde er von der UNESCO zum Kulturerbe der Menschheit erklärt. Die Gründung der nur etwa 150 Jahre lang bewohnten Stadt dürfte um 1450 erfolgt sein und fällt damit in die Herrschaftszeit des Inka Pachacutec Yupanqui.

Machu Picchu lag strategisch geschützt auf einem Vorsprung hoch über dem Urubamba-Tal. Früher waren viele Wissenschaftler der Ansicht, Machu Picchu sei nur errichtet worden, um den Inka-Herrschern als kaum einnehmbare Zufluchtsstätte zu dienen. Heute betrachtet man Machu Picchu in erster Linie als Zentrum eines ausgedehnten Terrassenanbaugebiets, in dem bestimmte tropische, von den Inka hoch geschätzte Pflanzen gediehen.

Obgleich Koka in den älteren Untersuchungen über die Inka kaum erwähnt wird, gehörte sie zu den wertvollsten Gütern der Zentralanden. Das „grüne Gold“ war zweifellos die Quelle für den Wohlstand des Reiches. Die Inka scheinen die individuelle Produktion innerhalb der Grenzen vollständig abgeschafft zu haben, um eine Art Staatsmonopol auf diese für die Andenbevölkerung geradezu lebenswichtige Pflanze zu errichten.

Es ist gut möglich, dass die ständigen Versuche der Bevölkerung in der Sierra, die östlichen Hänge Amazoniens zu kolonisieren, im Wesentlichen nur ein Motiv hatten: Land zu erobern, das sich zum Anbau von Koka eignet. Falls man dieser Hypothese folgt, wird klar, warum die Inka, die der spanischen Eroberung Widerstand leisteten, nicht nach Süden in das heutige Chile oder Argentinien flohen, sondern sich im Urubamba-Tal verschanzten. Wenn sie allerdings diese Region verlassen wollten, so sahen sie sich den Konquistadoren oder den nie vollständig unterworfenen Indianern aus den Wäldern Amazoniens gegenüber. Auf diese Weise entstand das nur kurzlebige Reich von Vilcabamba, der Zufluchtsort, an dem die Inka ihren kostbarsten Besitz bewahren wollten: die Kokapflanzungen, die ihnen die Wiedergewinnung verlorener Bündnispartner und den Widerstand gegen die Spanier ermöglichen sollten. Die meisten Pflanzungen an der Küste, die dem Staat und den Geistlichen der Inka gehörten, fielen bald in die Hände der Konquistadoren. Diese wandelten Anbauflächen jedoch in Kulturen anderer Nutzpflanzen um. Es konnten also nur noch die Pflanzungen der Berghänge Amazoniens Koka liefern. Die Überlegungen der letzten Widerstandskämpfer wurden schließlich durchkreuzt, als es den Spaniern gelang, in das Tal vorzustoßen. Sie nahmen den Inka gefangen und richteten ihn hin, um jeglicher Gefahr von Aufständen vorzubeugen. Die Produktion von Koka wurde nicht eingestellt,

sondern fortan für die Tributzahlungen an die Eroberer verwendet. Heute besichtigen täglich mehrere Hundert Menschen die Ruinen von Machu Picchu, bei deren Anblick jeder fragt: Warum haben die Inka gerade hier diese Bauwerke errichtet? Zu den häufigsten Antworten gehört weiterhin, dass die Gegend eine Bastion des Widerstands war, wo die Inka versuchten, ihre Macht und ihre Religion zu erhalten. Außerdem sei Machu Picchu vielleicht der mythische Zufluchtsort der Sonnenjungfrauen gewesen.

Einige Abenteurer träumen immer noch davon, Paititi zu finden, die legendäre, ganz aus Gold erbaute Inka-Stadt, in der die Schätze des Reiches lagern und vom Wald Amazoniens beschützt werden. Die Hypothese, es handle sich um Kokapflanzungen, wird selten angeführt, weil das Thema immer noch beinahe tabu ist. Die von den Inka in der Gegend von Machu Picchu angebauten Pflanzen mit Sicherheit zu bestimmen bleibt eine ungelöste Aufgabe, die aber vielleicht eines Tages die genannte Theorie stärken wird.

MACHU PICCHU
Die Stadt wurde in einer Höhe von 2700 m über dem Tal des Urubamba erbaut. Sie wird von der üppigen Vegetation der Andenausläufer im Amazonasgebiet umrahmt.

Epilog

Man kann das Rad der Geschichte nicht zurückdrehen. Doch wie oft haben sich die Menschen schon gefragt, was gewesen wäre, wenn Pizarro und die Konquistadoren nicht in Peru gelandet wären, sie den Inka nicht gestürzt und sein Reich nicht zerstört hätten.

Über das „Inka-Modell" hat man immer wieder Vermutungen angestellt. Dank der Forschungen der vergangenen Jahre sieht man einige seiner Aspekte, die bisher im Dunkeln geblieben waren, nun klarer.

Betrachtet man die verschiedenen Perioden vor dem Inka-Reich, so bekommt man den Eindruck, dass es niemals eine wie auch immer geartete dauerhafte Vorherrschaft in den Zentralanden (Sierra und Küste) gab. Sogar Kulturen wie die von Chavín, Huari und Tiahuanaco endeten, indem die Herrschaftsbereiche wieder in regionale Machtzentren zersplitterten. Angesichts einiger Ereignisse, die die offizielle Geschichtsschreibung der Inka nicht übergehen konnte, ist gewiss, dass der angebliche Frieden, den die Inka den Stämmen brachten, in der Gesamtzeit des Reiches nur eine Illusion war; denn der Frieden wurde unaufhörlich von regionalen Aufständen unterbrochen. Deshalb ist zweifelhaft, ob es jemals eine wirkliche Inka-Nation gegeben hat, die alle in den Tahuantinsuyo eingegliederten Völkerschaften einschloss. Bestenfalls arbeiteten die unterworfenen Stämme zusammen und übernahmen den inkaischen Expansionismus, dessen Opfer sie waren. Aber sobald die nach Freiheit dürstenden aufrührerischen Völker glaubten, der Inka und seine Kriegsstreitmacht seien in der Ferne gebunden, versuchten sie das Joch abzuschütteln.

Es gilt als immer wahrscheinlicher, dass sich die verschiedenen Regionen gegen die Herrschaft der Inka auflehnten. Die idyllische Vorstellung vom Inka-Reich scheint inzwischen überholt. Der Tahuantinsuyo war nicht das „Paradies auf Erden", auch wenn einige Leistungen bewundernswert bleiben. In gewisser Hinsicht fragt man sich heute zu Recht, ob Pizarro nicht nur der unvorhergesehene Katalysator einer bestehenden Protestbewegung war. Kam nicht die Teilung des Reiches in Vilcabamba und Cuzco oder der Kampf um die Macht zwischen Huáscar und Atahualpa nach dem Tod Huayna Cápacs tiefen Rissen im Bau eines zwar unerreichten, aber kaum tief verwurzelten Reiches gleich?

Auch wenn man heute Cuzco, die Hauptstadt des Inka-Reiches, offiziell zur Hauptstadt des historischen Peru erklärt hat, fällt es schwer zu glauben, dass woanders eine tatsächliche Vorstellung von einem panandinen Staat existiert als in der politischen Ideologie der Inka. Wie ist sonst zu erklären, dass die Spanier die Unterstützung ganzer Gruppen erhielten, die begierig waren, ihre alte Identität wieder zu erlangen? Der Tahuantinsuyo erscheint vielmehr als die Verwirklichung expansionistischer Absichten eines Volkes, das ungemein geschickt war, die notwendigen Machtmittel zu gewinnen,

um sich für eine kurze Zeit die Dominanz zu sichern. Aber nichts kann uns vom Fortbestand seiner Eroberung überzeugen, wenn man die Bilanz seiner Schwächen aufstellt.

Das entschuldigt aber nicht die Unterwerfung des Reiches durch Europa und die sie begleitenden Gräueltaten. In der Feststellung, wie zerbrechlich das niedergeworfene Reich war, liegt kein Revisionismus. Aber ohne die Bewunderung zu schmälern, die das Inka-Reich erweckt hat, sollte man vielleicht heute den Gedanken aufgeben, der unlängst eine Wiedergeburt des Inka-Reiches mit der berechtigten Anerkennung der indianischen Welt der Anden verbinden wollte.

Jean-François Bouchard

Der Tempel der drei Fenster *(Machu Picchu)* *Hiram Bingham, der aus Nordamerika stammende Entdecker Machu Picchus, stand vor knapp 100 Jahren staunend vor dem Tempel der drei Fenster.*

Register

Kursiv gedruckte Seitenzahlen verweisen auf Bildunterschriften, Illustrationen oder Übersichtskarten.

Bild- und Museumsnachweis

Abkürzungen: o = oben, M = Mitte, u = unten, l = links, r = rechts

Einband Hintergrund: G. DAGLI ORTI; u: G. DAGLI ORTI/Museo de Oro, Lima. 3 G. DAGLI ORTI/Museo de Oro, Lima. 6/7 G. DAGLI ORTI/Museo Nacional de Antropología y Arqueología, Lima. 10 l: G. DAGLI ORTI/Coll. E. Poli, Lima; r: G. DAGLI ORTI. 10/11 Hintergrund: Marco/ASK IMAGES. 11 G. DAGLI ORTI (3). 12 l: M. Vautier/ANA; r: G. DAGLI ORTI. 12/13 Hintergrund: Marco/ASK IMAGES. 13 o: G. DAGLI ORTI/Museo Nacional de Antropología y Arqueología, Lima; M: E. Pasquier-Saola/GAMMA/Museo Arqueológico Regional Brüning, Lambayeque; u: G. DAGLI ORTI/Museo Nacional de Antropología y Arqueología, Lima. 14 l: G. DAGLI ORTI/Museo Nacional de Antropología y Arqueología, Lima; u: D. ANTROP/Museo Arqueológico Nacional, Madrid. 14/15 Hintergrund: P. Escudero/HOA-QUI. 15 o, u: M. Vautier/ANA; M: D. ANTROP/Museo Arqueológico Nacional, Madrid. 16 l: D. ANTROP/Museo Arqueológico Regional Brüning, Lambayeque; r: M. Vautier/ANA/Museo Nacional de Antropología y Arqueología, Lima. 16/17 Hintergrund: G. DAGLI ORTI. 17 l: G. DAGLI ORTI/Museo de Oro, Lima; M: G. DAGLI ORTI/Coll. Gabaldoni, Lima; r: M. Vautier/ANA/Museo Amano, Lima. 18 l: D. Graf/BPK/Museum für Völkerkunde, Berlin; r: M. Vautier/ANA/Museo Nacional de Antropología y Arqueología, Lima. 18/19 Hintergrund: M. Vautier/ANA. 19 l: M. Delaplanche/MUSÉE DE L'HOMME, Paris; o.r: B. Hatala/MUSÉE DE L'HOMME, Paris; u.r: D. ANTROP/Museo Arqueológico Nacional, Madrid. 20: AKG, Paris/W. Forman/Coll. part., New York. 21 G. DAGLI ORTI/Museo del Oro, Bogotá. 23 G. DAGLI ORTI. 24 G. DAGLI ORTI/Palazzo Ducale, Venedig. 26 P. Escudero/HOA-QUI. 27 G. DAGLI ORTI/Museos Arqueologicos, Arte y Etnografia del Banco Central del Ecuador, Quito. 28, 29: M. Vautier/ANA. 31 G. DAGLI ORTI. 32 G. DAGLI ORTI/Museo Nacional de Antropología y Arqueología, Lima. 33 Y. Arthus-Bertrand/HOA-QUI/ALTITUDE. 34 G. DAGLI ORTI/Museo Nacional de Antropología y Arqueología, Lima. 35 J.L. CHARMET/Privatsammlung. 36 Kido/MUSÉE DE L'HOMME, Paris. 37 J.F. BOUCHARD. 38 D. Graf/BPK/Museum für Völkerkunde, Berlin. 38/39 Hintergrund: M. Vautier/ANA. 39 o.l: M. Vautier/ANA; o.r: M. Vautier/ANA/Museo Nacional de Antropología y Arqueología, Lima; M.l: C.&J. Lénars/HOA-QUI; M.r: M. Vautier/ANA/Museo Nacional de Antropología y Arqueología, Lima; u.l: Selva/SRD/aus *Nueva Cronica* von Huaman Poma, 1614; u.r: M. Vautier/ANA. 40 G. DAGLI ORTI/Museo Arqueológico, La Paz. 43 THE BRIDGEMAN ART LIBRARY/British Museum, London. 44 Selva/SRD/aus *Nueva Cronica* von Huaman Poma, 1614. 45 D. Ponsard/MUSÉE DE L'HOMME, Paris. 47 M. Freeman/ANA. 48, 51, 52: G. DAGLI ORTI. 53 J.F. BOUCHARD. 56 G. DAGLI ORTI. 57 M. Vautier/ANA/Museo Nacional de Antropología y Arqueología, Lima. 58 M. Vautier/ANA/Privatsammlung, Cuzco. 59 B. Hatala/MUSÉE DE L'HOMME, Paris. 60 o: M. Vautier/ANA/Museo Nacional de Antropología y Arqueología, Lima; u: D. ANTROP/Museo Arqueológico Regional Brüning, Lambayeque. 60/61 Hintergrund: W. Forman/AKG. 61 o.l: M. Vautier/ANA/Museo Nacional de Antropología y Arqueología, Lima; o.r: A. Attini/WHITE STAR; M.l: M. Vautier/ANA/Museo Nacional de Antropología y Arqueología, Lima; M.r: M. Delaplanche/MUSÉE DE L'HOMME, Paris; u.l: J. Horner/HOA-QUI; u.r: G. DAGLI ORTI/Museo Nacional de Antropología y Arqueología, Lima. 63 G. DAGLI ORTI. 64 B. Hatala/MUSÉE DE L'HOMME, Paris. 65 M. Delaplanche/MUSÉE DE L'HOMME, Paris. 66 G. DAGLI ORTI. 67 G. DAGLI ORTI/Museo de Oro, Lima. 68 M. Vautier/ANA/Privatsammlung, Cuzco. 70 M. Deville/GAMMA. 72 W. Forman/AKG/Museum für Völkerkunde, Berlin. 73 MUSÉE DE L'HOMME, Paris. 75 M. Delaplanche/MUSÉE DE L'HOMME, Paris. 76 G. DAGLI ORTI. 78 M. Vautier/ANA/Privatsammlung, Cuzco. 79 M. Vautier/ANA/Museo de la Universidad, Cuzco. 80 G. DAGLI ORTI/Museo Nacional de Antropología y Arqueología, Lima. 83 B. Hatala/MUSÉE DE L'HOMME, Paris (2). 85 GAMMA. 86 C.&J. Lénars/EXPLORER. 87 G. DAGLI ORTI/Museo Nacional de Antropología y Arqueología, Lima. 89 G. DAGLI ORTI. 90 G. DAGLI ORTI/Museo Nacional de Antropología y Arqueología, Lima 93 J.F. BOUCHARD. 94 B. Perousse/HOA-QUI. 96 D. ANTROP/Römer- und Pelizaeus-Museum, Hildesheim. 96/97 Hintergrund: G. DAGLI ORTI. 97 o.l: M. Vautier/ANA/Museo Pedro de Osma, Lima; o.r: G. DAGLI ORTI/Museo de Oro, Lima; M.l: D. Graf/BPK/Museum für Völkerkunde, Berlin; M.r: M. Vautier/ANA; u.l: M. Vautier/ANA/Museo Nacional de Antropología y Arqueología, Lima; u.r: M. Delaplanche/MUSÉE DE L'HOMME, Paris. 99 Selva/SRD/aus *Nueva Cronica* von Huaman Poma, 1614. 100 M. Vautier/ANA/Privatsammlung, Cuzco. 101 D. ANTROP/Museo Arqueológico Nacional, Madrid. 103 G. DAGLI ORTI. 105, 107: M. Deville/GAMMA. 108 o: B. Hatala/MUSÉE DE L'HOMME, Paris; u: M. Delaplanche/MUSÉE DE L'HOMME, Paris. 109 G. DAGLI ORTI. 110 D. ANTROP/Musées Royaux d'Art et d'Histoire, Brüssel. 110/110 Hintergrund: G. DAGLI ORTI. 111 o.l: G. DAGLI ORTI/Museo de Oro, Lima; o.M: M. Borchi/WHITE STAR; o.r: W. Schneider-Schütz/BPK/Museum für Völkerkunde, Berlin; u.l: M. Vautier/ANA; u.M: F. Berthillier/DIAF; u.r: W. Forman/AKG/Museum für Völkerkunde, Berlin. 112, 113, 115: G. DAGLI ORTI. 116 G. DAGLI ORTI/Musée National du Château, Versailles. 117 G. DAGLI ORTI. 118 G. DAGLI ORTI/Biblioteca Nacional, Madrid. 120 J.L. CHARMET. 121 G. DAGLI ORTI/Museo Casa de Murillo, La Paz. 123 G. DAGLI ORTI/Museo Histórico Nacional, Buenos Aires. 124 THE BRIDGEMAN ART LIBRARY/John Judkyn Memorial, Bath. 125 M. Vautier/ANA/Museo Nacional de la Casa de Moneda, Potosi. 126 G. Mermet/AKG/Museo Colonial Chareas, Sucre. 128 G. DAGLI ORTI/Museo Provincial, Salamanca. 129 D. ANTROP. 131, 132: G. DAGLI ORTI/Museo National de Historia, Lima. 134 G. DAGLI ORTI/Musée du Nouveau Monde, La Rochelle. 135 G. DAGLI ORTI. 136 l: M. Vautier/ANA/Museo Amano, Lima; r: G. DAGLI ORTI/Coll. E. Poli, Lima. 137 o: G. DAGLI ORTI/Museo de Arte, Lima; u: M. Vautier/ANA. 138 o.l: G. DAGLI ORTI/Museo Nacional de Antropología y Arqueología, Lima; o.r: C.&J. Lénars/EXPLORER/Museo Arqueológico Regional Brüning, Lambayeque; u: G. DAGLI ORTI/Museo de Oro, Lima. 139 o: Veintimilla/AKG, Privatsammlung, Lima; u: J. Oster/MUSÉE DE L'HOMME, Paris. 140 o.l: G. DAGLI ORTI/Museo de Arte, Lima; o.r: D. ANTROP/Museo Regional, Ica; u: M. Vautier/ANA/Museo Nacional de Antropología y Arqueología, Lima. 141 o: G. DAGLI ORTI/Museo Nacional de Antropología y Arqueología, Lima (2); u: G. DAGLI ORTI/Museo de Oro, Lima. 142 G. DAGLI ORTI/Museo de Oro, Lima (3). 143 o: G. DAGLI ORTI/Museo Arqueológico Regional Brüning, Lambayeque; u: G. DAGLI ORTI/Museo Nacional de Antropología y Arqueología, Lima. 144 o: G. DAGLI ORTI/Museo de Oro, Lima; u: AMERICAN MUSEUM OF NATURAL HISTORY, New York. 145 o.l: G. DAGLI ORTI/Museo de Oro, Lima; u.l: D. ANTROP/Museo Arqueológico Nacional, Madrid; r: G. DAGLI ORTI/Coll. Gabaldoni, Lima. 147 Ziesler/EXPLORER. 148 G. DAGLI ORTI/Museo Nacional de Antropología y Arqueología, Lima. 149 D. ANTROP. 150, 151: G. DAGLI ORTI/Museo Nacional de Antropología y Arqueología, Lima. 152 D. ANTROP/Museo Arqueológico Nacional, Madrid (2). 153 C. Angel, D.R. Walter Alva/GAMMA. 155 G. DAGLI ORTI/Museo Nacional de Antropología y Arqueología, Lima. 156 J.F. BOUCHARD. 157 E. Simanov/HOA-QUI. 158 G. DAGLI ORTI/Museo de Oro, Lima. 159 D. Graf/BPK/Museum für Völkerkunde, Berlin. 160 D. ANTROP. 160/161 Hintergrund: G. DAGLI ORTI. 161 o.l, o.r, M.l, M: G. DAGLI ORTI; M.r: M. Vautier/ANA; u: G. DAGLI ORTI. 162 M. Vautier/ANA/Museo Nacional de Antropología y Arqueología, Lima. 163 M. Vautier/ANA/Museo de la Universidad, Cuzco. 164 G. DAGLI ORTI. 165 G. DAGLI ORTI/Museo Nacional de Antropología y Arqueología, Lima. 167 D. Ponsard/MUSÉE DE L'HOMME, Paris. 169, 170: MUSÉE DE L'HOMME, Paris. 171 J.F. BOUCHARD. 173 G. DAGLI ORTI. 174, 175, 176/177: J.F. BOUCHARD. 178 G. DAGLI ORTI/Museos Arqueologicos, Arte y Etnografia del Banco Central del Ecuador, Quito. 179 J.F. BOUCHARD. 180 MUSÉE DE L'HOMME, Paris. 180/181 J.F. BOUCHARD. 182/183 JEAN-FRANÇOIS PÉNEAU. 184/185, 187: G. DAGLI ORTI.